JESUS
o Divino Amigo

Somos associados da **Fundação Abrinq** pelos direitos da criança.
Nossos fornecedores uniram-se a nós e não utilizam mão de obra infantil ou trabalho irregular de adolescentes.

Jesus, o Divino Amigo
Copyright by © Petit Editora e Distribuidora Ltda., 2012
1-5-12-15.000

Direção editorial: **Flávio Machado**
Assistente editorial: **Renata Curi**
Imagens da capa: **Fuyu Liu / Shutterstock**
Pepe Ramirez / Dreamstime
Capa, projeto gráfico e editoração: **Ricardo Brito / Estúdio Design do Livro**
Produtor gráfico: **Vitor Alcalde L. Machado**
Preparação: **Maiara Gouveia**
Revisão: **Katycia Nunes**
Impressão: **Edições Loyola**

**Dados Internacionais de Catalogação na Publicação (CIP)
(Câmara Brasileira do Livro, SP, Brasil)**

Irmão Virgílio (Espírito).
Jesus, o Divino Amigo / romance do Espírito Irmão Virgílio ; psicografado pelo médium Antonio Demarchi. – São Paulo : Petit, 2012.

ISBN 978-85-7253-204-4

1. Espiritismo 2. Psicografia 3. Romance espírita I. Demarchi, Antonio. II. Título.

12-05584   CDD: 133.93

Índices para catálogo sistemático:
1. Romances espíritas psicografados : Espiritismo   133.93

Direitos autorais reservados.
É proibida a reprodução total ou parcial, de qualquer forma ou por qualquer meio, salvo com autorização da Editora.
(Lei nº 9.610, de 19 de fevereiro de 1998)
Traduções somente com autorização por escrito da Editora.
Impresso no Brasil, no outono de 2012.

Prezado(a) leitor(a),
Caso encontre neste livro alguma parte que acredita que vai interessar ou mesmo ajudar outras pessoas e decida distribuí-la por meio da internet ou outro meio, nunca deixe de mencionar a fonte, pois assim estará preservando os direitos do autor e, consequentemente, contribuindo para uma ótima divulgação do livro.

JESUS
o Divino Amigo

ROMANCE DO ESPÍRITO
IRMÃO VIRGÍLIO

PSICOGRAFADO PELO MÉDIUM
ANTONIO DEMARCHI

Rua Atuaí, 389 – Vila Esperança/Penha
CEP 03646-000 – São Paulo – SP
Fone: (0xx11) 2684-6000
www.petit.com.br | petit@petit.com.br

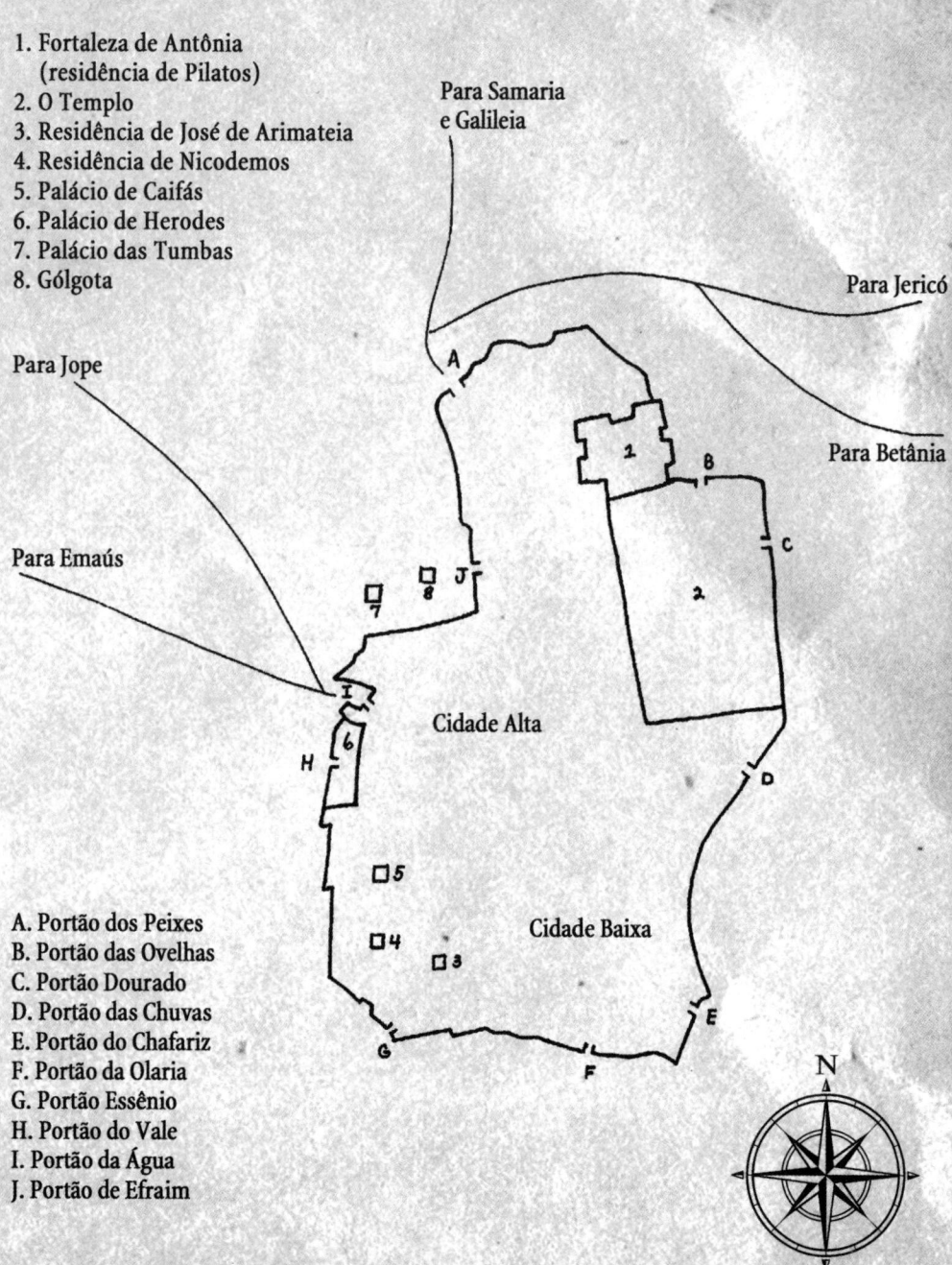

SUMÁRIO

Prefácio, 9

Importantes esclarecimentos, 11

Acontecimentos do cotidiano, 15

A paz de Jesus, 33

Irmão Francielo, 51

Mistérios do infinito, 71

O batismo de Jesus, 89

O início do apostolado, 103

Curas e milagres, 111

O sermão da montanha, 125

A escolha dos apóstolos, 141

A visita de Nicodemos, 163

A sabedoria das parábolas, 173

Curas, tribulações e a transfiguração, 203

A mulher adúltera, 223

O perdão, a tolerância e a caridade, 235

Lázaro e Zaqueu, 251

A entrada triunfal em Jerusalém, 265

O princípio das dores – A grande tribulação, 287

O Consolador Prometido, 307

A prisão e a condenação de Jesus, 315

Morte e ressurreição, 337

Epílogo, 359

PREFÁCIO

Tive a felicidade de conhecer Antonio Demarchi quando ele pensava em publicar seu primeiro livro mediúnico. Ele confiou a mim os originais da obra e, humildemente, pediu a minha opinião sobre o conteúdo que, tempos depois, veio a ser publicado. De pronto me identifiquei com o estilo agradável e substancioso de Irmão Virgílio, a entidade espiritual que assinava a obra, e, desde então, a mediunidade de Antonio Demarchi tem produzido excelentes frutos literários.

Muito tempo se passou e Demarchi continua cada vez mais ativo no labor mediúnico. Mas uma coisa ele não perdeu ao longo do tempo: o idealismo com o qual se devota às tarefas de divulgação do Espiritismo. Orador vibrante, tem proferido palestras envolventes e de excelente conteúdo doutrinário. Médium psicógrafo, seus livros atingem nossos corações despertando-nos para as grandes realidades da vida espiritual. Tudo isso somente é possível graças ao idealismo que faz dele um servidor exemplar da Seara de Jesus. Quem o conhece sabe do que estou falando.

Lendo *Jesus, o Divino Amigo*, fui envolvido pelo perfume do Evangelho e, inevitavelmente, recuei no tempo para reencontrar

Jesus entre nós. Irmão Virgílio repassa lindas passagens do Mestre do Amor, contextualizando-as em relação aos dias de hoje, trazendo à lembrança o que escrevera o Apóstolo João: "Há, porém, ainda muitas outras coisas que Jesus fez; e se cada uma das quais fosse escrita, cuido que nem ainda o mundo todo poderia conter os livros que se escrevessem."[1]

Jesus, o Divino Amigo é certamente um desses livros que surge em momento especial da humanidade. Creio que nunca precisamos tanto de Jesus como nos agitados dias que correm. Não de um Jesus histórico, distante dos homens, mas de um Jesus amigo, como Ele mesmo sempre desejou ser: "Já vos não chamarei servos, porque o servo não sabe o que faz o seu senhor, mas tenho-vos chamado amigos, porque tudo quanto ouvi de meu Pai vos tenho feito conhecer."[2]

Estou certo que este livro fará nossa amizade com Jesus fortalecer ainda mais. Pelo menos foi assim que eu senti ao percorrer avidamente as páginas desta obra preciosa. Agradeço aos parceiros Antonio Demarchi e Irmão Virgílio por mais esta fonte de ensinamentos sublimes por meio da qual Jesus falará diretamente a cada um de nós, como falou ao meu pobre coração, trazendo consolo.

José Carlos De Lucca
ORADOR E ESCRITOR ESPÍRITA

---

1. João (21: 25).
2. João (15: 15).

IMPORTANTES ESCLARECIMENTOS

Quando concluímos a obra intitulada O *Sétimo Selo*[3], confesso que estava extremamente preocupado com a divulgação da mensagem nela contida, por se tratar de um alerta ao ser humano nesta fase – grave e solene – de transição planetária.

Em meus pensamentos, mantinha a ideia maior de que a ansiedade a respeito do fim de um ciclo evolutivo e acerca da triagem do joio e do trigo mostrava um desejo humano de conhecer mais a figura do Divino Amigo em sua essência.

Temos assistido ao esforço de muitos e queridos irmãos de fé, que entoam cânticos e louvores a Jesus, cada um de acordo com o próprio entendimento.

Ouvimos debates sobre o corpo de Jesus, que – desde a época em que Kardec esteve entre nós – é considerado um corpo de natureza etérea, como se o Mestre se apresentasse na condição de um *agênere*, ou seja, uma aparição tangível.

Durante nossas palestras, até com certa frequência, alguns participantes perguntam, se interessam pelo tema, porque desejam

---

3. Obra publicada pela Petit Editora, São Paulo, 2010.

compreender melhor os 'milagres' de Cristo, principalmente a multiplicação dos peixes, a levitação sobre a água, sua transfiguração e ressurreição.

A literatura também deu ênfase à biografia do Mestre, extrapolando a realidade ao atribuir a Ele uma ligação amorosa com Maria Madalena e a paternidade natural por meio desse relacionamento.

Lembro-me de uma oportunidade em que eu proferia uma palestra e questionaram sobre a veracidade dessas especulações. Ao meu lado, Irmão Virgílio pediu que eu desse àquele irmão a seguinte resposta:

– Qual seria a relevância disso diante da magnífica obra do Divino Amigo, cujo tamanho do sacrifício para renascer entre nós, em um frágil corpo carnal, ainda é ignorado por muitos deste planeta? Quantos reconhecem que Jesus foi o Divino Modelo de conduta, que nos trouxe o maior legado que a humanidade já teve como código de amor, misericórdia e humildade: seu Evangelho de Luz? Que nos amou de forma incondicional renunciando temporariamente às esferas de luz onde habitava para encarnar em um planeta denso, de pesadas vibrações, passando todas as necessidades que a matéria impõe, sem nenhum privilégio, somente para exemplificar seu amor?

Irmão Virgílio finalizou o raciocínio, e, na condição de médium, eu transmiti:

– Se Jesus, eventualmente, houvesse mantido relacionamento com alguma mulher, certamente esta mulher teria sido a mais feliz do mundo, e Ele teria sido o marido mais amoroso e exemplar que já existiu. Se houvesse gerado filhos, certamente teria sido o pai mais dedicado que este mundo conheceu.

Neste livro, longe da ficção e fiel à verdade, o autor espiritual nos recorda o exemplo vivo do Mensageiro Celestial – a grandeza do amor à humanidade – exemplo ainda incompreendido por nós. Não é sensato dispersarmos nosso tempo e atenção em discussões estéreis em torno de obras vinculadas apenas à imaginação, ignorando a importância da Boa-Nova, sua essência divina. Mais uma vez, vale a assertiva do Mestre, aplicada ao nosso comportamento: "Pai, perdoai-os. Eles não sabem o que fazem".

Precisamos conhecer – em benefício da nossa felicidade – os ensinamentos daquele que dividiu a História em dois períodos: antes e depois de Cristo.

Vivemos um período crucial para a evolução da humanidade, e o mais importante, neste momento, é buscarmos o refúgio oferecido pelo Divino Pastor. Mas se não conhecermos Jesus em sua essência, como poderemos amá-Lo verdadeiramente? A grande maioria diz amar a Cristo, porém aqueles que o compreendem sabem que amar Jesus não é simplesmente repetir: "Eu amo", mas seguir seus passos, seus exemplos, ouvir sua voz, aprender a perdoar, a buscar a humildade, ser mais caridoso e tolerante, enfim, amar nosso próximo como Ele nos amou. Aí amaremos de fato a Jesus.

Falar de Jesus, o Divino Amigo, é uma grande responsabilidade, e estamos cientes disso. Tomamos a liberdade de repetir aqui as palavras de João Batista: "não sou digno de, curvando-me, desatar-Lhe as correias das sandálias".[4]

Esperamos, sinceramente, que o esforço dos benfeitores espirituais na produção desta despretensiosa obra possa contribuir

---

4. Marcos (1: 7).

de alguma forma com o conhecimento, trazendo ao ser humano aflito condições de realmente conhecer um pouco mais o Divino Amigo e amá-Lo verdadeiramente, com conhecimento de causa. Que todos possam buscar em Jesus a fortaleza necessária, o refúgio para as suas angústias.

O mundo se agita, convulso, entre conflitos e catástrofes naturais, e devemos entender nessas ocorrências um alerta para despertarmos enquanto é tempo, para buscarmos a orientação de Jesus, o Divino Amigo, que representa a segurança do abrigo, a paz de um porto seguro que tanto necessitamos.

Antonio Demarchi
São Paulo, 5 de janeiro de 2012

ACONTECIMENTOS DO COTIDIANO

Era uma sexta feira chuvosa em São Paulo. O relógio marcava vinte horas e poucos minutos, e a grande metrópole paulistana se encontrava sob uma terrível tempestade. Um imenso aguaceiro caía sobre a cidade, ameaçando alagar as regiões baixas, aquelas que mais sofrem com as inundações rotineiras e consequentes transtornos, trazendo flagelos aos irmãos menos favorecidos, irmãos que dormem nas vias públicas, pontes e viadutos, entregues ao sabor do mau tempo.

O calor fora insuportável durante o dia, e, ao cair da noite, pesadas nuvens se formavam no horizonte, como anúncio de mais uma tempestade. A temperatura permanecia elevada apesar da brisa vespertina.

Não tardou para que as previsões se concretizassem. O céu se cobriu de nuvens, e a todo instante ouvia-se o estrondo ensurdecedor de raios que riscavam o firmamento com "flashes", assustando transeuntes e motoristas no tráfego das movimentadas vias da capital. Em minutos, a chuva desabou abundante.

Naquele instante, em uma das regiões da Baixada do Glicério, uma senhora idosa, moradora de rua, procurava se aquietar em uma marquise improvisada, embaixo de um edifício da região. O local era perigoso, mal iluminado e constantemente sofria inundações em virtude das péssimas condições de escoamento das águas da enxurrada, porque o lixo entupia as bocas de lobo por onde passariam.

Dona Josefa não conhecia bem aquele bairro e fora apanhada de surpresa quando pretendia retornar à região central. Mas não dera tempo. Perambulava por ali apanhando latinhas de alumínio para reciclagem, sua única fonte de renda. Só assim podia comprar um prato de comida ou o remédio necessário ao alívio de suas terríveis dores de cabeça. Quando sofria com essas dores, precisava ter dinheiro e encontrar uma farmácia, pois seria muito difícil receber o medicamento por meio do atendimento da saúde pública.

A chuva desabava com intensidade, e dona Josefa não teve alternativa: abrigou-se embaixo do primeiro lugar que apareceu. Sentou-se à entrada de um estabelecimento cuja porta de ferro se mantinha cerrada, acomodou a surrada bagagem onde guardava alguns pertences e agradeceu a Deus.

Aguardou pacientemente que a chuva abrandasse. Mas nada. Parecia que a água era despejada por baldes. Logo começou a se avolumar o aguaceiro, e, sem que dona Josefa pudesse esboçar qualquer reação, a correnteza tomou completamente conta da rua. Assustada, tentou sair daquele local, mas escorregou e foi arrastada impiedosamente pela enchente, como se fosse um simples boneco, sem forças para reagir. Tentou gritar por socorro, porém afundou em um turbilhão de água provocado por um bueiro próximo de onde estava. A tempestade fez transbordar um córrego, inundando as imediações.

Quando faltou oxigênio, tentou respirar e encontrou apenas a água barrenta e imunda da chuva. Esta inundou seus pulmões, e ela pressentiu que seu momento havia chegado. Antes que sua consciência apagasse, recordou as últimas horas de existência, como assistisse a um filme em que projetava as últimas ações praticadas.

Lembrou que, naquela manhã, enquanto estivera no centro da cidade, presenciara uma cena que havia tocado seu coração: um senhor, deitado em uma das ruas de grande circulação, onde transeuntes passavam apressados, estendeu as mãos em um pedido comovente:

– Em nome de Jesus Cristo, me dê uma esmola. Pelo amor de Deus.

A maioria das pessoas, ao passar, repelia o aspecto repugnante daquele infeliz, desviando o olhar, evitando o incômodo. Podiam imaginar que a bandagem coberta de sangue que envolvia uma de suas pernas ocultava grave ferimento, que parecia não cicatrizar. Outros jogavam a distância algumas moedas em uma vasilha, provocando o tilintar típico, induzindo mais alguns a proceder da mesma maneira.

O homem tinha a fisionomia sofrida, e dona Josefa se emocionou, de longe, enquanto o pedido se repetia incansável:

– Pelo amor de Jesus Cristo, me ajudem, por favor.

A moradora de rua teve pena daquele homem que, em nome do Cristo, implorava pela misericórdia dos demais. Ela era mais feliz, porque, embora suas pernas já envelhecidas doessem muito no final do dia, ainda conseguia caminhar e ir para onde desejasse.

Consultou a bolsa esfarrapada e lá encontrou algum dinheiro, fruto da venda de latinhas e do papelão recolhido no dia anterior. Tocada pela compaixão, ficou pensativa. Decidiu almoçar no restaurante onde podia comer bem por um pequeno preço. Talvez também pudesse comprar uma refeição quentinha para aquele irmão de infortúnio.

Assim fez. A fila era enorme, mas suportou o tempo de espera pacientemente e também o olhar de irritação e repugnância de outros frequentadores do lugar. Na verdade, mal se deu conta. Ninguém quis sentar ao seu lado, mas dona Josefa não se incomodou, pois havia sobrado um bom espaço para acomodar suas coisas. Fechou os olhos e orou a Deus agradecendo pela refeição, sem se importar com a repulsa diante de sua aparência prejudicada. Almoçou em paz porque a paz estava em seu coração.

Satisfeita, tomou o suco que fora servido junto com o alimento. Então, levantou-se devagar e retornou ao balcão, pedindo uma marmita para viagem. Ríspida, a servidora exclamou:

– Esta é boa: uma marmita para viagem. Que viagem? Bem se vê que irá fazer uma grande viagem e necessita de uma marmita. Ora, ora, vá procurar sua turma, porque o restaurante não serve marmitas.

Dona Josefa já estava acostumada às humilhações. Se as ruas ensinavam algo, ela havia aprendido, acima de tudo, a ter humildade diante de qualquer pessoa e jamais responder ou afrontar alguém. Sábia lição, que muitos deveriam ter em seu currículo. Mas uma coisa ela também aprendera: a ouvir em silêncio e não desistir facilmente, de forma que, após o destempero da servidora, insistiu:

– Perdoe-me pela insistência, pois a senhora tem toda razão. Sei que vocês não servem marmita para viagem, mas não é para mim, porém, é para um senhor inválido que não pode caminhar.

A obstinação de dona Josefa irritou ainda mais a atendente, que respondeu descontrolada:

— Esta é boa, cada dia ouvimos uma! Olha esta, Janete. Esta miserável quer levar uma marmita, mas não é para ela. Quer fazer caridade para um pedinte de rua. Faça-me rir.

Dona Josefa abaixou a cabeça com os olhos marejados. A pior coisa que o ser humano enfrenta na vida é a dureza dos corações, a insensibilidade, a falta de bons sentimentos.

— Vamos, já almoçou. Agora, vaza daqui, sua pedinte miserável. Rua! — trovejou com o indicador em riste.

Dona Josefa afastou-se cabisbaixa diante dos olhares zombeteiros daqueles que, possivelmente, com o coração empedernido, também pertenciam àquele quadro de indiferença.

Chegando à rua, sentou-se desalentada e soluçou, em prantos. Sentia-se humilhada e ferida em sua dignidade. Entretanto, a escola da vida ensinara que chorar não adiantava.

Levantou-se resignada, porém disposta a gastar o pouco de seu dinheiro para comprar um lanche àquele irmão de infortúnio. Já se preparava para deixar o local quando alguém a chamou:

— Psiu, psiu! Minha senhora... Um momento, por favor.

Voltou-se surpreendida, pois quem a chamava era Janete, a auxiliar da garçonete que a maltratara. Dona Josefa ficou preocupada, temendo alguma represália imprevista, mas a moça trazia um sorriso encorajador no rosto e um pacote na mão, provavelmente a marmita.

— Perdoe minha colega de trabalho, minha senhora. Ela passa por uma situação muito difícil e está estressada. Não deveria descarregar suas contrariedades nos outros, mas, infelizmente, não está bem. Por isso age assim, sem controle nenhum. Porém eu ouvi seu pedido e preparei uma marmita para a senhora levar a quem está necessitado.

Dona Josefa abaixou a cabeça e chorou, impressionada com o gesto daquela moça cuja bondade parecia a de um anjo enviado por Deus. Existem criaturas endurecidas, embrutecidas e apáticas, mas também existem aquelas que têm generosidade e compaixão a oferecer a quem precisa.

A jovem estendia a marmita, mas dona Josefa, de repente, sentiu-se preocupada.

– Perdoe-me, minha filha, mas você não vai arrumar problemas por arranjar esta marmita?

A moça sorriu, com simplicidade e doçura:

– Até me surpreende sua preocupação, minha senhora, mas não se preocupe, pois esse almoço é muito barato, e eu tomei a liberdade de pagar. Fique tranquila e aceite minha colaboração.

Como um gesto humilde de agradecimento, dona Josefa quis beijar as mãos daquela benfeitora, mas a moça, com delicadeza, não permitiu.

– Não precisa fazer isso, minha senhora. O que faço é de coração e me deixa feliz poder, de alguma forma, ajudar alguém que precise.

– Você é um anjo, moça. Meu nome é Josefa e ficarei eternamente agradecida por esse gesto de bondade.

– Já sabe que meu nome é Janete, e pode me procurar sempre que precisar, dona Josefa. Trabalho no restaurante há pouco tempo, mas espero ficar aqui o tempo suficiente para oferecer ajuda com os meus serviços.

— Sinto-me tocada pela sua bondade, Janete. Qual é sua religião?

A moça esboçou um sorriso espontâneo. Ficou alguns instantes pensativa e, por fim, respondeu:

— Não se preocupe com religião, dona Josefa. Digamos que sou cristã e procuro seguir a doutrina de Jesus. Antes dos rótulos religiosos, deveríamos entender a maior lição de Cristo: amar uns aos outros como Ele nos amou, pois somos todos irmãos diante de Deus.

Aquela mulher de rua, maltrapilha e rebaixada, sentia-se, naquele momento, diante de alguém que a respeitava, que a chamava pelo nome e, acima de tudo, a considerava irmã diante de Jesus.

— Minha filha, hoje o dia valeu tanto! Confesso que há muito tempo não me sentia tão feliz! Não só feliz, mas recompensada, porque tenho orado tanto para que Jesus não me desampare. A marmita que me trouxe foi um presente valioso, e agradeço a Deus, mas o maior presente foi o seu respeito e as suas palavras! Que Deus lhe abençoe sempre, que Jesus ilumine sua vida e seus passos, Janete. Pode ter certeza que em minhas preces sempre me lembrarei de você. Você é um anjo.

Cheia de ternura por aquela criatura tão sofrida, porém cheia de valor, a jovem, num gesto espontâneo, envolveu-a em um afetuoso abraço e beijou seu rosto abatido.

Quem passava por ali, lançava um olhar de censura e asco, sem entender a cena. Por que uma jovem bem-vestida e bela de aparência abraçava uma criatura de aspecto tão desagradável?

Alguns frequentadores do restaurante popular, também em situação de penúria, reconheceram a auxiliar de serviço e resmungaram:

— Tá vendo? — reclamou um dos usuários que guardava carros na região. — Abraça uma mendiga e depois vai fazer comida. Vou reclamar à chefia do restaurante.

— É verdade — concordou outro, que ficava nos faróis como flanelinha. — Como vou saber se depois disso vai lavar as mãos e desinfetar? Tem toda razão, também vou reclamar.

Um bêbado, também por perto, não deixou de emitir seu comentário deselegante, envolto em fluidos etílicos:

— Concordo com vocês — falou com a voz pastosa, balançando o corpo em precário equilíbrio. — Por que não vem me dar um abraço também? Também estou necessitado.

— Ora, cale sua boca, seu imbecil! — resmungou o flanelinha, dando um empurrão no bêbado, que se estatelou no chão.

Mas tanto Janete quanto dona Josefa estavam em outra sintonia vibratória e não se deram conta do que acontecia ao redor. Assim, cada uma seguiu seu caminho.

Dona Josefa, feliz, carregava com dificuldade seus pertences em um dos ombros e, com a outra mão, levava com cuidado a comida que pretendia oferecer ao pedinte.

Chegou à esquina onde o homem ficava, a repetir o insistente refrão, exibindo a perna envolta nas bandagens.

— Uma ajuda, pelo amor de Deus. Uma moeda. Um amparo, pelo amor do Cristo.

Aproximou-se condoída, pois compreendia a situação.

— Boa noite, meu senhor. Fiquei muito impressionada diante de seus pedidos em nome de Jesus Cristo. Acho que o senhor é um homem de muita fé e, por essa razão, eu digo que, aos olhos de Deus, é uma criatura perfeita, não tem nenhuma doença, porque Ele nos ama muito.

Estendeu a mão oferecendo a marmita, mas se surpreendeu diante da reação inesperada e agressiva do homem:

– Saia de perto de mim, sua mendiga molambenta! Vá embora, vá para outro lugar! Este lugar é meu, anda, vaza, se manda!

Dona Josefa não entendia o porquê de tanta agressividade de um companheiro de rua. Por que aquele homem agia daquela forma? Tentou explicar:

– Por favor, tenha calma, apenas queria lhe oferecer uma refeição.

– Vá para o inferno! Não quero saber de sua refeição. Vamos, saia daqui. Está atrapalhando meu trabalho.

Dona Josefa não conseguia entender. Atrapalhando o trabalho, que trabalho? Mas não precisou esperar muito, porque o outro levantou-se e a empurrou para longe, estupidamente, diante dos olhares de reprovação dos transeuntes que seguiam sem se deter.

– Está vendo? Satisfeita agora? Não posso mais ficar aqui. Estragou meu ponto – concluiu, irado, pegando a muleta e os pertences enquanto se afastava praguejando.

A pobre mulher encostou-se em um beco afastado da rua onde chorou copiosamente. "O que fiz de errado? Apenas quis ajudar".

– Não chore não, senhora, eu vi tudo que aconteceu – disse alguém do fundo daquele beco isolado. – Aquele sujeito é muito estúpido! É um malandro, um espertalhão que não merece a menor consideração de ninguém. E ainda utiliza o nome de Deus para pedir esmolas. São pessoas assim que fazem muitos desconfiarem dos verdadeiros necessitados.

Dona Josefa olhou surpresa para o homem que falava. Era outro miserável, encostado em um amontoado de papelão e alguns sacos. Não conseguia observar seu rosto, porque ele mantinha a cabeça baixa e encoberta por um capuz que ocultava parcialmente seu rosto. No início, sentiu receio, mas em seguida serenou seu coração. O homem tinha voz pausada e suave.

– Eu não entendi o que aconteceu, por que aquele homem me agrediu? Eu consegui uma marmita para que ele pudesse se alimentar, porém nem quis saber de nada.

– Conheço aquele homem faz tempo. É um oportunista que vive esmolando e fez da mendicância seu meio de vida. E não precisa de nada disso, pois tem até casa para morar!

– Mas eu vi a perna dele toda cheia de sangue – exclamou, incrédula.

– É apenas um artifício que usa para sensibilizar as pessoas. Ele embebe as bandagens em sangue de frango e enrola na perna para fazer parecer que está com problemas, mas é apenas um golpe.

– Meu Deus, não posso acreditar no que estou ouvindo!

– É a mais pura verdade, minha senhora. De vez em quando ele muda de lugar para não ficar muito conhecido, mas estou nas ruas há muito tempo e conheço bem a figura. É um pedinte profissional. E deve valer a pena, do contrário não estaria mais fazendo isso.

— Não posso acreditar! É inadmissível! É uma pessoa inescrupulosa que abusa da boa vontade das criaturas em nome de Deus.

— Exatamente. Por isso ficou furioso, porque a senhora estragou seu ponto mais rentável. Agora precisará encontrar outro lugar para enganar as pessoas.

— Meu Deus! Meu Deus! — repetiu dona Josefa com o coração apertado. — Como podem desrespeitar assim o nome de Cristo e o nome de Deus?

O mendigo ficou em silêncio alguns instantes para, em seguida, responder como um sábio:

— Infelizmente, isso é mais comum do que possa parecer. Falam que amam a Deus, que amam Jesus, mas apenas da boca para fora. Muitos daqueles que batem no peito e clamam pelo nome do Senhor são os primeiros a desrespeitar o nome de Deus. Sem contar com os falsos profetas e religiosos de fachada, que utilizam o nome de Jesus para enganar os fiéis e se dar bem no mundo de César, viver na riqueza às custas dos outros. Vivemos o final dos tempos, minha senhora.

Dona Josefa estava impressionada. Aquele homem era um morador de rua, mas demonstrava possuir muito conhecimento.

— Meu nome é Josefa. Qual é seu nome? O senhor parece ter muita sabedoria e conhecimento.

— Meu nome é Alcides, dona Josefa. Não se impressione não, pois já fui pastor de uma igreja. Usei meu conhecimento indevidamente, abusei do nome de Deus em vão, enganei as pessoas, ganhei muito dinheiro e subi na vida material. Tornei-me um homem orgulhoso, e o diabo se satisfazia com as minhas obras, porque minhas atitudes serviam apenas o mal. Mas Deus, nosso

Pai Misericordioso, a tudo assistia compassivo e apenas me dava tempo. Chegou finalmente o dia em que eu me arrependeria e sofreria amargamente por todo o mal praticado. Eu seguia em viagem à minha terra, em um carro importado, para exibir aos parentes e amigos meu sucesso, quando ocorreu um terrível acidente. Em uma curva da estrada, ao desviar de uma carreta que vinha na contramão, perdi a direção e caí em uma enorme ribanceira. O carro capotou várias vezes e, quando acordei, chorei desesperado ao verificar a proporção da tragédia. Deus me poupou porque eu ainda não havia cumprido minha tarefa aqui na Terra, mas perdi tudo que mais amava nesta vida: minha esposa e minha filhinha de apenas cinco anos de idade, a razão de meu viver. Diante da dor e do desespero, compreendi que precisaria sofrer na carne, com a perda dos valores mais sagrados, para recuperar a minha vida. Não adiantaram as palavras dos companheiros e dos dirigentes da igreja. Eu me sentia imundo e indigno de pronunciar o santo nome de Deus. Fui para as ruas porque nada mais na vida fazia sentido e, no fundo, nas sarjetas e nos becos das ruas mal iluminadas encontrei a mim mesmo. Hoje, estou nas ruas, durmo em condições precárias, mas sinto que aos poucos recupero minha dignidade. Apanho papelão, latinhas, ferro velho e, com o dinheiro que ganho, me alimento. De vez em quando me dou ao luxo de entrar em alguma padaria e pedir um refrigerante com um misto quente. Como sinto prazer nisso! Agradeço a Deus por ter me mostrado, pela dor, que não sou nada diante de sua misericórdia infinita. Hoje, a cada dia, louvo a Deus com o coração agradecido. Na igreja, eles dizem que as pessoas morrem e ficam adormecidas até o dia do julgamento final, mas não é o que eu sinto: quando estou em oração, percebo a presença de minha esposa e de minha filhinha do coração, que me confortam e me consolam. Hoje, eu sei o que é amar a Deus. Sei o que é realmente amar e louvar Jesus. Amar a Deus não é simplesmente guardar a palavra, mas amar e respeitar o próximo, é aprender a perdoar os desafetos. Amar a Deus é, apesar da penúria e da dificuldade, ainda encontrar condição de estender as mãos a um irmão em situação mais difícil do que a nossa e, principalmente, utilizarmos nosso conhecimento do Evangelho para consolar os aflitos e a quem mais precisar.

Dona Josefa estava encantada com as palavras de Alcides. Aquele homem até poderia ter sido alguém que abusara da palavra, mas agora era um servo humilde a serviço da misericórdia, em nome de Jesus.

— Senhor Alcides, por favor, não vá se ofender, mas a comida que ia oferecer àquele irmão ainda está comigo. O senhor se importaria se eu lhe oferecesse? — perguntou cuidadosa, para não criar nenhum constrangimento.

Naquele momento, Alcides descobriu a cabeça permitindo que dona Josefa pudesse observar melhor seu rosto. Era uma fisionomia de alguém que trazia o semblante vincado pelas marcas do sofrimento, mas apresentava serenidade no olhar.

— Aceito de bom grado, dona Josefa — respondeu estendendo as mãos e apanhando a marmita. — Que Deus a abençoe e a recompense pelo seu gesto. Não importa quem tenha sido o beneficiado, pois o Senhor sabe tudo o que está secreto nos corações, e a intenção da senhora era da mais pura caridade. Ainda bem que aquele irmão não aceitou, pois o dia até agora não foi muito bom, e eu estava faminto.

Finalmente, dona Josefa sorriu satisfeita.

— Agradeço a Deus que permitiu que tudo isso acontecesse para que eu o conhecesse, senhor Alcides. Ultimamente, tenho sentido falta da palavra de Deus e confesso que, às vezes, tenho vontade de entrar em uma igreja e orar, mas possivelmente seria expulsa, vestida como estou. Há pouco, o senhor disse palavras tão lindas que tocaram fundo meu coração. Eu precisava disso.

— É para isso que serve o conhecimento. Jesus nos deixou seu Evangelho de luz para que pudéssemos iluminar e confortar todos aqueles que buscam uma palavra de conforto e esperança. Tenho consciência que utilizei mal o conhecimento, mas também penso que nunca é tarde para recomeçar. Tenho esperança de, um dia, falar de Jesus com muita alegria e autoridade, porque verdadeiramente só O encontrei quando caía no fundo do poço e Ele me resgatou. Hoje, tenho compreensão do verdadeiro amor por Jesus, porque o verdadeiro amor não condena, porém consola; não julga, mas resgata; não critica, enaltece. Cristo ama todas as criaturas indistintamente, mas a maioria de nós ainda não compreende a verdadeira essência do amor cristão.

— Ah, senhor Alcides. Eu ficaria a tarde inteira ouvindo suas palavras, pois me confortam verdadeiramente, mas preciso seguir em frente. O senhor se incomodaria se à noite viesse encontrá-lo para ouvir suas palavras?

— Absolutamente, dona Josefa. Vamos marcar um encontro aqui. Depois, se a senhora não se incomodar, iremos até uma rua, não muito longe daqui, onde sempre encontro outros companheiros para passar a noite. São criaturas pobres como nós, mas pessoas de bem. Nós nos protegemos uns aos outros dos bandos de viciados em drogas que vivem nesta região. Eles também gostam de ouvir a palavra do Evangelho e sinto-me feliz falando para pessoas sofridas, que realmente querem encontrar Jesus no coração. Sinto que minhas palavras têm trazido conforto, e isso me dá uma grande satisfação e alegria! Falar em nome do Cristo é grande responsabilidade, porque a maioria não conhece de verdade aquele que foi o maior sobre a Terra, o Mestre dos mestres, o Rei dos reis, o Divino Amigo da humanidade. Além do mais, tem uma grande marquise que nos protege em caso de chuvas – finalizou satisfeito.

Dona Josefa agradeceu comovida e saiu carregando seus pertences com o coração cheio de alegria, não sem antes de ouvir as últimas palavras de Alcides:

– Jesus a ama, dona Josefa! A senhora é uma pessoa de Deus. Aconteça o que acontecer em sua vida, não deixe de confiar no Senhor, porque Ele confia em cada um de nós. Neste mundo ou na outra vida, Ele nos reserva as glórias de Seu amor infinito. Vá com Deus – concluiu, em palavra profética.

Foram as últimas palavras que Josefa recordou antes de apagar na inconsciência da morte abençoada.

Perdeu a noção do tempo. Acordou atordoada, observando que mãos diáfanas de luz a amparavam, afastando-a de seu corpo imóvel e imprestável. Sentia-se sufocada pela falta de ar, mas, antes que perdesse novamente a consciência em sono profundo, ouviu uma voz angelical, que confortava seu coração, e da qual jamais esqueceria:

– *Serene seu coração, irmã Josefa. Confia em Jesus. Sua existência terrena chegou ao fim e agora repousará nos braços do Senhor.*

Com lutas e dificuldades, conquistou uma existência vitoriosa onde finalmente compreendeu e exercitou o verdadeiro amor do Cristo! Seja bem-aventurada e venha para a alegria de Deus!

A PAZ DE JESUS

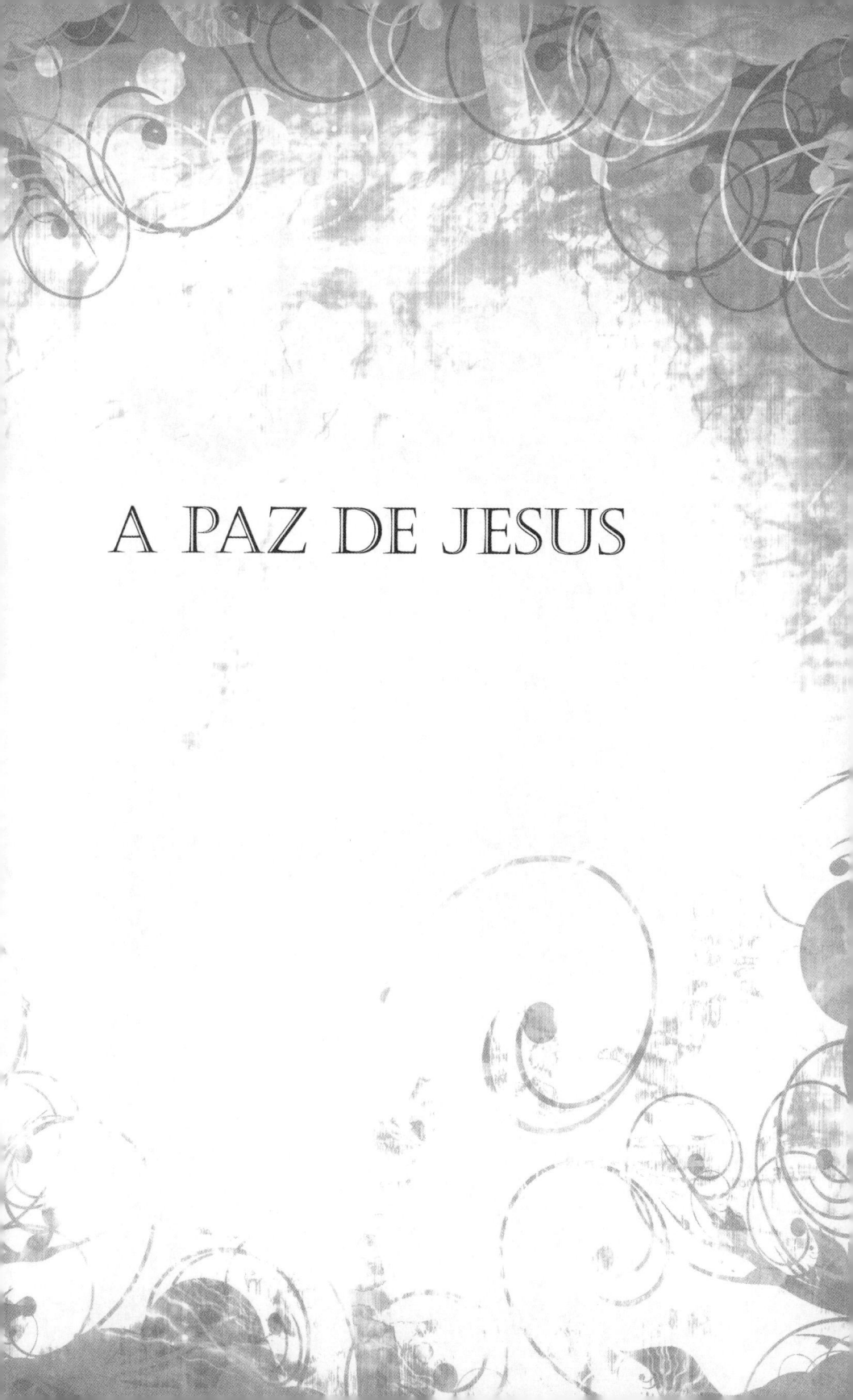

Ainda sob o impacto das experiências vividas na última missão[5], permanecia tocado pelas lembranças daqueles acontecimentos, dos quais tivemos o privilégio de participar por meio da cooperação de espíritos amigos, os quais nos permitiram revelar mensagens de cunho tão elevado diante da grande transição planetária em curso.

Veio à memória a figura saudosa do instrutor Ulisses se despedindo e partindo à grandiosa ação missionária em busca de irmãos sofredores, em regiões de agonia e escuridão.

Eu não sabia o que me aguardava quanto aos estudos e esclarecimentos obtidos. Dentro de alguns dias, de acordo com aquilo que o coordenador Julius dissera, seria informado a respeito de uma nova tarefa. Enquanto isso, deveria aproveitar o breve intervalo para as minhas pesquisas na Biblioteca Eurípedes Barsanulfo.

Foi o que fiz.

---

5. Trata-se da experiência descrita na obra *O Sétimo Selo – O silêncio dos Céus*. São Paulo: Petit Editora.

Desde a juventude, na minha última encarnação, gostava de me aprofundar em investigações a respeito do comportamento humano, suas reações, sua capacidade de superação, e sempre me surpreendia com as consequências da determinação de vencer as próprias limitações explorando as forças interiores da alma e as potencialidades do espírito.

No entanto, nos últimos meses, concentrara a minha atenção em alterações de comportamento de um modo geral, o que estimulava uma análise mais cuidadosa, exatamente por se referir a um momento de muita seriedade: a transformação do planeta.

Os benfeitores espirituais não têm poupado esforços. Avisos têm sido levados a todos os povos e nações. Alertas são fartamente divulgados em reuniões públicas, palestras, comunicados espirituais e explanações evangélicas. Entretanto, de um modo geral, nota-se certa indiferença do ser humano em relação a esse assunto.

Catástrofes naturais assolam o mundo. Terremotos e maremotos violentos varrem a face da Terra. Secas terríveis e inundações avassaladoras têm castigado o orbe enquanto furacões e tornados sacodem impiedosamente países que sofrem ora com invernos e nevascas jamais vistas, ora com verões insuportáveis, causticantes. Essas manifestações naturais têm preocupado os cientistas e estudiosos, pois julgam ser um grito de revolta diante dos desmandos de quem, inconsequentemente, destrói o próprio lar, o lar que acolhe e agasalha na condição de berço espiritual.

Uma onda vibratória negativa, agressiva, envolve a atmosfera fluídica do mundo, pairando no ar a sensação de que algo ainda mais grave está para acontecer. No dia a dia, os noticiários informam sobre o aumento da violência e da brutalidade, crimes terríveis, crimes praticados por motivos banais, por criaturas que parecem ter perdido o senso do valor da vida e os valores morais do espírito.

No íntimo, até mesmo de forma inconsciente, a humanidade consegue notar, apesar da apatia, que algo sério e grave acontece diante de seus olhos. E ainda assim, permanece insensível e incrédula, como se não tivesse nenhuma responsabilidade a esse respeito.

Contudo, a despeito da descrença daquele que permanece distraído, a frequência de tribulações e catástrofes assusta pela dimensão das tragédias coletivas. Diante do quadro doloroso de resgates em massa, muitas criaturas tomam consciência de que vivemos uma fase de mudança drástica, prevista pelos benfeitores espirituais, anunciada por Jesus e descrita pelo apóstolo João no *Apocalipse*, o último livro do Novo Testamento.

Esse é um bom sinal, mas à maioria das pessoas ainda falta uma consciência mais profunda.

Muitos ainda parecem alheios a tudo, apegados ao seu estilo de vida, preocupados apenas consigo mesmos, tomados pelo egoísmo e pelo culto do egocentrismo pernicioso e doentio.

O ser humano nunca viveu de forma tão estressada, inquieta, impaciente, irritada, agressiva, prestes a explodir intimamente. Como foi dito, a violência, a brutalidade, a exploração da sensualidade trazem histórias tristes de crimes bárbaros cometidos por gente perversa, com requintes de crueldade incompatíveis com o grau de evolução ao qual o planeta se conduz. Ouve-se o povo comentar: "parecem possuídos pelo demônio".

Seria prudente prestar mais atenção.

Os mais atentos têm consciência e identificam nos acontecimentos diários uma imensa força negativa pairando, envolvendo aqueles que se mantêm desatentos aos ensinamentos do Evangelho, os incrédulos, os fanáticos de toda ordem, os gaiatos que zombam da fé, os revoltados sem razão, os mentirosos, aqueles que exploram a sensualidade, aqueles que agasalham pensamentos negativos, doentios sentimentos de rancor e ódio. Estes estão na sintonia direta das forças ruins, que se estendem no espaço com seus longos e tenebrosos tentáculos aprisionando os invigilantes com propensão ao mal. Presenciamos criaturas subjugadas por entidades perversas, terríveis obsessores, capazes de dominar com facilidade aqueles que, desatentos, abrem o campo mental à sua influencia maléfica. Por esse motivo, João Evangelista alertava: "Quem é sujo, suje-se ainda, quem é imundo, continue em suas imundícies e quem é justo, justifique-se ainda e o santo, santifique-se ainda."[6]

Transcorridos mais de dois mil anos da vinda do Mestre, de seu sacrifício supremo e de sua inesquecível lição de amor, certas atitudes são incompreensíveis e injustificáveis.

Observando atentamente, mesmo entre aqueles que ouvem a palavra, que têm consciência dos alertas espirituais e conhecem a gravidade deste momento, que entoam cânticos de louvor e exaltam o nome do Senhor, os resultados ainda deixam a desejar.

"Quando o Cordeiro abriu o sétimo selo, houve silêncio no céu cerca de meia hora" nos relata o apóstolo João, no *Apocalipse*[7].

---

6. Apocalipse (22: 11).
7. (8:1).

O silêncio se assemelha à calmaria anterior à tempestade, quando os navegantes cuidadosos aproveitam para se preparar contra a tormenta que se aproxima. Assim, também os benfeitores espirituais lançam mão de todos os recursos para despertar os seres humanos.

Uma questão me preocupa bastante e procuro entendê-la com a seriedade que o assunto exige: apesar dos esforços dos espíritos de ordem elevada, por que os resultados muitas vezes não correspondem às expectativas?

A humanidade se agita em desespero, em ansiedade, adquirindo neuroses, entrando em perigosos estados depressivos, síndromes mentais doentias, mas ainda são poucos aqueles que buscam de verdade, com afeto, pelo Divino Amigo e pela compreensão, poucos buscam o refúgio seguro e sagrado às suas dores. Se Jesus, encarnado entre nós, foi capaz de nos amar com tanta grandeza, exemplificar as leis de amor na condição de Divino Mensageiro, sacrificar-se em benefício de todos – como entender a indiferença daqueles que ainda fazem vista grossa aos seus ensinamentos, recusam-se, obstinadamente, a aceitá-lo como o Messias, o Nosso Salvador?

Recuei no tempo, recordando momentos, buscando em minha memória, com emoção, o amor autêntico e genuíno dos cristãos da primeira hora. Não os compreendia, mas confesso que admirava a coragem daquelas pessoas, pacíficas e amorosas, que irradiavam uma paz desconhecida para mim e falavam de um reino de amor que não era deste mundo.

Observava o cumprimento singelo, porém repleto de significado espiritual, quando um cristão se encontrava com outro:

– Paz de Jesus, meu irmão.

O cumprimento era correspondido de forma solene e afetuosa:

– Paz de Jesus.

Confesso que observava tudo aquilo com certa simpatia, porém com muita incompreensão. Educado sob a influência de uma cultura voltada para o poder, para a conquista, para supremacia da força sobre o Direito, não conseguia entender o que se passava na cabeça daquelas criaturas. Era difícil, porque a política romana só reconhecia e contemplava o poder do mais forte, das armas e dos privilégios do patriciado romano[8].

Senti-me surpreso e tocado quando patrícios de nosso relacionamento familiar se converteram à crença que Jesus pregava, mudando completamente seus hábitos e conceitos e adquirindo outros, incompatíveis com o pensamento romano.

Era quase impossível conciliar essa filosofia com a situação daquele tempo, pois Roma dominava o mundo pela força e pela violência. Como entender os fundamentos daquela doutrina que pregava o perdão incondicional, o desapego aos bens terrenos e o oferecimento da outra face para o inimigo?

As atitudes dos cristãos sempre me surpreendiam.

Diariamente, chegavam informações de centuriões que relatavam incrédulos o comportamento deles durante as prisões. Não esboçavam nenhuma reação, não tentavam fugir nem reclamavam diante da violência e da brutalidade dos soldados, não se entregavam às lamentações ou demonstravam indignação.

---

8. Patriciado: condição do patrício entre os romanos, nobre. Patrício: o romano que fazia parte da nobreza. (Nota do Médium)

Foram presos, humilhados, jogados em calabouços imundos, e tudo isso sem lamentar. Finalmente lançados às feras, nos abomináveis espetáculos circenses, não demonstravam medo da morte brutal. Entoavam cânticos enquanto eram trucidados por feras famintas, cânticos que vibravam no espaço, provocando uma onda de incompreensão no público presente, que se sentia frustrado por desejar ver o pavor da morte estampado no rosto de cada um, mas, em vez disso, ouvia apenas canções sublimes de louvor e exaltação a Cristo.

Como conseguiam enfrentar a morte com tanto desprendimento e coragem? Era a pergunta que fazíamos e também ouvíamos de patrícios incrédulos diante da bravura daquele punhado de gente destemida.

Confesso que foi necessário o tempo e a dor para que bem mais tarde eu pudesse entender o comportamento daquelas criaturas cheias de valor, que souberam testemunhar e exemplificar o amor pelo Cristo. Realmente, os cristãos da primeira hora amaram o Divino Amigo genuinamente, pois tinham a paz de Jesus no coração e, por essa razão, não temiam a morte...

Porque conheceram e compreenderam os ensinamentos de Jesus em sua essência, e a paz que guardavam consigo era a paz ensinada pelo Mestre. "Deixo-vos a paz, a minha paz vos dou."[9]

Sabiam que a morte aniquilava apenas o corpo físico, não o espírito. Sabiam pela fé inabalável que a morte era simplesmente a libertação de todos os martírios, era o retorno à pátria espiritual, o reencontro festivo de luz com o Divino Amigo, na

---

9. João (14:27).

graça de Deus, onde as recompensas pelos testemunhos eram infinitamente maiores do que as dores das tribulações sofridas.

Que exemplo inesquecível de fé nos deram os cristãos da primeira hora...

O martírio nos circos romanos e o exemplo de fé inabalável marcaram com luz forte a trajetória do Cristianismo nascente e, de forma espantosa, ao contrário do que imaginavam seus inimigos, quanto mais eram perseguidos e sacrificados, mais prosperava a doutrina cristã, multiplicando-se o número de adeptos daquela filosofia redentora que mudaria, para sempre, o destino do Império Romano e da humanidade.

Ainda hoje ecoam no espaço as doces palavras do Divino Amigo: "Bem-aventurados os perseguidos por causa da justiça, porque deles é o Reino dos Céus. Bem-aventurados sereis quando, por minha causa, vos injuriarem e vos perseguirem. Regozijai-vos e exultai neste dia, porque grande será a recompensa nos Céus, porque assim perseguiram os profetas que vieram antes de vós."[10]

E ainda vibra no espaço o inesquecível cântico de louvor daqueles que ouviram a voz do Mestre e não temeram a morte, em um testemunho de amor ao Cristo.

Nestes dias de tribulação e angústia, o mais necessário é ouvir no fundo da alma o sublime convite: "Buscai o Reino de Deus e sua justiça e todas as coisas vos serão dadas por acréscimo de misericórdia. Não vos inquieteis com o amanhã, porquanto o amanhã a Deus pertence. A cada dia basta seu mal."[11]

---

10. Mateus (5: 10-12).
11. Mateus (6: 33-34).

Temos visto movimentos pacifistas, principalmente após algum acontecimento, algum crime que choca a opinião pública. Agitam-se faixas pedindo a paz, realizam-se passeatas, criam-se *slogans* e símbolos para representar o desejo de alcançá-la, mas – apesar de todo o esforço – os resultados são insignificantes. A violência e a brutalidade continuam presentes: barbaridades são cometidas por agressores, marginais da sociedade, fanáticos sem coração. A sociedade chora, lamenta a perda daqueles que o poder público não conseguiu proteger. Leis antiquadas, aliadas a um Poder Judiciário ineficiente, muitas vezes levam o cidadão comum ao desespero, diante da incerteza e insegurança na qual se encontra.

Nesta situação, sente o desamparo em relação aos poderes constituídos. Sente medo e se entrega a esse sentimento, porque no fundo deseja a paz, mas a paz que procura parece inacessível. Costumeiramente, ouvimos pessoas comentarem:

– O que mais desejo na vida é a paz.

Outros vão mais longe em suas aspirações:

– O que mais desejo na vida é a paz de espírito.

Outros, acomodados, manifestam um desejo diferente:

– O que mais desejo é ter paz e sossego na vida.

De um modo geral, todos desejam a paz de alguma forma. Mas a paz que deveriam querer não é a mesma que se procura nas passeatas, nos movimentos contra a violência, na ideia de sossego e tranquilidade: a paz que deveríamos ter aprendido a buscar é aquela que Jesus nos ofereceu.

Esta sim é verdadeira. Aquela que os cristãos da primeira hora conheceram. Por essa razão, foram grandes, e nada tirou a paz de seus corações e suas almas.

A construção dessa paz começa dentro de nós, e ela se irradia de dentro para fora envolvendo o ambiente onde nos encontramos e alcançando as pessoas ao redor, que se sentem contagiadas pelas vibrações de harmonia, amor e equilíbrio.

Espiritualmente, a partir do nosso lar, podemos construir uma sociedade pacífica, um mundo pacífico, alicerçando a confiança em Deus, em Jesus e no exemplo que dá testemunho da verdadeira fé.

Sabemos que há crianças vagando pelas ruas, abandonadas. Nossos irmãos andam maltrapilhos por aí. Nos lares mais humildes muitas vezes falta o essencial. A ignorância se espalha, faltam escolas, saúde e segurança, e os lares se desagregam com a ausência do amor paterno ou materno. As crianças que hoje a sociedade prefere ignorar tornam-se adolescentes problemáticos que incomodam os "cidadãos de bem", patrocinados por leis ultrapassadas e permissivas e por um Estado ineficiente e burocrático, que tem dificuldade em corrigir e educar, fazendo, infelizmente, muitos acabarem por se transformar em criaturas que um dia virão cobrar esse descaso violentamente. Cada um de nós tem sua parcela de responsabilidade.

A miséria prossegue nos lugares onde a ignorância impera diante da insensibilidade. Enquanto vertemos lágrimas pela desventura da personagem da novela, a mocinha que sofre o abandono em virtude do seu amor incompreendido, meninas na pré-adolescência são molestadas ou se iniciam sexualmente, enquanto nos deleitamos assistindo às cenas de sexo em horário nobre, nas telenovelas.

Lamentavelmente, ainda somos egoístas, às vezes até hipócritas.

Para a maioria, tudo está bem – desde que a dor e a miséria fiquem do lado de fora de sua casa. Tudo está tranquilo, desde que não sejamos incomodados por nenhum maltrapilho que nos peçam um pedaço de pão. Tudo está legal, desde que eu ou minha família estejamos protegidos da violência.

Entretanto, dessa forma, só acordaremos para a dura e triste realidade quando a violência e a dor alcançarem de alguma forma nossos entes queridos, nossos familiares. Então, sentiremos o mundo desabar com força sobre nossas cabeças e perderemos o referencial.

É compreensível que seja assim. Quando algo atinge um ente querido, é extremamente sofrido, e, naturalmente, o grito de revolta ecoa de nosso peito.

Ao nos depararmos com o inconcebível, clamamos pela paz mesmo quando não existe remédio para a aflição que nos assola a alma. Isso acontece na perda prematura de um filho, de uma filha, de um irmão, de um pai e até de um amigo muito querido. Soluçando e oprimidos pelo sofrimento irreparável, pedimos e desejamos a paz.

O Divino Amigo sempre nos alertou: quem não evolui pelo amor, evolui pela dor.[12]

Particularmente, neste período de transição planetária, temos recebido a visita da dor para despertar e evoluir, porque

---

12. Costuma-se atribuir a Jesus a máxima: "quem não evolui pelo amor, evolui pela dor". Na verdade, esta referência está na obra de Allan Kardec, *O Livro dos Espíritos*, Questão 995 – "Há espíritos que, sem serem maus, sejam indiferentes à própria sorte? – Resposta: Há espíritos que não se ocupam de nada útil: estão na expectativa. Mas sofrem de acordo com a situação, e, como em tudo deve haver progresso, este se manifesta pela dor. (São Paulo: Petit Editora) (N.M.)

ainda não aprendemos amar como Jesus nos ensinou. Que pena sermos assim...

A paz procurada com tanta ansiedade e sofreguidão, a paz que nos torna fortes e nos imuniza diante do mal, está em Cristo, e Nele, apenas Nele, encontraremos a paz definitiva, que permitirá a confiança no amanhã, porque o amanhã a Deus pertence.

Se o mal se agiganta, o medo se estende, o mundo se agita, e a humanidade revolve-se em pesadelos e aflição, aquele que está na paz do Cristo não se atemoriza, porque Deus está com ele.

"Não temerá os sustos noturnos, nem da seta que voa de dia. Nem da peste, nem das trevas. Caiam mil ao teu lado, e dez mil à tua direita, tu não serás atingido porque fizestes do Altíssimo a tua morada".[13]

Esta é a paz que o mundo tanto necessita.

Entretido em meus pensamentos, não notei a presença de um amigo muito querido, que se aproximara da sala onde me encontrava em estudos. Era o coordenador Julius, que me cumprimentou afetuosamente:

– *Boa tarde, Irmão Virgílio. Que a paz de Jesus esteja contigo!*

Sorri comovido pela alusão do generoso amigo aos meus pensamentos de poucos instantes. Retribui com alegria, sentindo-me contagiado pelo profundo significado daquelas palavras, pronunciando a saudação cristã:

– *Boa tarde, Irmão Julius. Que a paz de Jesus esteja contigo também!*

Emocionados, abraçamo-nos, envolvidos nas agradáveis vibrações de amor que pairam no ar, quando evocamos com

---

13. Salmos (91: 5-9).

sinceridade o nome do Divino Amigo, na saudação que marcou o Cristianismo nascente.

Em seguida, com viva demonstração de alegria, Julius completou:

– *Trago boas-novas!*

Aquelas palavras tinham um profundo significado para mim, provocando um tremor de alegria em meu peito, e meu coração pulsou acelerado. O sorriso largo e bondoso estampado na fisionomia do coordenador Julius traduzia o meu sentimento, algo que eu sequer ousava exprimir em pensamento, porque não me julgava com nenhum mérito para tal. O coordenador esperou pacientemente que me recompusesse, para prosseguir:

– *Mais do que nunca, a humanidade precisa encontrar a paz do Cristo em si mesma. Como encontrá-la, no entanto, se muitos ainda não conhecem Jesus em sua essência? Excetuando nossos irmãos, que buscam o encontro com Ele no Evangelho, entre todos aqueles que, de boa vontade, se aprofundaram no estudo para compreender a personalidade espiritual de Cristo, um número significativo de pessoas apenas ouvem falar de Jesus, e alguns sequer se interessam em saber um pouco mais a respeito do Divino Amigo, o Mestre dos Mestres, O Salvador da humanidade – ou sobre a razão de seu imenso sacrifício.*

Considerei que a ponderação do coordenador Julius era pertinente e oportuna. De um modo geral, as pessoas consideram que cumprir as "obrigações" espirituais é suficiente. É comum ouvirmos comentários do tipo:

– Ah! Já cumpri com minha obrigação, assisti ao culto, já louvei o Senhor, estou com a consciência tranquila.

Ou ainda:

— Participei da missa, comunguei, então posso ficar sossegado.

Outros dizem:

— Fui ao centro espírita, assisti à palestra, recebi o passe e a água magnetizada, estou em paz.

Ou, então:

— Tomei um passe de descarrego, um banho de sal grosso e acendi incenso por toda casa, agora sim está tudo bem.

Pior ainda são aqueles que sequer frequentam uma igreja, um templo, uma casa espírita ou o que o valha, porque simplesmente vivem alheios às responsabilidades espirituais, reclamando da vida, de tudo e de todos, como se os ensinamentos de Jesus nenhum significado tivesse para eles. O que fazer para despertar essas criaturas para a realidade que vivemos?

O coordenador sorriu diante de meus pensamentos um tanto quanto críticos, respondendo de forma amorosa e compreensiva:

— *É exatamente este o ponto, Virgílio! Mesmo aqueles que conhecem a Jesus ainda relutam em seguir as pegadas do Mestre. Ainda são poucos os que conseguem compreender e exemplificar no amor, no perdão incondicional, na humildade, na caridade, nos testemunhos, na palavra que ilumina e liberta. No entanto, não é nosso objetivo criticar, pois um dia também estivemos na mesma situação que esses irmãos. Ocorre que, agora, o momento é de solene gravidade, e o tempo urge! Não há mais lugar para divagações ou vacilações desnecessárias, porque as trevas estão agindo sem medir esforços, e a criatura distante do Evangelho será presa fácil para servir aos objetivos tenebrosos das forças do mal, aquelas que se comprazem na manipulação de quem está alheio aos perigos que rondam a atmosfera mental de cada um.*

As palavras do coordenador convidavam à meditação, de forma que permaneci em respeitoso silêncio diante de tão sábias ponderações.

IRMÃO FRANCIELO

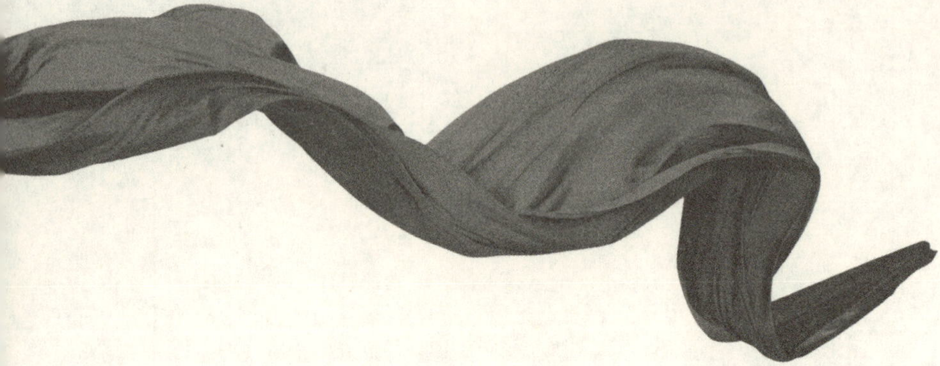

Continuei em silêncio meditativo, pois as palavras do coordenador Julius ainda ressoavam em minha mente como um alerta suave, mas severo. Na expectativa das notícias prometidas, procurei manter serenidade e paciência para o momento em que ele julgasse oportuna a revelação.

O coordenador convidou-me a acompanhá-lo a uma visita.

– *Sabe, Virgílio, quando falamos em conhecer Jesus, seguir seus passos, exemplificar e testemunhar o amor pelo Divino Amigo, significa que aquele que age assim tem no coração a verdadeira paz. A paz que Ele nos prometeu. Hoje, você conhecerá uma pessoa recém-desencarnada. Uma criatura extremamente simples, que traz em seu coração a paz de Jesus.*

Fomos ao pavilhão da Alvorada Fraterna, local que servia de amparo aos recém-chegados à nossa Colônia, especificamente àqueles que apresentavam boas condições no que diz respeito ao entendimento do Evangelho e à espiritualidade equilibrada, no exercício do amor fraterno, pela prática do bem.

Lá chegando, fomos recebidos por um médico de aspecto respeitável, responsável pela direção daquele pronto-socorro espiritual. Era o doutor Militão, velho amigo e conhecido do coordenador, que nos acolheu com alegria e simpatia.

– *Olá meus amigos. Sejam bem-vindos à nossa casa! Que a paz de Jesus esteja convosco!* – concluiu com um sorriso bondoso.

– *Que a paz de Jesus também esteja contigo meu irmão* – respondeu Julius. – *Viemos fazer uma visita a uma pessoa muito especial, pois faz parte de nosso aprendizado. Seria muito proveitoso que nosso Virgílio a conhecesse.*

– *Irmã Josefa! Sim, concordo plenamente contigo, meu amigo, é uma pessoa muito especial. Ah, Irmão Virgílio, conhecerá uma criatura de Deus maravilhosa. Mas vou poupar os detalhes para que o coordenador possa transmitir a seu critério e a explanação seja mais proveitosa. Fiquem à vontade, meus irmãos, a casa é de vocês.*

Com aquelas palavras, o médico nos liberou para a visita enquanto se voltava para os afazeres que a instituição exigia. O movimento era regular e harmonioso. Observei nos corredores enfermeiros que caminhavam com os convalescentes em visível demonstração de respeito e carinho. A paz e a harmonia vibravam ali, fato que contribuía de modo decisivo para a recuperação dos desencarnados. Talvez por acompanhar meus pensamentos, o coordenador explicou:

– *Na maioria dos prontos-socorros espirituais, encontramos irmãos desencarnados que vêm das zonas de sofrimento, resgatados pelas caravanas socorristas de Maria. Ou, ainda, irmãos que se encontram convalescentes em virtude de desencarnes sofridos ou violentos. Grande parte conhecia o Evangelho, e poucos o colocaram em prática de alguma forma. Esses irmãos necessitam de mais cuidados e terapias intensivas. No Alvorada Fraterna é diferente.*

Aqui são acolhidos irmãos que viveram no exemplo do Cristo, no amor, no respeito, na caridade e na humildade, com ou sem conhecimento do Evangelho. Por isso é importante viver em paz e harmonia, estender a mão ao caído, vestir o desnudo, visitar o doente, exercitar o perdão e o desapego, para que o processo de ambientação seja rápido e tranquilo quando voltar para este lado.

Não sei porque, mas as palavras do coordenador fizeram-me recordar de Das Dores, uma irmã muito querida, que desencarnara depois de uma existência de muitas lutas. Vivera com extrema dificuldade pelas ruas, apanhando material para reciclagem em sua pequena carroça, que puxava no limite de suas forças físicas. Mas sua vida de dificuldades não a impedira de praticar o bem, exercitar a caridade e o amor fraterno a despeito de suas próprias fraquezas e deficiências. Fora uma grande vitoriosa, pois vencera com Cristo.

– *Você não recordou por acaso, Virgílio. A experiência da última existência de Irmã Josefa, que ora estamos visitando, guarda muita semelhança com aquela de Das Dores*[14]*. Ela também vivia nas ruas, mas nem por isso deixou de crer em Deus. Passava por enormes dificuldades, mas isso não a impedia de lutar pela vida. Experimentava deficiências físicas e limitações impostas pelos maus-tratos da vida e pela idade avançada. Isso, entretanto, não a impedia de sacrificar seus escassos recursos para comprar um prato de comida a irmãos mais necessitados do que ela. Irmã Josefa também deveria servir de exemplo aos abastados, que, no conforto de seus lares, são*

---

14. Personagem cujo exemplo de vida foi relatado no livro *Anjos da caridade* (São Paulo: Petit Editora). (N.M.)

incapazes de qualquer gesto em favor dos menos favorecidos. Conhecemos o resultado de tudo isso quando retornamos ao mundo espiritual, onde receberemos de acordo com nossos atos, conforme o bem ou mal que praticamos.

Chegamos a uma sala no final do corredor. No leito, uma senhora cujo semblante refletia absoluta serenidade. A enfermeira que auxiliava a irmã nos atendeu com presteza e amabilidade.

– Sejam bem-vindos em nome de Jesus, irmãos – cumprimentou-nos com um sorriso.

– Que Deus te abençoe e ilumine sempre, Irmã Valéria – respondeu o coordenador. – Como vai nossa Irmã Josefa?

– Muito bem, muito bem mesmo. A cada dia melhora mais e mais, não é, Irmã Josefa? – perguntou à paciente.

Percebia-se que a paciente ainda estava um pouco confusa e debilitada, mas isso não a impediu de responder com bom ânimo e um sorriso:

– Meu Deus, sinto-me tão bem depois de tudo que me aconteceu. Será que não estou sonhando? Às vezes, acho que é um sonho. Eu sou uma mulher simples que vive na rua. Passo por dificuldades, não tenho dinheiro. Aquela enchente me pegou de surpresa e pensei até que havia morrido, mas estou aqui, bem viva, e nunca na vida fui tão bem tratada. Já falei que não tenho dinheiro e que não posso pagar a conta do hospital, mas Irmã Valéria me diz que não devo me preocupar com isso, então, tento não me preocupar.

Fez breve intervalo para tomar fôlego, mas logo retomou a palavra:

– *Qual é seu nome mesmo?* – dirigiu-se a nós.

— Meu nome é Julius, e esse é nosso Irmão Virgílio, Josefa — respondeu o coordenador, sorrindo diante da espontaneidade da paciente.

— Sabe, Irmão Julius e Irmão Virgílio, têm muitas coisas que me deixam feliz aqui neste lugar. Primeiro: todos me chamam pelo nome e me dão atenção. Nas ruas é muito difícil, ninguém nos dá muita atenção. Chamar pelo nome, então? Nem se fala. Segundo: todo dia esta enfermeira linda e maravilhosa vem ao meu leito, me trata com carinho, como se fosse uma filha que nunca tive, e o mais importante: lê uma página do Evangelho e me fala de Jesus! E as coisas que ouço de Jesus me fazem tão feliz! Valéria me diz que Jesus era amoroso e nos amou muito, que era tranquilo e pacífico, compreendia e perdoava os pecadores, pois, mesmo tendo condições de julgar, Ele jamais julgou alguém! Sinto em meu peito uma alegria que jamais experimentei antes! Até parece que descobri em mim uma pessoa nova, sinto um enorme desejo de me recuperar logo e poder fazer coisas boas para me considerar digna do carinho de Jesus! Isso nunca me aconteceu antes, a não ser naquela noite, em um beco, quando um andarilho chamado Alcides falou-me de Cristo com tanto amor que tocou meu coração sofrido. Já ouvira falar de Jesus anteriormente, mas sem nenhum sentimento. Jesus muitas vezes me parecia distante. Nesses momentos, quando pronunciava Seu nome ou agradecia, era de forma mecânica. Hoje, o que sinto de verdade, aqui no fundo de meu coração, muito mesmo, é que antes não tive a oportunidade de conhecer Jesus de verdade! Porque ninguém até então tinha me falado sobre Ele sendo também como Ele foi: amoroso, piedoso, compreensivo, humilde e amigo! O que sinto ardentemente é que Jesus foi um Divino Amigo, que amou demais o ser *humano. Passou pela Terra, e poucos o compreenderam. E ainda é assim.*

Irmã Josefa estava emocionada e de seus olhos brotaram duas lágrimas que rolaram pelo seu rosto como duas pérolas a enfeitar o semblante daquela mulher cheia de valor.

Julius endereçou-me um olhar significativo, enquanto a enfermeira Valéria abraçava Josefa e beijava com carinho sua testa.

Deixamos a paciente depositando um beijo respeitoso naquele rosto em que as rugas eram o troféu de lutas redentoras em sua existência física. Enquanto nos retirávamos, a Irmã Josefa, ainda emocionada, fez um pedido:

– *Obrigada pela visita, meus irmãos. Venham sempre que puderem. Irei me sentir muito feliz encontrando vocês. Mas queria pedir ainda uma coisa: se puderem, falem de Jesus a outras pessoas que não O conhecem, da mesma forma que eu não conhecia. Posso ser analfabeta, mas tenho certeza que, no mundo, poucos conhecem o verdadeiro Jesus! Acho que o mundo será mais feliz e mais justo* – finalizou.

Confesso que aquelas palavras tão espontâneas me impressionaram. Observei que o coordenador também estava com os olhos marejados. Como um esclarecimento, ele acrescentou:

– *Está vendo, Virgílio? Irmã Josefa pode ser uma criatura iletrada, mas suas palavras são sábias. O que o ser humano necessita mesmo, e com urgência, é conhecer Cristo! O Cristo verdadeiro, como mencionou nossa irmã.*

Retornando, Julius informou que teríamos uma reunião muito importante, de modo que nos deslocamos até a sala de projeções magnéticas, localizada no pavilhão dos Ensinamentos para Todos os Planos.

Confesso que a visita à Irmã Josefa me fizera muito bem. Meu coração pulsava com alegria na sintonia de suas palavras. Eu nem me dei conta de que participaria de uma reunião na sala de projeções magnéticas, algo da mais alta seriedade. Aquele local normalmente era utilizado em momentos que justificavam o contato com irmãos mais elevados, de esferas superiores.

Entramos no ambiente envolvido por energias sutis, imponderáveis. Imediatamente, reconheci a figura amorosa do instrutor Aurélio, que nos aguardava. Sua presença amiga trouxe-me à memória lembranças afetivas do passado, de forma que não consegui conter a emoção quando o querido amigo me abraçou. Sentia-me ainda em estado de profunda sensibilidade, e as lágrimas fluíram abundantes. As palavras ficaram sufocadas em minha garganta, de forma que não conseguia exprimir minha alegria e emoção.

— Irmão Virgílio, amigo querido! — cumprimentou-me com simplicidade e carinho. — *Tenho acompanhado atentamente seus passos e seu esforço na divulgação da palavra do Evangelho perante nossos irmãos encarnados! Conforme eu lhe disse uma vez, nos caminhos do Senhor sempre haveremos de nos encontrar, felizes pelo trabalho e pela oportunidade de servir em nome do Divino Mestre, meu querido irmão!*

Em seguida, olhando de forma significativa para Julius, citou uma passagem do Evangelho, aludindo à parábola dos talentos:

— *"Muito bem, servo bom e fiel, fostes digno no pouco, sobre o muito te colocarei, entra no gozo do Senhor!"*[15]

---

15. Mateus (25:21).

Não me sentia merecedor de referência tão significativa do generoso amigo, mas o coordenador Julius complementou:

– *Na Seara do Mestre, aquele que se mostra digno, mesmo nas tarefas mais singelas, receberá sempre a recompensa pelo esforço com responsabilidades maiores.*

Sem que eu pudesse me manifestar diante do sentimento que tomava conta de meu coração, o instrutor Aurélio prosseguiu:

– *Neste momento de transição planetária, momento de tamanha gravidade, a humanidade precisa conhecer não somente Jesus em Sua essência divina, mas também Sua essência humana, porque Ele encarnou entre nós, ocupando um corpo semelhante ao nosso, sujeito, portanto, às necessidades da matéria. Durante trinta e três anos, amou, serviu, ensinou e exemplificou cada palavra pronunciada. Que o ser humano, ao compreender a razão de Seu sacrifício extremo, possa finalmente aceitá-Lo e amá-Lo verdadeiramente, finalmente seguindo Suas pegadas e Seus ensinamentos para encontrar a paz tão desejada. Todos, sem exceção, precisamos conhecer melhor a personalidade do Divino Amigo, porque ninguém ama àquele que desconhece.*

As palavras do instrutor Aurélio me traziam ao mesmo tempo alegria e senso de responsabilidade. Sequer me aventurava a exteriorizar meus pensamentos, mas o generoso instrutor prosseguiu de paternalmente:

– *Muito já se falou e escreveu sobre Jesus. Entretanto, ainda há muito mais a falar e a escrever sobre o Divino Amigo. Estamos ainda bem distantes de esgotar o celeiro de informações sobre as Suas realizações na Terra ou no plano espiritual.*

Ouvia atentamente as palavras do instrutor, que eram pronunciadas com grave entonação.

— Falar do Divino Amigo é sempre uma grande responsabilidade, mas, acima de tudo, uma alegria inexprimível. Não temos a pretensão de que nossa mensagem seja a palavra final. Ao contrário, traz apenas o objetivo de despertar no ser humano o desejo de buscar, serena e amorosamente, o conhecimento. No entanto, é e sempre será motivo de alegria recordar Jesus na simplicidade e na pureza de Seus ensinamentos, no seu amor incomensurável em cada gesto, em cada passo nos caminhos da antiga Galileia, despertando em cada um que o ouvia o desejo de amá-Lo, compreendê-Lo e segui-Lo, acompanhando-O em sua peregrinação, a semear, de viva voz, a luminosa mensagem da Boa-Nova. Não temos entendimento suficiente ou condições de avaliar a dimensão do amor de Jesus pela humanidade. Como Ele nos amou e como continua amando.

Sentia-me comovido pelas palavras do instrutor, que traziam imagens sagradas de um passado remoto, quando ainda não compreendíamos a luz a brilhar nas trevas da ignorância ou o exemplo inesquecível dos primeiros cristãos.

O instrutor prosseguiu em tom solene:

— Jesus é o nome mais chamado, a todo instante, em palavras ou pensamentos, por meio da oração. Porém, muitas vezes de forma mecânica, e até com certa displicência. Causa tristeza verificar o significativo número daqueles que ainda pronunciam Seu nome em vão. Poucos realmente buscam a figura do Mestre com profundidade, com o respeito que Ele merece. Esse é o objetivo dos espíritos benfeitores, esta é nossa responsabilidade, é nossa missão neste momento de transição, Virgílio. Recordar a figura do Divino Mestre, seu exemplo de humildade e simplicidade, Ele que ao chegar à Terra foi acolhido em uma família humilde; trabalhou, modestamente, numa carpintaria.

Relembrar a pureza luminosa de Seus ensinamentos, Seu amor infinito, materializado em Suas ações em favor da humanidade. Não devemos nos esquecer de que Ele, obedecendo a vontade do Pai Eterno, deu vida ao nosso planeta e a própria existência na carne para exemplificar as leis de amor.

Naquele instante, percebi uma suave vibração tomar conta do lugar onde nos encontrávamos. Uma luz fluorescente vinha do alto, da cúpula da sala, proveniente de esferas mais elevadas, inundando o espaço. Fluidos sutilíssimos se condensavam à nossa vista, formando uma figura luminosa de extraordinária beleza espiritual. Apesar da condensação fluídica, a aparência perispiritual apresentava-se mais vaporosa e rarefeita em comparação àquela dos demais irmãos de nosso plano.

O coordenador Julius e o instrutor Aurélio curvaram a cabeça saudando o ilustre visitante, em clara demonstração de alegria e respeito.

– *Seja bem-vindo, Irmão Francielo. Que a paz de Jesus esteja contigo!*

O visitante respondeu a saudação fraterna com simplicidade:

– *Que a paz do Cristo esteja também em vossos corações, meus queridos irmãos!*

A presença do Irmão Francielo impressionava pela modéstia absoluta e pelos bons sentimentos que seu semblante luminoso deixava transparecer. Apesar da humildade natural, não conseguia ocultar a luz, a bondade e a paz que nos contagiava e envolvia em sensações indescritíveis. Instintivamente, curvei-me, tomado por indizível reverência.

Diante da presença luminosa do Irmão Francielo, do instrutor Aurélio e do coordenador Julius – guardadas as devidas proporções – sentia-me como Pedro, o apóstolo, no alto do monte Tabor, no dia da transfiguração de Jesus, deslumbrado pelo resplendor de Moisés e Elias[16].

Irmão Francielo, com a benevolência e compreensão comuns aos espíritos que já venceram os vínculos da matéria, sorriu e respondeu ao meu pensamento:

– *Ah, Virgílio, quem somos nós diante da nobre figura do Mestre? Ele foi o único que encarnou na matéria trazendo consigo a perfeição espiritual. Veio em grandiosa missão de sacrifício. Poderia ter enviado outro mensageiro, mas fez questão de nos trazer a mensagem da Boa-Nova pessoalmente. Cada ensinamento ministrado, cada palavra proferida foi exemplificada por Ele até o instante final de sua missão terrena. A bondade e a compaixão de Jesus pelo ser humano são grandiosos demais, e nunca haverá qualquer condição de comparação, pois não existe nada que se iguale àquilo que Ele nos deu. Diante da figura do Divino Amigo, todos, sem exceção, somos devedores e necessitados de sua misericórdia e amor infinito, dos quais a maioria dos seres humanos tem apenas pálida ideia.*

Aquelas palavras soaram com sabedoria, como um convite à reflexão. O mensageiro prosseguiu:

– *É por esta razão que estamos aqui, Virgílio. Esta missão foi confiada por nossos irmãos elevados e conta com o amparo e a inspiração de Maria, a caridosa mãe de Jesus, para que possamos desenvolver os melhores esforços de levar ao ser humano, neste período de mudanças, informações que recordem a figura do Mestre Amado em sua humildade, simplicidade, pureza, mansuetude, generosidade e grandeza espiritual.*

---

16. Mateus (17:2-4).

Permaneci em respeitoso silêncio, a exemplo de Julius e Aurélio, diante das palavras de Irmão Francielo. Após breve intervalo, o mensageiro celeste prosseguiu:

– *Mais do que nunca, neste grave momento de transição, é preciso conhecer Jesus em sua essência mais sublime, para vencer as dificuldades e libertar-se das ardilosas teias do mal, que se alastram vertiginosamente arrastando, no redemoinho do turbilhão de ondas vibratórias negativas, criaturas que ainda têm chance de optar por Cristo.*

Enquanto ouvia tão preciosas orientações, observei que tanto Julius quanto Aurélio permaneciam em prece, oferecendo sustentação para que Irmão Francielo pudesse se manifestar em nosso plano, trazendo valiosos esclarecimentos.

– *Não é o objetivo dos elevados irmãos que o Evangelho de Jesus seja reeditado em sua íntegra. Absolutamente. Não é este o objetivo. Até antevemos irmãos zelosos da palavra na tentativa de confrontar os tópicos do Evangelho, mas, repetimos, não é este o objetivo. Se conseguirmos transmitir, ainda que de forma pálida, a imagem do Cristo na pureza de sua essência espiritual, estaremos felizes, porque, afinal, esta é a missão do Consolador Prometido, o Espiritismo: trazer conforto e paz ao ser humano desesperado, recordar Jesus e seus ensinamentos, dizer o que Ele não pôde nos dizer na época, porque não tínhamos condição de entender.*[17]

Após um instante, o mensageiro prosseguiu:

– *Esta tarefa envolve grande responsabilidade, considerando que a mensagem deve ter a amplitude necessária, mas, acima de*

---

17. João (14: 26).

tudo, objetividade, permitindo que o ser humano seja tocado em sua sensibilidade. Portanto, a linguagem deve ser adequada, envolvente, porém simples, para que a comunicação seja eficaz e atinja o maior número possível de irmãos. É sabido que a humanidade vive dias de turbulência e agonia. A violência desenfreada impera, e os acontecimentos previstos no Apocalipse de João se desencadeiam em escala cada vez mais intensa e assustadora. Nunca Jesus, seus ensinamentos e sua paz foram tão necessários para perseverar apesar da dor, persistir no bem apesar da angústia, dar testemunhos apesar das tribulações. Nunca o ser humano precisou tanto compreender aquilo que o Cristo sentiu pela humanidade. Devemos nos inspirar no retrato da dimensão espiritual de Jesus, em sua descida imaculada e sua presença em um frágil corpo de carne em qual permaneceu durante trinta e três anos, submetendo-se às leis da matéria, em constante sacrifício, tudo para cumprir integralmente sua missão. É nossa tentativa e faremos os melhores esforços para que escreva com imparcialidade sobre os instantes mais singelos dos ensinamentos, ministrados em cada gesto e em cada passo nos caminhos da antiga Galileia. Isso nos confortará o coração e nos encherá de alegria, pois Jesus foi a alegria que nos visitou, a paz pela qual tanto imploramos e a luz que brilhou nas trevas da ignorância humana. Esse é o objetivo: recordar o Mestre, aqueles momentos sublimes, pois, ainda, muitos não O compreenderam e relutam em seguir Suas pegadas. O que queremos dizer é que existem muitos que até O conhecem, ouviram referências, entoam hinos e frequentam igrejas, mas, na hora de exemplificar, estão distantes do coração de Cristo.

O mensageiro silenciou por um momento e pude observar que se encontrava visivelmente emocionado, é possível que evocasse em sua memória sublimes experiências de um passado remoto, ao lado do Divino Amigo. Em seguida, prosseguiu:

– *Por esta razão, Virgílio, a palavra deve ser abrangente, mas revestida de amor e verdade. Deve conter elevado teor espiritual sem perder o caráter que permita alcançar as criaturas de um modo geral, sem esquecer os pequeninos e humildes, muito amados de Jesus!*

As palavras de Irmão Francielo traziam-me contentamento e, ao mesmo tempo, senso de dever.

– *Estaremos juntos nesta tarefa, Irmão Virgílio. Julius e Aurélio serão inspirados para que você receba todas as informações por meio de uma ponte entre os planos mais elevados e o seu plano. Assim, será possível materializar o conhecimento em linguagem acessível à compreensão humana, de acordo com os preceitos requeridos, de tal forma que todos sejam alcançados, recebendo, enquanto há tempo, a opção pelo amor incondicional do Cristo.*

Irmão Francielo fez breve pausa, dando a entender que já concluíra sua mensagem e, por esse motivo, retornaria às esferas de seu domicílio espiritual, não sem antes se despedir, sorrindo com bondade:

– *Que Deus, o Pai Eterno, abençoe nosso esforço e nosso propósito. Que Jesus nos ilumine e nos inspire com Seu amor e Sua misericórdia. Que Maria, a mãe do Mestre, nos fortaleça com sua generosidade inesgotável. Não tenhamos jamais receio de fraquejar quando caminhamos com Cristo. Não tenhamos jamais receio das sombras quando temos a luz divina do Mestre amado. Não tenhamos receio jamais das investidas do mal quando contamos com o escudo do Altíssimo. Confiemos sempre no Divino Amigo, confiemos em Deus, nosso Pai, e sigamos em frente com coragem e alegremente. Até breve, Irmão Virgílio!*

Sua figura se desvaneceu no espaço, enquanto Irmão Aurélio e o coordenador Julius se mantinham em oração, elevados em pensamento.

– *Grande tarefa, grande encargo* – comentou com seriedade o coordenador Julius.

– *Estamos felizes e honrados por contribuir com este trabalho, Virgílio. A incumbência não é fácil, mas não existem palavras em nenhum dicionário terreno que possam exprimir o bem-estar de servir como instrumento na tarefa cristã.*

Eu ainda me encontrava em estado de graça, com aquela sensação indizível de prazer que pairava no ambiente e tomava por completo minha alma. Podia bem avaliar a extensão do que dissera o instrutor Aurélio quando pontuou que não havia palavras em nenhum dicionário para expressar a profundidade do sentimento que nos envolvia.

Comovidos e em lágrimas, nós nos abraçamos. Recordei a passagem bíblica em que o centurião de Cafarnaum, diante do Mestre, afirmou: "Senhor, não sou digno que entreis em minha casa, mas dizei uma só palavra e meu servo será curado"[18]. Eu também não me sentia digno, mas em oração pedia ao Divino Amigo que me inspirasse para que aquela tarefa, de tamanha importância, fosse cumprida com sobriedade, mas, acima de tudo, com muita humildade.

O instrutor Aurélio esclareceu detalhes importantes a respeito do que deveria ser feito:

---

18. Lucas (7: 6-7).

— *Estaremos presentes nesta sala todos os dias, nos próximos meses, até que se conclua a missão, às nove horas da noite, pontualmente, para que a ponte entre nosso plano e as esferas superiores se estabeleça. Você, Virgílio, fará as anotações dos ensinamentos recebidos e traduzirá a uma linguagem acessível a todos, indistintamente, conforme recomendação de Irmão Francielo. Você tem essa capacidade de revestir com simplicidade palavras verdadeiras que trazem contentamento. Por isso foi o escolhido.*

Sentia-me agraciado pela honra jamais merecida. Apesar de minhas fraquezas e imperfeições, colocaria o melhor da minha alma, meu sentimento mais puro de gratidão, procurando traduzir a figura querida do Amado Mestre com tintas de cores suaves, porém firmes, convertidas em palavras que pudessem, mesmo palidamente, retratar a grandiosidade de Jesus Cristo Jesus. O Divino Amigo haveria de me inspirar e fortalecer em serviço de tamanha responsabilidade.

Assim aconteceu.

Diariamente, passamos a nos reunir no Edifício dos Ensinamentos para todos os Planos, na sala de projeções magnéticas. A ponte espiritual se estabelecia, e a palavra silenciosa de Irmão Francielo fluía cheia de emoção ressoando em minha acústica mental pela sintonia estabelecida.

Captava a luz e a beleza contida em cada ensinamento, o elevado conteúdo espiritual que o mentor espiritual trazia, procurando adequar à realidade do mundo de hoje, para a humanidade agitada e aflita pelos conflitos do dia a dia.

No fim de cada reunião, sentia-me em estado de graça e procurava fazer perdurar a sensação de júbilo e tranquilidade.

Dirigia-me ao jardim central da Colônia e, comovido, admirava o céu noturno.

Nele, em cada estrela cintilante do imenso espaço a perder de vista, onde inumeráveis mundos gravitam em harmonia, as luzes do Cristo resplandecem, na alegria do Criador. Ante minha visão, a sinfonia de beleza indescritível em que galáxias e nebulosas rodopiam em um balé fantástico demonstrando a grandeza de Deus. Enquanto observava tanta maravilha, pensava nas criaturas que, distantes do amor divino, se entregam à amargura e à angústia, porque, diante dos conflitos imediatistas, se esqueceram de levantar os olhos para o céu e buscar no Alto a serenidade ansiada.

MISTÉRIOS DO INFINITO

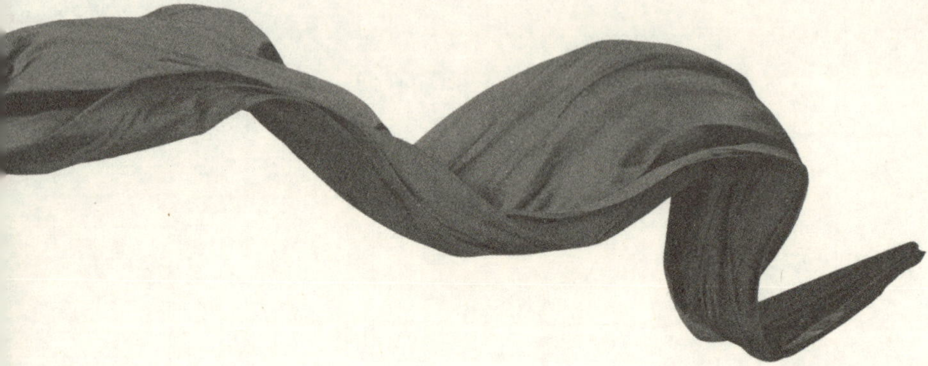

Os mundos celestiais, habitados pelos espíritos puros, são regiões que a melhor das imaginações está longe de alcançar. São esferas de luz habitadas por aqueles que alcançaram a perfeição.

Nestas dimensões, a luz brilha eternamente, resultado da perfeita sintonia dos espíritos que nela habitam com o Criador. Por terem atingido o grau máximo de sabedoria e amor, também irradiam luz e energia. Pela vontade do Pai Eterno, são copartícipes da criação. Vivem em permanente comunhão com o Criador de todas as coisas, captam seu nobre desejo e seu divino pensamento e, na condição de cocriadores, materializam o desejo do Pai Eterno. Manipulam energias cósmicas imponderáveis, utilizam com sabedoria a matéria-prima universal – o fluido cósmico – transmutam essas energias, condensam e transformam a matéria, dão forma a novas nebulosas, novas galáxias, novas estrelas e novos mundos, que enfeitam a morada do Pai com luminosidade e encanto indescritível.

Para os espíritos que habitam os mundos celestiais, a dimensão do tempo é completamente diferente da nossa. Enquanto o medimos por intermédio do movimento de rotação da Terra, em torno do seu eixo, e em função de sua evolução elíptica ao redor do Sol, nas esferas de luz outros recursos são utilizados, distantes do nosso entendimento. Períodos que nos parecem longos, seculares, milenares, para os espíritos perfeitos são apenas cintilações do tempo, partículas infinitesimais da eternidade.

Nisso consiste a felicidade permanente dos espíritos que atingiram a perfeição: habitar a casa do Altíssimo, as dimensões amorosas e iluminadas, estar em perfeita comunhão com o Pai Eterno e auxiliá-Lo na grandiosa obra, porque o Criador nunca descansa. Os espíritos puros refletem esse amor infinito de Deus, plasmado por intermédio da Criação.

O amor infinito do Criador é a força que rege o Universo.

De acordo com as informações do mundo espiritual, em tempos imemoriais, em uma distância temporal que é impossível calcular a partir condição terrena, foi designada, pela vontade divina, uma comunidade de espíritos perfeitos, que, em obediência aos desígnios de Deus, o início da criação de nosso sistema solar. Jesus era um de seus membros.

Cada um dos integrantes assumiu seu dever diante do grandioso projeto na imensa obra da criação celeste. Coube a Jesus a incumbência de mobilizar, por meio de seu amor incomensurável, sua sabedoria infinita, todos os recursos necessários para a criação daquele que seria o nosso planeta.

Desde o início da manipulação fluídica, da transmutação gasosa e da condensação material, cuja demanda de tempo é impossível precisar para o entendimento terrestre, o Divino Amigo anteviu o futuro ditoso daquele planeta cuja criação, por vontade do Pai Eterno, pertencia ao seu coração amoroso.

Nos registros eternos, consta que nosso Mestre Amado, assessorado por divinos auxiliares naquela sublime tarefa, acompanhou com profundo afeto cada detalhe na formação geológica de nosso planeta azul. Inspirado pela sublime comunhão com o Autor da Vida, plasmou com riqueza de detalhes todas as minúcias e particularidades da vida, as quais se transformariam na flora, na fauna e em todos os organismos vivos.

Diante dos milênios incontáveis, Jesus acompanhou com infinito desvelo e carinho cada passo na transformação geológica de nosso planeta. Em nome do Pai, criou a terra e as águas, lançando os germens de todos os seres vivos que nela habitam. Impossível registrar com palavras limitadas para a compreensão humana o que o Mestre sentiu diante da obra majestosa.

Obedecendo a leis maiores, nosso planeta rodopiava em seu giro celeste, cumprindo seu ciclo cósmico em torno do Sol, trazendo como constante companhia seu satélite natural, a Lua.

O Divino Mestre não se detinha, em constante sintonia com o Autor da Vida. Inspirado pelo fluxo amoroso do Criador, tomava providências, mobilizava todos os recursos imagináveis de mais alto grau, das energias fluídicas, em suas múltiplas combinações no laboratório do universo, instruindo, acompanhando cada passo evolutivo das experiências dos engenheiros e biólogos espirituais, para que nosso planeta fosse um berço abençoado e acolhedor, que pudesse, enfim, acolher seus filhos com harmonia e segurança.

Seu coração vibrou de satisfação com as primeiras manifestações de vida, a primeira semente a geminar, a primeira flor a desabrochar, a primeira árvore a frutificar.

A humanidade terrestre, que ainda não havia surgido, herdaria um planeta generoso e hospitaleiro em sua essência e constituição, onde nenhum detalhe fora esquecido pelo Mestre dos Mestres. Um paraíso afortunado, onde o ser humano teria a oportunidade abençoada de crescer em maturidade, evoluir espiritualmente, cumprindo seu destino glorioso que é a perfeição, para, um dia, em futuro ainda distante, na condição de espírito perfeito, integrar-se ao lado do Criador – destino de todos nós, sem exceção.

O tempo correu no relógio da eternidade. No tempo terreno, alguns milhões de anos. Então, diante do olhar compassivo do Cristo, surgiram as primeiras manifestações de vida, em sua forma mais elementar.

Manipuladas por espíritos perfeitos, sob a direção do Mestre e sob o influxo da vontade divina, energias cósmicas imponderáveis, naturais das amplidões do espaço ilimitado, envolveram a Terra, iniciando o processo de fertilização daquele imenso laboratório planetário em repouso. Depois de algum tempo, na crosta solidificada do planeta e no fundo dos oceanos, podia-se observar a existência de um elemento viscoso que a tudo cobria. Era o primeiro passo no caminho para a vida organizada. Com essa massa gelatinosa, nascia o protoplasma[19]. Com ele, Jesus lançara à superfície do mundo o germe sagrado dos primeiros homens.

Acompanhou como pai zeloso a evolução dos primeiros primatas e dos antropoides[20]. O homem ainda não havia surgido na face da Terra.

---

19. Substância gelatinosa de composição variável que constitui a célula viva. Matéria primordial. (N.E.)
20. Macaco sem cauda, semelhante ao homem, como o chipanzé e o gorila. (N.E.)

O Mestre desdobrou sua visão no tempo. Avançou no futuro, antevendo vida abundante e radiosa para todos os seres humanos. Em sua visão gloriosa, o Divino Amigo planejou que, de tempos em tempos, enviaria divinos emissários, que conhecemos como profetas, para trazer à humanidade conhecimento, educação e promessa de um futuro de glória e venturas ao seu povo muito amado.

Previu que haveria um momento em que o ser humano estaria em condições de receber a grande mensagem da Boa-Nova, mas, nesta oportunidade, não enviaria nenhum emissário. Viria pessoalmente trazer a grande mensagem, a palavra libertadora que iluminaria o ser humano para o verdadeiro sentido da vida, a paz e o júbilo que deveriam reinar entre nós.

A capacidade humana de entendimento ainda é muito pequena para compreender a grandeza indescritível do amor do Cristo. Ele nos amou muito, desde o princípio, e continua nos amando.

O tempo continuou em sua marcha evolutiva. Milênios correram acelerados no transcurso da vida, e aqueles que a ciência terrena denominou como os antropoides já estavam por toda parte. Sua compleição física era de extrema rudeza. Os instintos eram ainda a manifestação de suas vontades, a satisfação de necessidades primárias. Sua alegria era um grito, um urro; e sua dor, um lamento gutural.

Ainda não havia a presença do mal. Em sua condição primitiva, o homem era apenas a manifestação de seus instintos, na condição de ignorância, mas sem qualquer maldade.

Entretanto, na grandiosa obra da criação, tudo se justifica. O amor do Pai Eterno está sempre presente, interligando a todos.

Nos imensos berçários cósmicos, transmutam-se experiências necessárias ao aprendizado e evolução de todos os seres criados por Deus, e a evolução é uma lei jamais interrompida em seu curso.

Mundos gloriosos, cujas humanidades felizes já atingiram graus de elevação na escala evolutiva, guardam profunda solidariedade com mundos ainda em estágio inferior, em virtude da constante permuta evolutiva, de seres que, pela necessidade de aprendizado, precisaram passar por experiências dolorosas em função da própria rebeldia.

O Divino Amigo sempre nos alertava: aquele que não evolui pelo amor, evoluirá pela dor.

Um dos planetas que compõem o Sistema de Capela guarda grande afinidade com a Terra. Em obediência ao ciclo deste lugar que já galgara novo degrau na escala evolutiva, quem, por sua rebeldia às leis divinas, não tinha condições de prosseguir habitando-o, foi separado de lá, permanecendo em determinada região do espaço, até que fosse concluído todo o processo, para o redirecionamento ao planeta que acolheria os irmãos reprovados naquele momento de transição.

O espaço destinado ao abrigo desses irmãos era nosso planeta, a Terra.

Jesus tinha pleno conhecimento, desde o princípio, pois o universo é regido por leis sábias e misericordiosas. Todos os planetas que rodopiam no cosmos passam por ciclos semelhantes a este que vivemos hoje.

Mundos ainda em estágio primitivo são abençoados berços que em seu seio recebem os filhos recalcitrantes e rebeldes de outros lugares. É o intercâmbio espiritual regido pela misericórdia divina que oferece ao espírito faltoso oportunidades redentoras ao seu progresso espiritual.

Os espíritos de esferas superiores informam que, quando essa coletividade de espíritos degredados do Sistema de Capela aportou nas imediações do nosso planeta, foi recebida por Jesus.

O Divino Mestre os recebeu com seu infinito amor. Incentivou o grupo, com sua palavra afetuosa e sábia, a reencontrar, no berço terrestre, a oportunidade perdida em outro mundo. Orientou com sua palavra compassiva, dizendo que o misericordioso Pai Eterno não os abandonaria, e encorajou o trabalho de redenção na árdua luta do aprimoramento das consciências.

Encarnariam em uma coletividade primitiva, formada por seres bem distantes de seus elevados padrões intelectuais, almas simples e ignorantes, vivendo as experiências de suas primeiras encarnações.

Em virtude das conquistas espirituais alcançadas, apesar da condição de exílio, os capelinos traziam uma forma perispiritual mais aprimorada em relação aos habitantes terráqueos. Apenas com o objetivo de simplificar o entendimento, não entraremos no âmbito da genética e dos caracteres biológicos dos nativos. Podemos dizer que, como consequência da reencarnação de nossos irmãos capelinos, houve um aprimoramento na constituição física dos moradores da Terra.

Surgia, assim, a raça adâmica[21], ocorrência registrada simbolicamente no Antigo Testamento com a figura de Adão e Eva.

---

21. Referência aos primeiros seres humanos ou o próprio início da humanidade. (N.E.)

Seduzidos pela serpente, expulsos do Paraíso, foram condenados a viver em um mundo de sofrimento, a ganhar o sustento do corpo, o pão de cada dia, com sacrifício e suor.

A saga de Adão e Eva e a serpente maligna – uma alegoria – representa a experiência dramática dos capelinos, expulsos de um mundo de expiação e provas em vias de se tornar um planeta de regeneração. Exilados na Terra, na época um lugar primitivo, amargaram o fruto de sua rebeldia, comprometidos com o egoísmo e a maldade que norteavam sua conduta.

Exilados na Terra, os capelinos peregrinaram no duro resgate de sofrimento e lágrimas. Apesar do esquecimento temporário, em momentos de reflexão buscavam, nos esconderijos da memória etérea, lembranças fragmentadas de que já haviam vivido em um paraíso e foram expulsos de lá pela rebeldia contra as leis Divinas.

O mesmo acontecerá em nosso planeta, nesta grande transição planetária em andamento. Haverá a seleção de quem deve continuar e de quem migrará a outros planetas, de acordo com o próprio merecimento.

A reencarnação em massa dos capelinos trouxe progressos tanto na constituição física, quanto em relação às estruturas materiais do ambiente. O novo ser humano já manifestava conhecimentos mais apurados de convivência e senso de coletividade.

No entanto, eles também trouxeram o mal.

Se muitos daqueles irmãos, após milênios de lutas e expiações, alcançaram a almejada redenção e puderam retornar aos mundos ditosos da Capela, de onde vieram – infelizmente, outros, ainda distantes da mesma grandeza espiritual, não conseguiram.

Rebeldes e insensíveis perambulam nas noites dos séculos, envolvidos ainda em sentimentos doentios de rancor e ódio, até o dia em que, finalmente, deverão acordar para o amor do Criador, que jamais abandona ou esquece nenhum de seus filhos.

O Divino Amigo acompanhou todas as etapas da evolução humana e, de tempos em tempos, enviou missionários com o objetivo de trazer mensagens confortadoras da bondade de Deus, de acordo com o entendimento da humanidade em cada era.

Assim, as mensagens sempre traziam um cunho de obediência à vontade do Pai Eterno, de uma forma mais disciplinada e objetiva. Na condição evolutiva do homem em cada época, havia a necessidade de que tivessem a imagem de um Deus benevolente, porém rigoroso quanto ao cumprimento de suas leis.

No Egito Antigo, agruparam-se aqueles que menos deviam à Justiça Divina. Reunidos pela sintonia, desejavam reabilitar-se e retornar à pátria espiritual. Esse desejo os motivava a superar as dificuldades terrenas, apoiados em sua espiritualidade. Os sacerdotes egípcios e os iniciados detinham o conhecimento da natureza do espírito, do corpo espiritual, do intercâmbio com o Além, da reencarnação. A espiritualidade dos egípcios daquela época revelava-se no culto à memória dos mortos: a Ísis, deusa protetora da natureza, modelo de esposa e mãe, e Osíris, seu marido, juiz supremo no Além, onde pesava os atos dos mortos, sentenciando cada um de acordo com o bem ou o mal praticado na Terra. Pregavam a metempsicose[22] – por guardarem no inconsciente a

---

22. Passagem da alma de um homem – depois da morte, punido pelos deuses – para o corpo de um irracional. (N.E.)

impressão da reencarnação punitiva em uma criatura irracional, depois das conquistas efetuadas no paraíso perdido. Consideravam a existência terrena apenas um degrau na escala evolutiva de suas almas. No que tange à ciência, a construção das pirâmides e os processos de mumificação revelam o elevado grau científico que portavam. Cumprida a missão daquele povo, retornaram à pátria de origem, ficando seus ensinamentos e seus sinais perpetuados para a posteridade. Muitos deles ainda representam verdadeiros enigmas para a ciência moderna.

No Oriente, grandes missionários como Krishna e Buda trouxeram a base de uma filosofia de vida profunda de paz e harmonia para o ser humano, além da ideia da reencarnação. Na China, grandes filósofos como Fo-Hi, Confúcio e Lao-Tsé trouxeram grande contribuição filosófica e espiritual para que o ser humano pudesse compreender a bondade divina e viver em paz consigo mesmo. O culto e o respeito aos antepassados demonstravam o conhecimento da sobrevivência da alma e a necessidade de aprimoramento espiritual para atingir o Nirvana, na união com o Criador Eterno.

No Ocidente, Jesus Cristo enviou grandes missionários e mensageiros. Abraão, Isaque, Jacó, José, Moisés, Samuel, Saul, Davi, Salomão, entre outros. Todos trouxeram mensagens importantes, cada qual em seu tempo, e, de um modo geral, cumpriram sua tarefa missionária em nome do Cristo.

Não se pode esquecer a Grécia, o berço da Filosofia, tendo lá reencarnado espíritos de elevada envergadura espiritual na figura de grandes sábios e filósofos que trouxeram, cada qual, sua contribuição para a humanidade nos elevados conceitos de vida e espiritualidade.

A humanidade recebeu, portanto, preciosa quantidade de informações filosóficas, científicas e religiosas, de modo que já estava prestes a atingir sua maioridade espiritual, recebendo as profundas mensagens de Sócrates e seu discípulo Platão, que ensinavam os princípios da fraternidade, da moral e da prática do bem.

Assim, o processo evolutivo angariou profundos conceitos, além da crença em um Deus único.

Porém, até então, considerando a necessidade da dura disciplina corretiva, a imagem do Criador era a de um Deus severo e extremamente rigoroso, que premiava com o Paraíso eterno os filhos que obedeciam à risca as leis divinas, e, por outro lado, punia severamente os desobedientes obstinados com o fogo do Inferno, o lago ardente de enxofre, onde haveria choro e ranger de dentes pela eternidade. Não havia a compreensão de um Deus amoroso, mas o temor de um Pai intransigente.

Era desejo do Divino Amigo transmitir a mensagem da Boa-Nova, apresentando um Pai cheio de misericórdia e compreensivo.

Nesta oportunidade, poderemos ter uma pálida ideia da grandiosidade e do profundo significado da palavra amor explicitada pelo Divino Mestre. Para que a humanidade recebesse a revelação do grandioso sentimento de Deus, Ele, desde o princípio, planejou assumir este dever, encarnando entre os homens, exemplificando cada palavra, cada ensinamento, de tal forma que isso ficasse marcado para sempre na história.

Em nossa limitada capacidade de compreensão, ainda temos dificuldades de avaliar e não temos real dimensão desse devotamento.

Como Ele nos amou! Como Ele ainda nos ama! Conhecedor das imperfeições que ainda portamos, próprias do estágio evolutivo atual, o Divino Amigo jamais deixou de acreditar em nós...

"Foi então que se reuniu pela segunda vez, nas proximidades da Terra, a comunidade dos espíritos puros que zelam pelo nosso sistema solar. Tal assembleia justificava-se pela necessidade de preparar a encarnação – em mundo de expiação e provas – de um espírito da envergadura espiritual de Jesus.

Para Jesus – um espírito perfeito, habitante de um mundo celestial – encarnar na condição de homem, haveria a necessidade da reconstituição do corpo perispiritual".[23]

Assim, o Divino Amigo peregrinou entre nós, com um corpo físico igual ao de qualquer mortal, sujeitando-se às leis naturais, sentindo dor, fome e todas as limitações da matéria.

O corpo que o abrigou era exatamente igual ao do ser humano comum, mas o espírito que nele habitava fazia toda a diferença, pois detinha os atributos da perfeição, a elevação espiritual, o conhecimento e a estreita sintonia com o Pai Eterno.

O próprio Jesus esclareceu que não viera destruir a lei, mas dar prosseguimento e cumprimento a ela. Não reivindicou condições nem privilégios, por isso é o Divino Modelo, pois vivenciou

---

23. O corpo perispiritual é um corpo semimaterial, intermediário entre o espírito e o corpo físico. Ele envolve o espírito e tem como objetivo permitir que este possa atuar sobre o corpo material durante a experiência da encarnação. À medida que o espírito evolui, o corpo perispiritual vai se tornando sutil e, quando atinge a perfeição, simplesmente se desfaz, se manifestando então o espírito em sua plenitude. Quando atinge a perfeição, já cumpriu seu ciclo evolutivo, não necessita mais reencarnar. Quando motivado por alguma encarnação missionária, deverá reconstituir seu corpo perispiritual. (N.M.)

e exemplificou cada gesto, cada palavra e cada ensinamento ao longo da pregação da Boa-Nova à humanidade.

O Divino Amigo nos compreendeu, compartilhando as nossas dores, nossos sentimentos mais íntimos, nossas dúvidas, nossos tormentos e nossas angústias. Quando seus olhos cruzavam com os olhos de cada uma das criaturas que o procuravam, seu olhar era intenso, penetrando o fundo da alma. Contudo, seu olhar era cheio de compaixão, e o Divino Amigo via apenas aquilo que as pessoas tinham de bom. Todos os Seus ensinamentos eram no sentido de que acreditassem que podiam ser melhores.

Se existia alguém que conhecia profundamente a natureza humana era Jesus. Se existia alguém com credenciais e autoridade para julgar era o Cristo, mas foi justamente Ele quem nunca julgou ou condenou quem quer que fosse.

"Esteve no mundo, o mesmo mundo que fora criado por intermédio de seu amor, mas o mundo não o conheceu. Veio para o que era seu, e os seus não o receberam. O Verbo se fez carne e habitou entre nós, cheio de graça e de verdade, e vimos toda sua glória como o Filho muito amado do Pai Eterno".[24]

Ele despiu seu manto de luz, vergou o manto de carne, desceu das montanhas celestes e habitou um mundo de conflitos e pesadas vibrações, nascendo simples e humilde, recebendo como berço uma rústica manjedoura.

Jesus, o Rei dos reis, não tinha uma pedra para repousar sua cabeça e uma sandália para calçar seus pés.

Percorreu os caminhos da antiga Galileia, indo ao encontro dos tristes e dos aflitos, levantou os caídos, curou os enfermos,

---

24. João (1: 11-14).

ceou com pessoas de má vida, compreendeu e perdoou os pecadores arrependidos.

Para todos, o Divino Amigo tinha sempre uma palavra de conforto, consolo, ânimo e orientação. Diante da adúltera arrependida, disse: "vá e não peque mais".[25] Diante do pescador rude, mas sincero e honesto, o convite singelo e divino: "vem, segue-me e te farei um pescador de almas".[26]

Diante da multidão aflita, Jesus sentia-se comovido. Na condição de espírito perfeito, entendia que, no caso da maioria daquelas criaturas, a dor e a agonia serviam para curar almas doentes. Sensibilizado, dirigia-se aos angustiados com a intenção de amenizar suas aflições, despertando a todos para a luz divina:

– Eu sou o caminho, a verdade e a vida. Ninguém vai ao Pai se não for por mim.[27]

Consolador, foi o portador do Evangelho, maior legado espiritual que recebemos: roteiro seguro para uma existência útil, farta e proveitosa. Com o Pai Celestial no coração, encontramos a verdadeira felicidade:

– Edifica em ti o reino de Deus – dizia o Mestre – porque o Reino de Deus está em vossos corações!

Compreendeu a dificuldade de entendimento e a ignorância. Como mestre compassivo nos contava histórias, parábolas, para simplificar e exemplificar seus ensinamentos.

Descortinou a imagem de um Deus amoroso, piedoso, que oferece a Seus filhos, ao espírito infrator, oportunidades renovadas

---

25. João (8:11).
26. Mateus (4:19).
27. João (14:6). (N.M.).

de redenção. Quando questionado, resumiu o fundamental na mensagem da Boa-Nova:

"Amarás a Deus sobre todas as coisas, de todo seu coração, de todo seu entendimento. Este é o grande e primeiro mandamento. E o segundo, semelhante a este é: Amarás o teu próximo como a ti mesmo. Nisto se resume toda lei e os profetas".[28]

Como síntese gloriosa de sua luminosa jornada, foi coroado com espinhos, sofreu o suplício desonroso do açoite, sujeitou-se à lei imperfeita e impiedosa do ser humano, carregou Sua pesada cruz com resignação, abriu os braços para ser envolvido no abraço de crucificação, com suas mãos e pés dilacerados pelo duro e afiado metal, e, diante da multidão incompreensível, nos derradeiros momentos de sua existência física, rogou compadecido:

– Senhor, perdoa-os, porque não sabem o que fazem.

Mais de dois mil anos se passaram. Será que hoje a humanidade sabe o que está fazendo?

---

28. Mateus (22:37-39).

O BATISMO DE JESUS

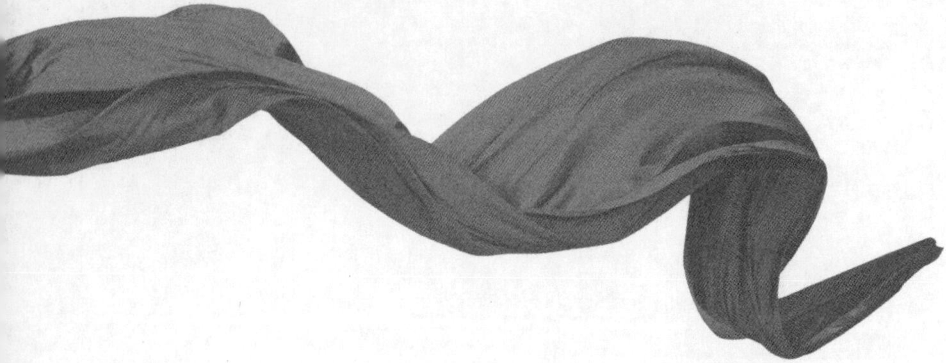

Aquela era uma tarde como qualquer outra entre as tardes ensolaradas do deserto da Judeia. O calor era insuportável durante o dia, porém, quando o Sol declinava em direção ao poente, leve brisa soprava, amenizando a temperatura tórrida da região.

À noite, enquanto no céu límpido as estrelas resplandeciam, os camponeses se recolhiam às suas casas, para o repouso depois de mais um dia de trabalho, e os pastores acendiam fogueiras perto das tendas, sentindo o sopro que trazia o frescor noturno, esperando que, na madrugada, a temperatura abaixasse ainda mais, tornando-se agradável, o que levava muitos pastores a dormir ao relento.

Naquela noite, enquanto as ovelhas dormitavam na segurança do rebanho, ao redor da fogueira dois pastores comentavam as novidades.

– Sabe Moab, ouvi falar de um profeta que tem feito pregações lá pelo lado do rio Jordão. Dizem que ele fala com bastante conhecimento e severidade. Ele tem batizado as pessoas e anunciado que em breve virá o Messias!

— Também ouvi falar desse homem — retrucou Moab. — Mas sabe o que eu acho? Acho que é mais um maluco que de vez em quando aparece por aí dizendo que é profeta.

Ezequias ficou ensimesmado. Com um pedaço de pau remexeu as brasas da fogueira, elevando uma espiral de chispas de fogo ao espaço, parecendo misturar-se com as estrelas.

— Você pode até ter razão, mas estou com muita vontade conhecê-lo. Amanhã mesmo, meu irmão Josué virá te auxiliar no pastoreio, enquanto vou pessoalmente conhecer esse profeta. Não sei explicar, mas algo me diz que esse é diferente.

— Tudo bem, Ezequias, vá, não tem problema. Eu e seu irmão damos conta do trabalho. Depois você me fala mais a respeito dele.

Conversaram mais um pouco, atentos ao rebanho que dormia em segurança. A fogueira foi se apagando aos poucos, ficando algumas brasas acesas cobertas pela cinza. Moab se estendeu sobre um amontoado de peles de carneiro, e em poucos minutos ressonava.

Ezequias também estendeu suas peles, mas o sono não veio. Deitado, olhava para o céu repleto de estrelas. Observou as mais brilhantes e aquelas de brilho mais discreto meditando sobre qual Céu deveria ser a morada de Deus e cogitando que o Senhor, lá do alto, deveria cuidar de todas as criaturas na Terra. Alguém havia comentado que o profeta batizava as pessoas e anunciava a vinda do Messias prometido. Isso provocou um estremecimento de alegria em Ezequias. Seria verdade? Não conseguia conciliar no sono, porque desejava ardentemente conhecer aquele profeta no dia seguinte, ouvir de sua boca aquelas palavras consoladoras a respeito da vinda do Salvador tão desejado e esperado por tantos séculos.

No dia seguinte, logo que raiou o Sol, levantou-se rapidamente, e tão logo seu irmão chegou para substituí-lo na tarefa, caminhou às imediações do Jordão.

Quando lá chegou, já passava das duas horas da tarde, e o Sol se apresentava abrasador. Parecendo indiferente ao calor da tarde, pequena multidão se aglomerava e ouvia a palavra de um homem de aspecto singular, postado em pequena elevação do terreno, que bradava com voz forte e cristalina:

– Arrependam-se de seus pecados. Está próximo o reino dos Céus. Endireitem seus caminhos!

Ezequias sentiu um arrepio percorrer todo seu corpo, sacudiu-se em uma espécie de tremor diante daquela figura incomum. João Batista realmente era diferente. Cabelos em desalinho e barbas descuidadas. Vestes confeccionadas com pelos de camelo e longo cinto de couro. Diziam que o profeta se alimentava apenas de mel silvestre, frutos e gafanhotos. Trazia um olhar profundo e triste, mas sua voz era possante, traduzindo convicção e autoridade, ecoando a distância. Ao identificar a presença de fariseus e saduceus, clamou:

– Raça de víboras, quem os induziu a fugir da ira vindoura? Produzam, pois, frutos dignos do arrependimento e não digam simplesmente que são filhos de Abraão, porque dessas pedras pode Deus levantar os filhos a Abraão. E também já está posto o machado, e toda árvore que não produz bons frutos será cortada e lançada ao fogo.[29]

---

29. Mateus (3:10).

– Quem é você para nos dizer essas coisas? – questionavam os sacerdotes e os levitas.

– Quem é, afinal? Elias? Por acaso é você o profeta anunciado? O Messias prometido?

E João respondia:

– Não, eu não sou o Messias. O Cristo é aquele que vem depois de mim e prevalece, pois já existia antes de tudo. Todos nós já temos recebido de sua plenitude, graça sobre graça, a cada dia. Eu sou apenas uma voz que clama no deserto: "Preparem o caminho do Senhor", como disse o profeta Isaías.

O pequeno público ouvia em silêncio. A voz de João Batista tinha o dom profético de tocar as pessoas. Naquele momento, ele levantou a cabeça aos céus, fechou os olhos como se estivesse diante de uma visão divina. Verteu duas grossas lágrimas que rolaram por sua face molhando suas barbas. A multidão manteve silêncio profundo e respeitoso, pois o profeta parecia prestes a fazer uma revelação.

Não tardaram a ouvi-la:

– Cristo, o Messias prometido, é aquele que vem depois de mim. Não sou digno de desatar e tirar o pó de suas sandálias. Venho apenas preparar sua vinda, então batizo em nome Dele com água. Ele, porém, ira batizá-los com o Espírito Santo e com fogo.

Então João desceu do monte, dirigindo-se ao rio Jordão, e todos o seguiram até lá, e um a um eram batizados. Ezequias sentiu um apelo irresistível. Quando percebeu, estava diante do profeta. Seus olhos se cruzaram, e o pastor sentiu dobrar seus joelhos, curvando sua cabeça e recebendo o batismo:

– Eu o batizo em nome do Cristo. Confesse seus pecados e arrependa-se sinceramente diante de Deus.

Ezequias recebeu a concha de água sobre a fronte curvada soluçando de emoção. João o abraçou comovido:

— Bendito seja, meu irmão, porque seu arrependimento é sincero.

O pastor afastou-se, tomado por forte emoção. Respirou fundo, procurando sentir a graça divina que recebera naquele momento. Sentia que sua alma estava feliz e cantava, ao mesmo tempo seus olhos vertiam lágrimas abundantes.

Sentou-se à margem do Jordão enquanto o profeta prosseguia em sua tarefa, batizando outros companheiros convertidos pela palavra.

De repente, sua atenção se voltou para o outro lado da margem, ao observar a presença de um homem cuja estatura era superior à média dos demais. Seu andar era firme, seus cabelos, lisos e longos, pendiam repartidos sobre os ombros, tinham a tonalidade dividida entre o mel e a amêndoa, e seus olhos refletiam inteligência e luz.

Ele provocou um impacto surpreendente: João interrompeu sua pregação. Os demais presentes ficaram estáticos, envolvidos pela aura que emanava.

O visitante caminhou resoluto em direção a João. Seus olhos se cruzaram, e o visitante curvou sua fronte ajoelhando-se diante do profeta. Naquele instante, como se acordasse de um sonho, João sentiu todo seu corpo estremecer. Estendeu as mãos tentando levantar o visitante, proferindo palavras cheias de comoção:

— Senhor, eu não sou digno de tirar o pó de suas sandálias, e Tu vens a mim? Eu é que deveria ser batizado por Ti.

Aquele homem era Jesus de Nazaré. Era o Messias prometido, e João Batista imediatamente o reconheceu como Aquele que tanto esperava.

João e Jesus eram primos, mas não se conheciam. João era filho de Zacarias e Isabel. Fora anunciado pelo anjo Gabriel como aquele que seria o precursor do Messias. Ora, o mesmo anjo procurou por Maria de Nazaré, alguns meses depois, para avisá-la que fora escolhida, pela vontade de Deus, para conceber uma criança, à qual seria dado o nome de Jesus, Filho do Altíssimo, que reinaria para sempre sobre a casa de Jacó, e seu reinado não teria fim.

Maria sentia-se em estado de graça. Diante da informação do anjo, de que sua prima Isabel também conceberia um filho, teve pressa em visitá-la. Quando lá chegou, Isabel já estava no sexto mês de gravidez. Ao entrar na morada do casal, Maria saudou a prima com alegria incontida.

Diante da saudação de Maria, o filho de Isabel estremeceu no ventre materno. Naquele instante, Isabel foi envolvida em uma vibração sublime e, inspirada pelo Espírito Santo, exclamou:

– Bendita és tu entre as mulheres e bendito seja o fruto do seu ventre. Você será a mãe do Salvador e vens me visitar? Pois desde que meu ouvido recebeu sua saudação, a criança que se encontra em meu ventre estremeceu de júbilo!

Aquelas duas mulheres, abençoadas por Deus, geravam em seus ventres João, o precursor, e Jesus, o próprio Salvador dos homens. Envolvidas em luz proveniente das mais elevadas esferas celestiais, aquelas almas irmãs se abraçaram, emocionadas com as dádivas, com os corações transbordantes de contentamento e confiança no Senhor.

Assim veio ao mundo um espírito de alta hierarquia celestial, com a missão de preparar o caminho para a chegada do Mestre dos Mestres, o Messias prometido, o Salvador da humanidade.

E João cumpriu com firmeza seu papel, consciente de que, ao chegar a hora, ele deveria se afastar para que Jesus continuasse o que apenas iniciara.

Desse modo, naquela tarde ensolarada, naquele instante divino, cumpria-se a promessa ansiada por João Batista. Forte sentimento tomava conta de sua alma, e as lágrimas desciam abundantes por sua face, enquanto dizia com a voz embargada:

– Eu é que preciso ser batizado por Ti, e Tu vens a mim?[30]

Igualmente emocionado, Jesus respondeu:

– João, vim para ser batizado por ti, pois é necessário que se cumpra a lei e a justiça.

João viu Aquele que era o maior de todos e dobrou os joelhos, curvando a cabeça em sinal de disciplina e humildade.

Foi um momento sublime, que seria eternizado: Jesus ungido por João Batista. Com desvelo e carinho, João derramou água em Sua cabeça, enquanto proferia a bênção, sob forte emoção:

– Eu Te batizo, em nome do Pai.

Jesus encontrava-se em profundo estado de oração. Ainda estático e tocado em seu íntimo, João descortinou a visão, enxergando o céu se abrir e descer uma luz em forma de pomba, pousando sobre a cabeça de Cristo. Ouviu-se uma forte voz que vinha do Alto e dizia: *"Este é meu Filho muito amado, em quem me comprazo."*[31]

---

30. Mateus (3:14).
31. Mateus (3:17).

Enquanto Jesus se afastava, cheio da glória do Espírito Santo, João, voltando-se para a multidão, deu seu testemunho, apontando na direção daquele homem e dizendo:

— Eis o Cordeiro de Deus, Aquele que tira os pecados do mundo.

Todos os olhares se voltaram para a figura que se perdia na distância. Longo silêncio se fez, no qual era possível ouvir o choro de João, que finalizou:

— Daqui em diante, devem seguir apenas ao Mestre, pois Ele é o Messias prometido, o Salvador dos pecadores. Minha tarefa chega ao fim e sinto-me recompensado pelo Senhor por ter-me permitido preparar o campo ao Divino Semeador.

Diante da pequena multidão também comovida, João apanhou seu cajado e dirigiu-se às montanhas, na região de Betânia, enquanto a noite cobria os céus da Galileia com seu manto negro. As estrelas cintilavam, e suave brisa vespertina começava a soprar, amenizando o intenso calor daquele dia inesquecível para o grande apóstolo, o maior de todos, segundo testemunho do próprio Cristo.

Naquela mesma noite, Ezequias chegou ao campo de pastoreio tomado por intensa alegria e, próximo da fogueira acesa, relatou com entusiasmo a experiência do dia:

— Moab, tudo foi muito incrível, você não vai acreditar! Você não vai acreditar no que vou te contar – repetia, insistente.

— Pois diga, homem, diga o que aconteceu. Talvez eu acredite.

— Pois é, veja só: primeiro, eu fui batizado por um homem, o João Batista. Esse homem é um santo, e ele estava anunciando o Messias Prometido.

— Isso não é novidade nenhuma, Ezequias, o Messias já é anunciado há séculos.

— Mas, então, deixe que eu te conte, por favor, não me interrompa.

— Diga, homem de Deus, diga que agora eu estou morrendo de curiosidade.

— Pois bem, aquele homem é mesmo um profeta de Deus. Ele tem autoridade na palavra. Quando fala, todos sentem sua energia, que contagia a todos. Quando ele falou, fiquei tomado por forte emoção, e minha vontade era de pedir perdão por todos os meus pecados. Ele pede para nos arrependermos de nossas falhas. Fiquei tão comovido que, quando percebi, já me ajoelhava para ser batizado, e assim aconteceu! Quando ele entornou a água sobre a minha cabeça, senti como se uma mão de luz tocasse minha testa, e, naquele instante, Deus estava comigo. Foi muito forte a emoção, Moab!

O entusiasmo de Ezequias era contagiante. Moab ficou boquiaberto ouvindo a narrativa do amigo.

— Senti como se uma coisa muito boa entrasse naquele momento em meu coração, e não consegui segurar, Moab. Chorei diante daquele homem santo que falava coisas tão profundas. Senti vontade de seguir uma vida direita, de amor e perdão. Senti como se fosse um homem renovado em minhas atitudes.

— Ouvindo você falar assim, até acredito. Você é um homem duro do campo e te conheço há... quantos anos? Mas vamos, continue, estou curioso para saber mais. O que aconteceu depois?

— Depois é que veio o melhor — disse Ezequias, entusiasmado.

— Pois então, diga — exclamou Moab, ansioso — diga, homem!

— Eu tinha acabado de ser batizado e afastava-me para a margem do Jordão. Um homem, aparentando não ter mais do que trinta anos de idade, aproximou-se. Sua presença era admirável e sua postura era nobre, contrastando com sua simplicidade. Seus olhos continham um brilho inexplicável. Parecia que irradiava luz, e a serenidade de Seu rosto era algo admirável em sua expressão de bondade. Quando se aproximou, olhei para Ele e novamente senti aquela sensação de que uma luz intensa envolvia todo meu ser, invadindo minha alma. Fiquei paralisado observando-O enquanto Ele se aproximava de João Batista.

Ezequias calou-se por alguns instantes, e o silêncio era completo. Moab retinha até a respiração em sinal de respeito, com sua atenção completamente voltada para a emocionante narrativa do amigo. Até o fogo parecia mais ameno, e as chamas deixaram de crepitar. Com os olhos fechados, Ezequias parecia querer guardar em sua alma a visão daquele momento sublime que testemunhara.

— Então aconteceu, Moab! O visitante ajoelhou-se, como todos fazem, para ser batizado. Porém, João Batista, em vez de batizá-Lo, curvou-se diante Dele dizendo que não se considerava digno de desatar as correias de Suas sandálias. Ele é que deveria ser batizado por aquele homem.

Envolvido com a própria narrativa com a lembrança daquele instante, Ezequias derramou duas grandes lágrimas.

— Foi então que ouvi a Sua voz, Moab. Não sei explicar, mas era meiga e profunda, calando fundo em mim. Ele disse: "João, vim aqui para ser batizado por ti, e é necessário que a lei se cumpra". O povo em volta surpreendeu-se, pois nunca viram João

Batista chorar, mas foi em lágrimas que abençoou a fronte do visitante. Então, ouvimos outra voz, uma voz do Alto, que parecia vir das nuvens: "Este é o meu Filho muito amado". Todos se ajoelharam, compreendendo que aquele era o Messias. Vimos também uma luz que desceu sobre a cabeça do desconhecido. Então, Ele se afastou enquanto João Batista, em prantos, apontava para Ele: "Eis o Cordeiro de Deus. É Aquele que perdoará os pecados do mundo".

Ezequias concluiu a narrativa e calou-se pensativo. Moab se sentia contagiado pelas palavras do amigo.

– Então se cumpriram as profecias. Até que enfim veio o Messias tão esperado. Glória a Deus!

Depois de alguns segundos, ainda pensativo, Ezequias retrucou:

– Sim, cumpriram-se as profecias. O Divino Rabi[32] está entre nós.

Ambos permaneceram em profundo silêncio, meditando ao lado da fogueira. Em seguida, Ezequias estendeu sua manta de lã e deitou-se com os olhos fixos no céu.

As estrelas tremulavam no manto celeste, na imensidão do infinito, enquanto o coração de Ezequias pulsava exultante. Fechou os olhos e procurou guardar na memória a imagem dos olhos de Jesus, que se assemelhavam em brilho àquelas estrelas tão distantes.

Uma estrela cadente riscou no céu um breve rastro, deixando pensativo o pastor que tivera o êxito e o privilégio de testemunhar o batismo do Messias Prometido.

---

32. Rabi, do hebraico *rabbi*, é o mesmo que Rei. (N.E.)

O INÍCIO DO APOSTOLADO

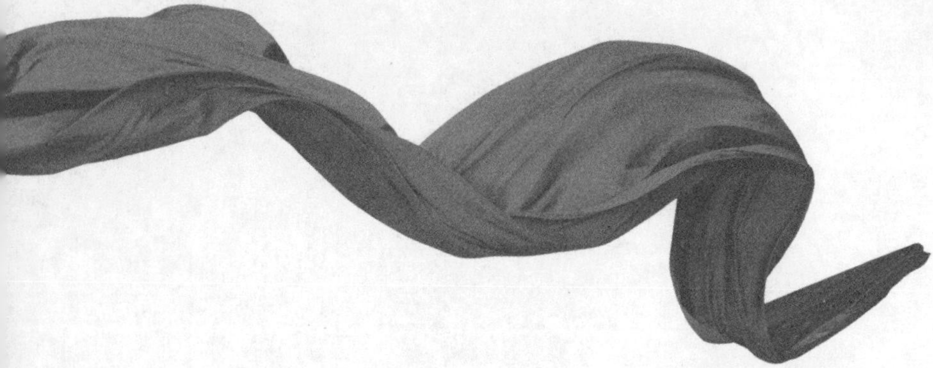

Os dias seguintes foram de muita tribulação para João Batista. Após o batismo, Jesus se afastou em direção ao deserto para procurar, em oração e jejum, a perfeita comunhão com o Pai Celeste.

A parte mais importante da missão de Cristo tinha início. Em estreita sintonia com o Criador, consciente de suas forças, capaz de operar os mais diversos fenômenos, por ser conhecedor das leis que regem a matéria, o Mestre dos Mestres preparava-se para dar cumprimento às profecias.

Na condição de espírito de ordem elevada, tinha condições de curar, substituir moléculas doentes por moléculas sadias. Podia, se desejasse, materializar alimentos, irradiar forças espirituais e erguer os desamparados. Ajudava, sem questionar, aqueles que se apresentavam na sintonia do Seu Divino Amor.

O corpo físico, sujeito às leis da matéria, encontrava-se cansado. Entretanto, o Divino Amigo encontrava-se extremamente fortalecido espiritualmente. Sentia fome e sede, quando surgiu um espírito trevoso, que talvez por não compreender a complexidade da natureza de Jesus, tentou insinuar-se, imaginando que o Mestre estaria fragilizado.

Aquele espírito voltado para o mal antegozava o sucesso ao perceber a chance de tentar Jesus, pois conhecia a natureza humana. Mas não conhecia a natureza divina. Por isso, apresentou-se com prepotência:

– *Assisti ao Seu batismo e também ouvi a Voz.*

Jesus permaneceu calado. Diante do silêncio do Mestre, o espírito encheu-se de coragem. Em seu entendimento, o silêncio era uma oportunidade, e chegara o momento de tentá-Lo. Estimulado, prosseguiu:

– *Tu é mesmo o Filho de Deus? O Messias Prometido?*

Jesus levantou os olhos, fitando aquele espírito infeliz, sentindo-se penalizado, porém continuou em silêncio.

– *Se és mesmo o Filho de Deus, por que se sujeita a tanto sacrifício? Por uma humanidade perdida que não vale a pena? Veja, estás com fome e com sede. Se és o Filho de Deus, tens poder. Manda que essas pedras se transformem em pão e come!*[33]

Jesus respondeu com autoridade:

– Está escrito: nem só de pão viverá o homem[34], mas da palavra que procede da boca de Deus!

O espírito não se deu por vencido. Para demonstrar poder, mostrou uma visão de todos os reinos do mundo material, dizendo:

– *Eu te darei toda autoridade e a glória desses reinos, se prostrado me adorares. Toda glória do mundo será Tua.*[35]

Jesus poderia, se assim o desejasse, mandar embora aquele espírito, infeliz em sua ignorância, mas pretendia demonstrar que,

---

33. Mateus (4:3).
34. Lucas (4:4).
35. Lucas (4:7).

apesar de seu poder, tinha humildade e tolerância, e aquele era um momento de ensinamento ao próprio espírito trevoso.

– Está escrito – retrucou Jesus – que apenas ao Senhor teu Deus adorarás, e apenas a Ele servirás.[36]

O espírito era insistente e queria demonstrar que também era conhecedor da Lei. Então, insistiu mais uma vez:

– *Prove-me que realmente é o Filho de Deus. Porque está escrito nas Escrituras: aos Teus anjos ordenarás a Teu respeito que Te guardem. Eles Te sustentarão nas mãos para que não tropece em pedra alguma.*[37]

Jesus entendeu que havia chegado o momento de pôr fim àquele diálogo, de forma que o espírito trevoso pudesse compreender que, se assim quisesse, teria-o expulsado desde o princípio. Em espírito, sua aura se expandiu em energia luminosa enquanto, com a autoridade conferida pelo Pai Celeste, sua voz soou firme e soberana:

– Vai-te embora, retira-te daqui porque também está escrito: não tentarás o Senhor teu Deus.[38]

As credenciais e a ascendência espiritual de Cristo eram inquestionáveis. Confuso e envergonhado, aquele espírito imediatamente desapareceu diante da imperiosa e nobre determinação.

O Mestre tinha pleno conhecimento de que muitos jamais teriam ideia da dimensão de Seu sacrifício e apenas lamentaria as sementes perdidas entre os espinheiros e pedregulhos das tentações da vida material. Estes não veriam os clarões da verdade

---

36. Lucas (4:8).
37. Lucas (4:9-11).
38. Lucas (4:12).

brilhar para iluminar os caminhos do ser humano, perdido na imensidão dos problemas, no emaranhado sem-fim de tentações, agonias e tribulações. Mas a Sua missão era de amor incondicional e valia a pena.

O Divino Amigo estava muito bem preparado. No exílio voluntário a que se submeteu, sem nenhum privilégio, prisioneiro de um corpo de carne, em um mundo envolto em vibrações de ódio e egoísmo, enfrentando inúmeras dificuldades, o Mestre seguiu em frente, sem medir esforços e sacrifícios, sentindo-se fortalecido pelo amparo do Pai Eterno, que O sustentava e confortava nas horas mais amargas da incompreensão humana.

Escolhido pelo Pai Celestial, Jesus regressou à Galileia. Sua aura benigna contagiava a todos. Nas sinagogas, na condição de rabino, pregava o Evangelho, cativando com a vibração de sua mensagem.

Foi quando tomou conhecimento de que João Batista fora preso por ordem de Herodes. Naquela tarde, afastou-se entristecido e entregou-se à oração. Chorou pelo amado amigo, pois já sabia qual era o seu destino.

Porém, no mesmo dia, seguiu em direção a Cafarnaum. Caminhando próximo ao mar galileu, observou alguns pescadores que retornavam desanimados da pescaria, recolhendo as redes com os barcos vazios.

Simão Pedro e André eram esses pescadores. Justamente àquela hora sentiam-se muito abatidos. A pesca fora infrutífera. Várias vezes jogaram a rede ao mar, mas voltava sempre sem nenhum peixe. Por essa razão, retornaram cabisbaixos, e, enquanto recolhiam a rede, Jesus se aproximou.

Ora, tanto Simão Pedro quanto André conheciam Jesus por meio da palavra de João Batista. Bastante admirados, interromperam o trabalho para prestar a devida atenção ao visitante.

Os olhos do Mestre cruzaram com os olhos daqueles homens, tocando o íntimo da alma de cada um. Eram homens rudes, mas Jesus identificou uma bondade imensa naqueles corações. Era de homens assim que o Mestre necessitava. Eram pedras preciosas a serem lapidadas pelo Divino Artesão.

Os dois pescadores ficaram imóveis e sem ação, e a voz do Cristo soou serena:

– Não percam a fé nem a esperança. Levantem as redes, voltemos ao mar para lançá-las novamente, pois ainda há tempo para uma boa pescaria.

Aquela voz era compassiva, mas soou imperiosa, penetrando nas fibras daqueles corações. Eles se sentiram tocados por coragem e força incompreensíveis. Simão Pedro, demonstrando humildade, ainda tentou questionar:

– Mas, Senhor, passamos a manhã toda e parte da tarde tentando, porém tudo foi em vão. Jogamos a rede inúmeras vezes e sempre voltam vazias. Estamos preocupados, pois temos compromissos e responsabilidades para sustentar nossas famílias. Parece que sem qualquer motivo compreensível os peixes simplesmente desapareceram.

Jesus se aproximou do pescador, olhou fundo em seus olhos, colocou a mão sobre seus ombros e disse:

– Desta vez será diferente, Simão, porque estarei ao seu lado.

Sem poder se controlar, tomado por súbito entusiasmo, Simão voltou-se para o irmão e, com alegria incontida, concordou:

– Senhor, creio em Ti e na Sua palavra. Voltaremos ao mar e lançaremos nossas redes.

Voltando-se aos demais companheiros, completou:

– Vamos retornar à pescaria, porque agora o Rabi estará conosco!

Os demais, também contagiados pelo ânimo que envolvia Simão, lançaram-se ao mar. Já na primeira tentativa, quando tentaram puxar a rede, tiveram de chamar mais companheiros:

– Ajudem, ajudem – gritava André, cheio de contentamento – são tantos peixes que não sei se as redes irão aguentar.

E assim foi. Cada rede jogada retornava repleta de peixes. Depois de algum tempo, o barco de Simão Pedro estava cheio. O pescador sentia-se tomado de imensa admiração pelo Mestre. Assim, quando encerraram a pescaria, aproximou-se, curvando a cabeça em sinal de agradecimento, e, tomado por enorme emoção, exclamou:

– Senhor, não sou merecedor de estar contigo, pois sou apenas um pecador.

Admirados, também se aproximaram André, Thiago e João, filhos de Zebedeu.

O Mestre, em uma demonstração de carinho e apreço por aquele homem, respondeu:

– Levanta-te e não temas, Simão Pedro, porque serás um pescador de almas. Vem, segue-me.[39]

Ao ouvirem o sublime convite, aqueles homens, inebriados de felicidade, seguiram o Divino Amigo!

---

39. Lucas (5:10).

CURAS E MILAGRES

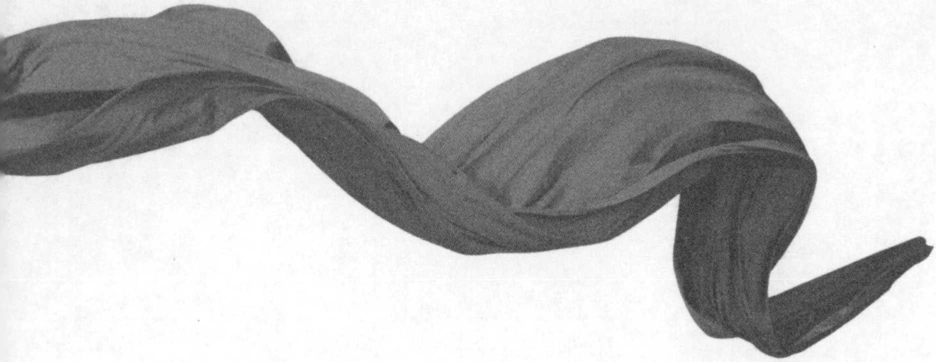

Jesus seguiu então pela Galileia tendo como companheiros Simão Pedro, André, Thiago e João, filhos de Zebedeu. No trajeto, observou um homem e, de imediato, demonstrou simpatia por ele. Era Filipe de Betsaida, que, vendo o Mestre, sentiu-se tocado em sua alma. Curvou a cabeça em sinal de respeito e também ouviu de Cristo o sublime convite:

— Vem Filipe, segue-me![40]

O discípulo, envolvido por um sentimento desconhecido para ele, aceitou e seguiu satisfeito o pequeno grupo.

Mais adiante, ao encontrar um homem chamado Natanael, cheio de entusiasmo, Filipe disse:

— Achamos enfim aquele que Moisés mencionou na Lei, a quem os profetas anunciaram, é Jesus, o Nazareno, filho de José. É Ele o Messias Prometido.

Incrédulo, Natanael respondeu:

— De Nazaré? E de Nazaré pode sair alguma coisa que preste?

Jesus se aproximou e, dirigindo-se a Natanael, respondeu:

— Eis aqui um grande israelita em quem não vejo maldade.

---

40. João (1:43).

Natanael sentiu-se tocado por uma força estranha, e todo o seu ser vibrou e estremeceu. Humildemente, perguntou:

– Senhor, de onde me conheces?

– Antes que Filipe te chamasse, eu te vi embaixo da figueira.

Então, Natanael prostrou-se diante de Jesus e exclamou:

– Mestre! Tu és o Filho de Deus, o Rei de Israel!

Jesus sorriu em virtude da espontaneidade do discípulo:

– Crês porque eu disse que te vi embaixo da figueira? Maiores coisas ainda verá. Em verdade vos digo que haverá sinais no céu, e os anjos do Senhor sobre o Filho do homem.[41]

~

NOS ÚLTIMOS DIAS, Jesus andava pensativo, sentindo saudades de sua querida mãezinha. Soubera que haveria um casamento na cidade de Caná, e ela estaria lá. Dessa forma, dirigiu-se contente a esse lugar.

Maria, ao ver seu filho amado, sente grande alegria, e ambos se abraçam demoradamente. Os olhos do Mestre estavam marejados. Sabia que após aquele encontro, em virtude de sua missão, poucas vezes voltaria a ver sua querida mãezinha. E a última vez seria no Calvário, no momento de sua morte. Queria aproveitar a alegria daquele momento.

Maria, feliz, falava do filho com orgulho e satisfação:

– Este é meu filho querido. Meu filho é maravilhoso e será amado por todos que o conhecerem.

---

41. João (1:45-51).

A festa prosseguia em harmonia, e a paz reinava no ambiente. Jesus, ao lado dos discípulos, desejava permanecer por pouco tempo, apenas o suficiente para desfrutar da companhia de sua adorada mãe.

No entanto, em determinado momento, o Mestre observou que algo não estava bem, porque percebeu um homem extremamente nervoso a conversar com Maria. Imediatamente soube do que se tratava. O festeiro não havia se preparado convenientemente, e o vinho havia acabado enquanto a comemoração ainda estava longe do fim.

Aquele homem ouvira falar de Jesus e de seus feitos e, ao saber que Maria era sua mãe, pedia que implorasse por um milagre. Desconcertada, ela resolveu conversar com o filho e o chamou em particular. Naquele instante, houve um comovente diálogo: não falava com o Mestre dos Mestres, o Messias Prometido, o Sublime Enviado do Pai Eterno, era simplesmente uma mãe pedindo um favor a um filho muito amado, para atender ao pedido de um amigo:

– Filho, o vinho acabou, e a festa ainda está longe do fim.

– E o que queres que eu faça, mamãe? – Jesus respondeu com todo o carinho e respeito do amor filial.

– Meu filho – suplicou Maria, com seu jeito meigo – nosso anfitrião é um bom homem e não tem a quem recorrer. Eu sei que você tem esse poder, então eu te peço, meu filho, realize um milagre e transforme água em vinho. Faça isso por mim.

Naquele instante, Jesus sentiu pena de sua querida mãezinha, pois parecia não ter consciência do que pedia. O ungido do Pai Celeste em uma grandiosa missão para curar os enfermos, dar visão aos cegos, purificar os leprosos, levantar os caídos, trazer a paz aos perturbados e salvar os pecadores do mundo, usaria seu poder para transformar água em vinho porque o dono da festa fora imprevidente. Visivelmente contrafeito, perguntou:

– Mamãe, por que faz isso comigo? Não sabe que ainda não é chegada minha hora?

Ao observar o semblante de tristeza da mãe, o Mestre cedeu. Abraçou e beijou sua testa, dizendo:

– Diga que tragam seis talhas[42] de barro, encham de água e tampe-as.

Imediatamente suas determinações foram obedecidas. Trouxeram as talhas cheias de água até a boca e devidamente tampadas.

Em seguida, pediu silêncio a todos entrando em oração. Estendeu as mãos sobre as talhas, orou silenciosamente e deu graças a Deus. Então ordenou:

– Tirem agora as tampas e levem ao mestre da festa para que possa provar o vinho.

Eles se admiraram, pois não era mais a água, porém vinho cujo aroma rescendia. Tendo o mestre da festa provado o vinho e não sabendo do ocorrido, chamou o noivo e exclamou, admirado:

– É costume servir sempre o melhor vinho no início da festa, para servir o inferior depois que todos já beberam fartamente, mas aqui foi feito o contrário. Guardou o melhor vinho para o final da festa?[43]

---

42. Jarro bojudo de cerâmica, metal, etc., usado para armazenar líquidos ou cereais. (N.E.)
43. João (2:3-10).

Jesus olhou para Maria observando que sua mãezinha estava com os olhos molhados de lágrimas.

Abraçou a mãe com carinho enquanto ela dizia:

– Perdoe-me, filho, pois tem grandes responsabilidades, e eu te peço coisas tão pequenas.

O Mestre envolveu com ternura aquela que oferecera o ventre para sua vinda ao mundo material na grande missão para salvar a humanidade. Maria, sua mãezinha querida, embora não tivesse ainda consciência completa da grandeza do próprio filho, tudo podia, e Jesus, o Divino Amigo, jamais diria não a um pedido que fizesse.

Depois da festa, partiu com os discípulos. Percorriam toda a Galileia levando a Boa-Nova. Por onde passavam, pequena multidão se formava. Diante de olhos incrédulos, Jesus devolvia a saúde aos enfermos, curava os leprosos, levantava os paralíticos, restabelecia a paz aos perturbados provocando admiração em todos aqueles que testemunhavam tais fatos.

Por todos os lugares por onde passava, sua fama o precedia. Muitas histórias eram contadas: alguns diziam que era o Messias Prometido; outros que era Elias que retornara; outros, que tratava-se do profeta Jeremias. Mas diziam uma coisa em comum: Jesus era um enviado divino com poder sobre o mal e operava curas milagrosas.

A multidão aumentava sempre. Muitos eram necessitados; outros, doentes; outros, perturbados. Mas também havia muitos curiosos, e entre eles os próprios judeus, que desejavam verificar com os próprios olhos quem era aquele que se dizia Filho de Deus!

Da região da Galileia, percorreu Decápolis, Jerusalém, Judeia e além do Jordão, e a multidão o seguia.

Em suas pregações, Jesus sentiu necessidade de visitar a cidade onde fora criado, dirigindo-se a Nazaré. Lá, pregou na sinagoga em um sábado. Leu as Escrituras, exatamente o trecho Livro de Isaías onde está escrito: "O espírito do Senhor está sobre mim, pelo que me ungiu para evangelizar os pobres, enviou-me para libertar os cativos, devolver a vista aos cegos e para pôr em liberdade os oprimidos."[44]

Ao ler aquela passagem, todos os presentes tinham os olhos voltados para Jesus, que complementou:

– Hoje se cumpriram as profecias das Escrituras que acabaram de ouvir.

Alguns se maravilharam diante daquela afirmação e se entusiasmaram. Outros, entretanto, a receberam com reprovação. Outros, ainda, demonstravam desconfiança. Houve quem questionasse:

– Não é, por acaso, o filho de José, o carpinteiro? Também pretende operar milagres aqui, como em Cafarnaum?

Diante da pergunta, a sinagoga ficou no mais absoluto silêncio. O Mestre sabia o propósito malicioso daquele que a pronunciara.

Com tristeza fitou aquelas pessoas. Via os olhos daqueles que se alegravam e acreditavam em Sua palavra, mas podia observar também que muitos duvidavam de sua obra missionária. Fechou os olhos, respirou fundo, buscando comunhão com o Pai

---

44. Isaías (61:1).

Celeste por meio da oração, para em seguida responder com doçura e benevolência:

— Sem dúvida deseja citar o provérbio que diz: "Médico, cura-te a ti mesmo". Em verdade vos digo que nenhum profeta é bem recebido na própria terra! Eu vos digo no período de fome que reinou por três anos e seis meses, havia muitas viúvas em Israel, mas apenas à viúva de Sarepta de Sidom Elias foi enviado. Havia também inúmeros leprosos na época do profeta Eliseu, mas apenas Naamã, o Sírio, foi purificado.[45]

Não deixaram que Jesus prosseguisse. Tomados por intensa ira e proferindo impropérios, expulsaram-no do templo.

O Mestre retirou-se entristecido, pois observara que as forças do mal modificaram suas táticas de ataque. Agora atuavam sobre os irmãos do próprio povo, os quais, diante da incredulidade, ofereciam campo de atuação favorável para isso.

Sabia que a verdadeira batalha mal havia começado. Haveria ainda grandes embates e já identificara as novas estratégias de atuação das trevas.

Mas não temia os duros embates, pois Sua missão era de amor, e a luz do amor revestia Sua longa jornada de peregrinação entre os homens.

~

CHEGANDO A CAFARNAUM, e sendo sábado, dirigiu-se à sinagoga e iniciou a pregação, anunciando a Boa-Nova a todos. Falava com

---

45. Lucas (4:19-27).

entusiasmo, proclamando o Reino de Deus, e Sua palavra ecoava por toda a abóbada, irradiando autoridade.

As pessoas sentiam-se contagiadas, em uma sensação de júbilo e serenidade, quando um homem começou a bradar:

– Ah! O que tem conosco, Jesus de Nazaré? Veio para que propósito? Já sei, é o Filho de Deus! – exclamou zombeteiro.

Imediatamente, o Mestre identificou quem se manifestava. Era um espírito empedernido que pertencia à mesma legião daquele que o questionara no deserto.

Em sua ascendência espiritual, envolveu o espírito, falando com autoridade inquestionável:

– Cala-te! Vai-te daqui e deixa este homem em paz![46]

As palavras de Jesus soaram pausadas, repletas de poder. O espírito se contorceu, rolando pelo chão, emitindo um grito medonho que ecoou na abóbada da sinagoga, deixando os presentes arrepiados, para em seguida deixar aquele homem livre de sua influência.

O homem se levantou como se estivesse acordando naquele momento. Sem entender o que se passara, perguntou:

– O que aconteceu?

Então responderam:

– Aquele homem – disseram, apontando Jesus – te libertou de um espírito imundo. Ele tem poder sobre as forças do mal. Ele fala e os espíritos obedecem.

Aproximou-se de Jesus, desejando agradecer.

– Obrigado, Senhor, por ter-me libertado das forças do mal.

---

46. Lucas (4:31-35).

— Procura seguir os mandamentos e vigia seus pensamentos para que não venha a cair novamente em tentação. Vá e não peque mais – finalizou o Mestre.

Em razão daquele acontecimento, houve intenso burburinho. Admiradas, as pessoas comentavam maravilhadas:

— Com que autoridade este homem fala com os espíritos malignos e eles obedecem?

Nos dias que seguintes, não se comentava outra coisa em Cafarnaum e nas imediações. A fama de Jesus corria por todos os lugares.

Naquela tarde, em contato com a multidão, Jesus promoveu curas. O Mestre olhava nos olhos das pessoas, estendia Sua mão direita sobre a testa dos presentes, e todos O glorificavam. E Ele então dizia:

— A tua fé te curou!

O Mestre queria dizer, simplesmente, que a cura dependia da fé daquele que O procurava com a intenção de libertar-se do sofrimento.

Em determinado instante, aproximou-se um leproso vestido de trapos, com os olhos esbugalhados e os cabelos em desalinho. Sua presença provocou um recuo instintivo da multidão, em verdadeira demonstração de repugnância. O pobre homem exalava um cheiro insuportável, porque seu corpo, em vida, estava em decomposição.

Receoso de provocar no Mestre a mesma reação das outras pessoas, permaneceu a distância e se ajoelhou, fraco. De seus olhos mortiços desceram lágrimas, demonstrando que a morte destruía seu corpo enfermo, mas aquele homem sofrido era um ser humano digno de misericórdia. Soluçou, implorando:

– Senhor, por piedade, se quiser, pode me curar!

Sua voz era uma súplica, um lamento...

Jesus, ignorando o mau cheiro e a aparência que provocavam a repugnância do público presente, aproximou-se do pobre homem, na frente da multidão incrédula, e estendeu a mão sobre sua cabeça, levantando os olhos para o Alto e dizendo:

– Quero que sejas purificado, em nome do meu Pai!

Enquanto o aglomerado assistia àquilo boquiaberto, uma suave luminosidade se fez presente nas mãos de Jesus, envolvendo o rosto do enfermo, e sua pele foi imediatamente refeita, revelando a fisionomia de uma pessoa ainda jovem.

Em lágrimas, o homem disse:

– Como agradecer? O Senhor me restituiu a vida!

Jesus respondeu:

– Vá, mostra-te aos sacerdotes e oferece pela tua purificação o que Moisés determinou, para que sirva de testemunho a todos.

Jesus sabia que enfrentaria difícil oposição daqueles que deveriam recebê-Lo com alegria.

Ainda em Cafarnaum, enquanto pregava a mensagem em uma casa, grande quantidade de gente se acotovelava desde as portas, impedindo qualquer um de entrar no recinto.

Alguns tinham ouvido falar das curas promovidas por Jesus e, conduzindo um paralítico em seu leito, procuraram pelo Mestre. Entretanto, a casa estava lotada e não podiam se aproximar, mas tiveram uma ideia. Içaram o doente, amarrado em seu leito, para o alto do telhado e, fazendo uma abertura no teto, desceram-no para o centro do salão onde Jesus se encontrava.

Vendo aquela cena, Ele exclamou:

— Meu filho, sua fé te salvou. Seus pecados estão perdoados.

Alguns escribas, ali presentes, começaram a murmurar com azedume:

— Quem é Ele para perdoar os pecados? Isso é blasfêmia! Apenas Deus pode perdoar os pecados – diziam entre si, irritados.

Os comentários não passaram despercebidos ao Mestre, que respondeu:

— Por que murmuram estas coisas em seus corações? Eu poderia dizer ao paralítico: "seus pecados estão perdoados", ou, simplesmente, "levanta-te e anda". Essa autoridade foi conferida por meu Pai, que está nos Céus.

Voltando-se para o paralítico, disse:

— Levanta-te e anda.

Imediatamente, aquele homem que vivera toda a existência entrevado em um leito, prisioneiro de uma paralisia, levantou-se, à vista de todos e caminhou como se jamais tivesse sido acometido por tal doença.

E o povo se admirou e deu glória a Deus, enquanto os escribas se retiraram visivelmente contrariados.

E assim Jesus prosseguiu em suas andanças, transmitindo a mensagem da Boa-Nova, fazendo milagres e glorificando o nome de Deus.

O povo O seguia, sedento pelos milagres misteriosos, mas poucos entendiam a profundidade dos Seus ensinamentos. Ele sabia que o mais importante não eram as curas, porém a libertação da alma pelo conhecimento.

Comovia-se pelos doentes e desesperados, mas não deveria curar a todos pela simples imposição de mãos. Poderia, se quisesse; porém, para a maioria daquelas pessoas, a dor e a agonia eram exatamente o propósito da reencarnação, o que os fazia caminhar.

Enquanto isso, os fariseus e publicanos[47] se incomodavam com o crescimento da Sua popularidade, mesmo testemunhando os inúmeros milagres operados. E tramavam silenciosamente, envolvidos por forças malignas.

---

47. Na antiga Roma e em todas as colônias do Império Romano, eram assim chamados os coletores de impostos. (N.E.)

O SERMÃO DA MONTANHA

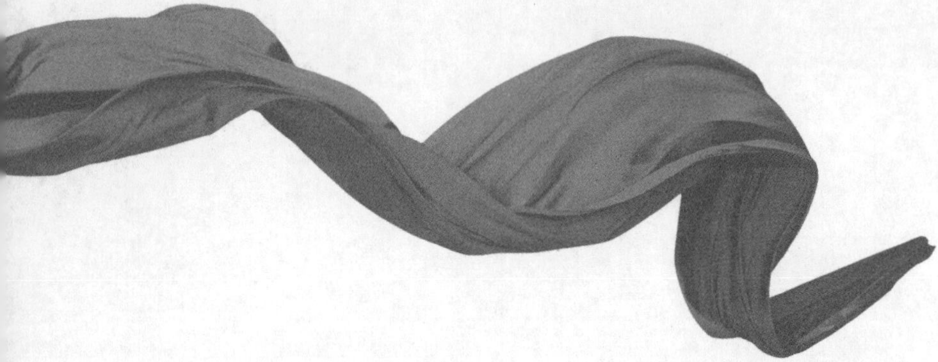

Naquela tarde, Jesus observava a multidão que se juntara ao seu redor. Eram pessoas provenientes de diversos lugares, de regiões distantes. Cada uma com o seu problema, sua angústia, seu sofrimento, sua tribulação.

Observava atentamente a tristeza que traziam, detendo-se no exame do que ia no fundo da alma de cada um dos presentes, e sentia compaixão pelos infortúnios ocultos. Eram criaturas sofridas, mães desesperadas, idosos debilitados, homens humildes, mulheres tristes e uma infinidade de trôpegos e mancos.

Se pudesse, com uma simples imposição de mãos, o Divino Mestre aliviaria a dor e os problemas daquelas pessoas, mas sabia que não deveria revogar as leis. As leis deveriam ser obedecidas e cumpridas. O período difícil era a oportunidade de aprendizado necessária ao espírito imortal para se fortalecer em suas fraquezas. A dor que cada um carregava era a oportunidade bendita de aprimoramento para a evolução espiritual.

Mais importante do que operar milagres e fazer curas era libertar o ser humano dos problemas por intermédio da palavra, para que a humanidade pudesse, a partir do conhecimento da verdade, libertar-se por meio da própria melhoria espiritual, da compreensão, da prática do amor e da caridade.

Teria, entretanto, que trazer alento imediato aos desesperados, consolo aos aflitos, esperança aos doentes e agoniados.

Dessa forma, subiu ao monte, e a multidão o rodeou. Fechou os olhos, respirou fundo, elevou seus pensamentos em prece ao Pai Eterno, enquanto duas lágrimas cristalinas como pérolas rolaram por sua face. Inspirado, proferiu o inesquecível Sermão[48] que ainda ecoa no espaço da eternidade:

– Não se desesperem, meus irmãos. O Pai Eterno sabe de suas dores e agonias e jamais os abandonará. Jamais duvidem da bondade do Senhor, porque Ele é o Pai que ama indistintamente todos os filhos. Confrontados pela tribulação, pelo sofrimento, pela dificuldade, confiem no Pai! Posso vos dizer, com a confiança que o Pai depositou em mim, que todas as tribulações são passageiras, e todos serão bem-aventurados!

Profundamente emocionado, o Mestre fez breve pausa enquanto o choro descia de seus olhos radiantes, em virtude dos clarões divinos que apenas Ele, dentro da comunhão que mantinha com o Pai Celeste, podia distinguir.

Fechou os olhos e respirou fundo para em seguida prosseguir:

– Bem-aventurados os humildes de espírito, porque deles é o Reino dos Céus. Bem-aventurados aqueles que choram, porque serão consolados. Bem-aventurados os mansos, porque herdarão a terra. Bem-aventurados aqueles que têm fome e sede de justiça, porque serão saciados. Bem-aventurados os misericordiosos,

---

48. Mateus (5:1-12).

porque alcançarão misericórdia. Bem-aventurados os puros de coração, porque verão a face de Deus. Bem-aventurados os pacificadores, porque serão chamados filhos de Deus. Bem-aventurados os perseguidos por causa da justiça, porque deles é o Reino dos Céus. Bem-aventurados sereis quando por minha causa vos injuriarem, perseguirem e mentindo disserem todo mal contra vocês. Regozijem e exultem, porque grande será a recompensa nos Céus, pois assim também perseguiram os profetas que vieram antes de vós.

A palavra de Jesus ecoava, firme, forte, límpida e cristalina, levando a sublime mensagem que também se propagava na brisa suave daquela tarde inesquecível. Atentas, as pessoas sentiam-se arrebatadas, esquecidas dos problemas, envolvidas pelo toque de uma energia desconhecida que as fortalecia, tocando as fibras mais sensíveis de seus corações, repercutindo no fundo de suas almas.

Aquele era um momento único e sublime. Ficaria registrado para todo o sempre na memória daqueles privilegiados que assistiram ao Sermão da Montanha. Sob forte impacto, Jesus prosseguiu:

– A vida é um dom de Deus e, por esse motivo, precisamos buscar a alegria de viver, apesar dos problemas que nos afligem. Precisamos dar sentido e sabor à vida,

Os discípulos encontravam-se ali e, extasiados, bebiam as palavras daquela nobre palestra. Voltando-se a eles, o Mestre continuou:

– Vocês são o sal da terra que dá sabor e sentido à vida! Ora, se o sal for insípido, como restaurar seu sabor? Para mais nada serve, e será jogado fora e pisado pelos homens. Por essa razão eu digo: vocês são a luz do mundo. Haverão de espalhar a claridade eterna por meio da palavra, levando luz e entendimento ao ser humano sofrido e necessitado. Não se pode esconder uma cidade edificada sobre um monte. Da mesma forma que não se acende uma candeia para colocá-la debaixo do alqueire, mas se põe sobre o velador, de forma que ilumine todos da casa e quem se aproxime. Assim também haverá de brilhar sua luz diante dos homens, para que vejam as boas obras que fizerem e glorificarem o Pai que está nos Céus.[49]

O Divino Mestre fez breve silêncio para que suas palavras fossem assimiladas. Olhou a multidão e notou que espíritos de luz envolviam cada um dos presentes em emanações de paz e harmonia que facilitavam o entendimento. Uma torrente luminosa descia dos planos mais altos das esferas celestes, operando nas almas sentimentos de amor e fraternidade. Era isso que Jesus desejava: que todos pudessem entender que a palavra, a mensagem da Boa-Nova, era a solução definitiva para os problemas do ser humano. O momento era oportuno, e então prosseguiu:

– Não pensem que vim revogar a lei ou os profetas. Não vim para revogar, mas para cumprir a lei! Prestem atenção na Boa-Nova, porque em verdade vos digo que, até que o céu e a terra passem, nem um *"i"* ou *"til"* jamais mudará na lei[50], até que tudo se cumpra.[51]

---

49. Mateus (5:13-16).
50. O *"i"* (iota, no grego) é a letra *"yod"* no hebraico, a menor letra do alfabeto. Na Bíblia hebraica há mais de 66 mil dessas letras. *"Til"* é uma pequena marca que distingue certas letras hebraicas de outras. Antigamente, orientava-se os escribas para que tivessem cuidado ao escrever as letras para não mudar o sentido da palavra. (N.E.)
51. Mateus (5:17-18).

Complacente com as dificuldades de entendimento de muitos, o Mestre fazia breves intervalos.

– Aquele que violar um desses mandamentos, mesmo que entre os menores, e assim ensinar os homens, será considerado mínimo no Reino dos Céus.[52] Entretanto, aquele que observar os mandamentos, e assim ensinar, será considerado grande no Reino dos Céus! Porque vos digo que se vossa justiça não for melhor que a dos escribas e fariseus, jamais entrareis no Reino de Deus. Ouvistes o que foi dito pelos antigos: não matarás! Tirar a vida de alguém é considerado falta gravíssima aos olhos de Deus, e quem o fizer será julgado por isso. Mas vos digo mais: todo aquele que sem motivo se irar contra seu irmão, que proferir insulto contra seu irmão, que chamar um irmão de louco, estará sujeito ao julgamento do tribunal e ao inferno do fogo. Dessa forma, de nada adianta trazer ao altar sua oferta, se teu irmão tem algo contra ti. Deixa perante o altar tua oferta e concilia-te com teu irmão, só então faça a tua oferta.[53] Esta será a mais agradável aos olhos de Deus.

Aquelas palavras penetravam nos corações como água penetra em terra ressequida.

– Concilia-te com seus inimigos e perdoa seus adversários enquanto estás no mesmo caminho![54] Se ocorrer que um inimigo venha a morrer com sentimentos de ódio, esse sentimento de ódio se estenderá por outras vidas, em que ficarás imantado ao inimigo pelos elos do rancor e do ressentimento. Ele então te

---

52. Mateus (5:19-20).
53. Mateus (5:21-24).
54. Mateus (5:25).

entregará ao juiz, que determinará ao oficial de justiça para que sejas recolhido à prisão. Em verdade vos digo que o espírito jamais se libertará da prisão dos sentimentos do ódio até que pague até o último centavo devido, por meio do exercício do perdão e do amor.

Jesus pregava uma filosofia de boa conduta, para que as criaturas pudessem levar uma vida de paz. Sabia que era necessário falar de detalhes do cotidiano para que o ser humano pudesse compreender por si mesmo a lei da harmonia. No entanto, sentia que precisava usar palavras fortes para destacar a importância dos ensinamentos e das advertências.

– Ouvistes o que foi dito: não cometerás adultério. Eu vos digo mais: qualquer um que olhar para uma mulher com intenção impura no coração já terá cometido adultério. Se teu olho te faz tropeçar, é melhor que o arranque de ti. Se tua mão é motivo de perdição, é melhor que a corte e a lance fora, pois é melhor perder um dos membros do corpo do que perder a alma.[55]

Pequeno intervalo se estabeleceu enquanto a multidão ouvia em silêncio. O Mestre deu continuidade:

– Ouviram também o que foi dito aos antigos: não prestem falsos testemunhos e não jurem em falso. Devem sempre cumprir com o Senhor rigorosamente a verdade. Não devem jamais jurar nem pelo Céu, porque lá está o trono do Pai; nem pela terra, porque ela serve como estrado; nem por tua cabeça, porque não tem o poder de tornar sequer um fio de cabelo branco ou preto. Seja sempre verdadeiro nos compromissos com o Senhor e que

---

55. Mateus (5:27-30).

seja sua palavra, sim, sim; não, não. O que disso exceder não vem da parte de Deus.⁵⁶

O Divino Amigo sabia que aquele povo necessitava de orientação em todos os sentidos da vida. Ainda imperava em muitos corações sentimentos de vingança e desforra provenientes das antigas leis, baseadas na pena de Talião⁵⁷. Então, ainda disse:

– Ouviram também o que foi dito: "Olho por olho e dente por dente". Eu, porém, vos digo: não devem resistir ao mal. Quando alguém te ferir na face direita, oferece também a esquerda. Se alguém discutir contigo pedindo a túnica, dá também a capa. Se alguém te obrigar a andar uma milha, caminha com ele duas. Porque a lei do amor e do perdão sempre foi e será agradável aos olhos do Pai Altíssimo!⁵⁸ Os antigos diziam: "Amarás o teu próximo e odiarás teus inimigos". Eu, porém, vos recomendo amar também seus inimigos e orar pelos que vos perseguem e caluniam. Agindo assim, virão a ser filhos dignos do Pai Celeste, que faz o Sol brilhar para bons e maus e faz chover sobre os justos e os injustos. Se amarem apenas aqueles que vos amam, que mérito há nisso? Porventura não fazem o mesmo os publicanos, os cobradores de impostos, as pessoas de má vida? Busquem a humildade no coração, não desprezem os irmãos menos favorecidos. Porque se saudarem somente os vossos irmãos e aqueles que considerais importantes, o que fazeis de mais? Não fazem os gentios, os estrangeiros, também o mesmo? Portanto,

---

56. Mateus (5:33-37).
57. Pena antiga pela qual se vingava a injúria ou delito fazendo sofrer ao criminoso o mesmo dano ou mal que ele praticara. (N.E.)
58. Mateus (5:38-42).

vos recomendo: buscai a humildade e a simplicidade da alma e procurem ser perfeitos, como perfeito é o pai que está nos Céus.[59]

Jesus aconselhava as criaturas a se esforçar no desenvolvimento dos valores da alma, conscientes de que cada um de nós é uma centelha divina originada do próprio Criador. Por esse motivo a recomendação para buscarmos a perfeição, que é o objetivo de todo espírito em sua trajetória evolutiva.

— Eu vos digo que não deveis alardear vossa justiça diante dos homens com a finalidade de se mostrarem e serem vistos, pois desta forma se perderá o valor diante de Deus e não recebereis a recompensa. Quando, pois, estender a mão para auxiliar um irmão mais necessitado, não toque trombetas diante de ti, como fazem os hipócritas nas sinagogas e nas ruas, para serem vistos pelos homens. Em verdade vos digo que eles já receberam a recompensa. Quando praticar algum ato de caridade, que esta seja de forma tão despretensiosa e natural que sua mão esquerda não saiba o que fez a direita, e seu gesto fique em segredo. O Pai Eterno que tudo vê te dará a verdadeira recompensa.[60]

Aquela era uma tarde gloriosa. As caravanas divinas envolviam a multidão em luz e amor que irradiava do alto e do próprio Cristo. Aquelas pessoas, atentamente, bebiam os ensinamentos proferidos por Jesus, que, à semelhança de um irmão compassivo, compreendia as dificuldades de seus irmãos menores, carentes de entendimento. Por essa razão, falava com amor e simplicidade.

---

59. Mateus (5:43-48).
60. Mateus (6:1-4).

— E quando fizerem orações, busquem conversar com Deus na sinceridade dos sentimentos mais profundos. A oração é um ato divino em que nos ligamos ao Pai Eterno. Por esse motivo, precisa ser um momento de profunda reflexão. Não façam como os hipócritas, que gostam de orar em pé nas sinagogas, nas ruas e nas praças, para serem vistos por todos. Quando for orar, vá para algum local isolado e silencioso, ou entra no seu quarto e fecha a porta. Fique em sintonia com o Pai Eterno e abra seu coração, porque o Pai sabe tudo o que está em segredo. Se a sua oração for verdadeira, receberá o auxílio, na medida do seu merecimento, pela misericórdia divina. Não se assemelhe àqueles que imaginam que, por falar muito e utilizar belas palavras, serão atendidos pelo Pai, uma vez que palavras vazias de afeto são inúteis, não encontram nenhuma afinidade mental com Deus.[61]

E Jesus disse mais:

— Iniciem cada dia com sentimento de alegria e gratidão ao Pai Eterno, porque cada dia é uma oportunidade de crescimento e aprendizado. Orem sempre agradecendo pela dádiva da vida, assim: "Pai nosso que está nos Céus, santificado seja o teu nome, venha o Teu reino, faça-se a Tua vontade, assim na Terra como no Céu, o pão nosso de cada dia nos dá hoje, perdoa as nossas dívidas assim como nós perdoamos aos nossos devedores, e não nos deixeis cair em tentações, mas livra-nos do mal."[62] Vivam contentes e não se preocupem em acumular bens que a traça corrói, a ferrugem consome e os ladrões roubam. Busquem

---

61. Mateus (6:5-8).
62. Mateus (6:9-13).

desenvolver os tesouros do coração, as virtudes da alma, a paciência, a humildade e a caridade, porque, com essas virtudes, juntareis verdadeiros tesouros nos Céus, onde a traça não corrói, a ferrugem não consome e os ladrões não roubam; porque onde está teu tesouro, aí também estará teu coração e tua alma. Os olhos são o espelho da alma, e eles refletem o que vai no fundo do teu coração. Se teus olhos forem bons, todo teu corpo será revestido em luz. Entretanto, se teus olhos forem maus, teu corpo estará envolto em trevas.[63]

O Sol já declinava em direção ao poente, e o Mestre desejava estender o máximo os divinos ensinamentos daquele dia de luz e paz para a humanidade.

– Procurem sempre a honestidade, tanto na vida material quando espiritual. Ninguém pode servir ao mesmo tempo a dois senhores: servirá a um e aborrecerá a outro, amará um e desprezará o outro. Assim também é em relação ao Pai Celeste: não é possível servir a Deus e ao mesmo tempo ter apego às riquezas e ao poder, porque o Senhor é eterno, e o poder do mundo é passageiro.[64] Por isso vos digo: se confiam verdadeiramente no Pai Celeste, não andem preocupados com o amanhã, porque o amanhã a Deus pertence. Não fiquem preocupados com o que precisam comer e beber, nem com as vestimentas. Não é a vida mais do que o alimento, e o corpo, mais do que as vestes? Olhem as aves do céu! Elas não plantam e não colhem, entretanto o Senhor jamais permitiu que faltasse o alimento para elas. Olhem os lírios dos campos. Os lírios dos campos não tecem nem fiam,

---

63. Mateus (6:19-23).
64. Mateus (6:24).

entretanto nem Salomão, em todo esplendor de sua glória, teve vestes mais belas. Por mais preocupado e ansioso que esteja, ninguém é capaz de aumentar um côvado[65] sequer da própria estatura durante o transcurso da vida. Vós não valeis mais do que as aves do céu e os lírios dos campos? Portanto, não andem inquietos em preocupações com o amanhã, dizendo: o que comeremos, o que beberemos, o que vestiremos? Eu vos digo: tende fé em Deus e buscai primeiramente o seu Reino e sua Justiça, e todas essas coisas serão dadas em acréscimo. A vida é um presente precioso que o Senhor concedeu. Portanto, vivam cada dia alegremente, porque o futuro a Deus pertence, e a cada dia basta seu mal.[66]

Mais um intervalo se fez, calculado por Jesus para que a multidão pudesse assimilar as palavras. Em seguida, falou desse modo:

— Livrem vossos corações da pior prisão do mundo: o rancor, a mágoa, o ódio. Não julguem vossos irmãos para também não serem julgados. Em verdade vos digo: sejam piedosos e complacentes, pois da mesma forma que julgarem, também serão julgados, com a mesma medida que medirem também serão medidos. As criaturas costumam ser condescendentes com as próprias faltas e intolerantes com as faltas alheias. Sempre nos detemos observando o cisco no olho de nosso irmão e não observamos a trave em nosso olho. Não sejamos hipócritas! Vamos primeiro cuidar de nossos problemas, de nossos defeitos, buscar a melhoria íntima por meio da humildade e da simplicidade do espírito. Dessa forma,

---

65. Medida antiga de comprimento, equivalente a 66 cm. (N.E.)
66. Mateus (6:25-34).

seremos mais tolerantes com as falhas de nossos irmãos. Tenham respeito em relação à palavra e não atirem pérolas aos porcos, porque os porcos não conhecem o valor da pérola. Pensarão que é simplesmente milho e tentarão comê-las e pisá-las sem dar o devido valor.[67] Quando sentirem dificuldades, não se entreguem ao desespero. Confiem no Pai que está nos Céus e o busquem na oração sincera, porque ao buscarem ajuda de Deus com a verdadeira fé, tudo o que pedirem será dado, tudo o que buscarem será encontrado, toda a porta na qual baterem será aberta. Todo aquele que com fé e confiança pede ao Criador, recebe o que busca. Qual de vocês, sendo pais, dá uma pedra se o filho pede pão? Ou dá uma cobra se ele pede um peixe? Ora, se vós, que ainda sois imperfeitos, sabem dar boas dádivas aos filhos, quanto mais o Pai que está nos Céus. Ele dará boas coisas àqueles que pedirem com justiça. Vivam, pois, com justiça no coração, e façam aos outros aquilo que gostariam que fizessem a vós, porque assim recomendam as leis e os profetas.[68]

Os ensinamentos eram muitos, mas o Divino Amigo, paciente, dava tempo de assimilação a todos, enquanto os benfeitores espirituais operavam em cada alma.

– Durante a vida haverá muitas situações de dificuldade. Haverá encruzilhadas e caminhos a seguir, porém vos recomendo: cuidado com as portas largas, porque as portas largas e as facilidades indevidas levam à perdição. Infelizmente, muitos ainda preferem as facilidades dos caminhos escusos e desonestos. Entre-

---

67. Mateus (7:1-6).
68. Mateus (7:7-12).

tanto, as virtudes, a honestidade e a honradez são portas estreitas que exigirão lutas e dificuldades. Estas aprimoram o valor do espírito e conduzem à salvação. Ainda são poucos aqueles que buscam a porta estreita da vida.[69] A vida é uma grande escola onde cada dia é a oportunidade valiosa de aprender. Portanto, alerto: tenham cautela a respeito dos falsos profetas que se apresentam disfarçados de ovelhas, mas por dentro são lobos vorazes. Quando houver dúvidas, olhai atentamente, pois pelos frutos conhecereis a árvore. Colhem-se porventura uvas em espinheiros ou figos nos rochedos? Assim, podem ficar tranquilos, pois toda árvore que é boa produz bons frutos, enquanto a árvore má produz maus frutos. Digo ainda mais: toda árvore má será cortada e lançada ao fogo. Sejam, pois, fiéis aos ensinamentos e à palavra, e tudo que fizerem, façam com sinceridade a amor genuíno, pois não bastam simplesmente orações e belas palavras quando o coração está ressecado e endurecido em sentimentos. Nem todo aquele que bate no peito e grita: "Senhor! Senhor!" entrará no Reino dos Céus, mas apenas aquele que fizer a vontade do meu Pai. Digo ainda que chegará o dia em que reclamarão dizendo: "Senhor! Senhor! Profetizamos em Teu nome, expulsamos demônios e em Teu nome fizemos milagres!", e direi em verdade: não conheço a vós, separem-se de mim porque praticaram iniquidades.[70] Ouçam, pois, minhas palavras e pratiquem meus ensinamentos. Todo aquele que assim age se assemelha ao homem prudente que edificou sua morada sobre a rocha firme. Caiu a

---

69. Mateus (7:13-14).
70. Mateus (7:15-23).

chuva, transbordaram os rios, sopraram os ventos das tribulações e houve todo o tipo de adversidades, mas a casa não caiu nem se abalou, porque fora edificada sobre base firme. Em verdade vos digo que todo aquele que ouve minha palavra e não a pratica será como o homem insensato que construiu sua casa sobre a areia, e, quando vieram as tempestades, as inundações e os ventos que sopram com ímpeto, ela então desabou, sendo grande sua ruína.[71]

Jesus havia concluído o Sermão da Montanha, e seus ensinamentos ficaram para sempre guardados naqueles corações, repletos de esperança e alegria.

O Divino Amigo encontrava-se intensamente envolvido pela missão de transmitir tudo aquilo. Com os olhos úmidos, analisava a multidão que permanecia ali, maravilhada com a palestra. Sua aura se estendia além do horizonte visível, abraçando todas as criaturas que se encontravam naquela sintonia. Algo desconhecido era experimentado pelos ouvintes. O que Ele dizia era diferente, traduzia afeição e intensa alegria. O povo exultava porque, diferente das pregações dos escribas, os ensinamentos recentes tinham autoridade.

O Sol declinava no horizonte. As estrelas não tardariam a brilhar na abóbada celeste, como um divino manto cravejado de diamantes refulgentes.

Mais de dois mil anos se passaram, e ainda hoje é possível ouvir o eco das palavras articuladas com tanta emoção naquela sagrada e inesquecível tarde, em que o amor personificado na figura do Divino Amigo se fez presente para o ser humano sedento de luz.

---

71. Mateus (7:24-27).

A ESCOLHA DOS APÓSTOLOS

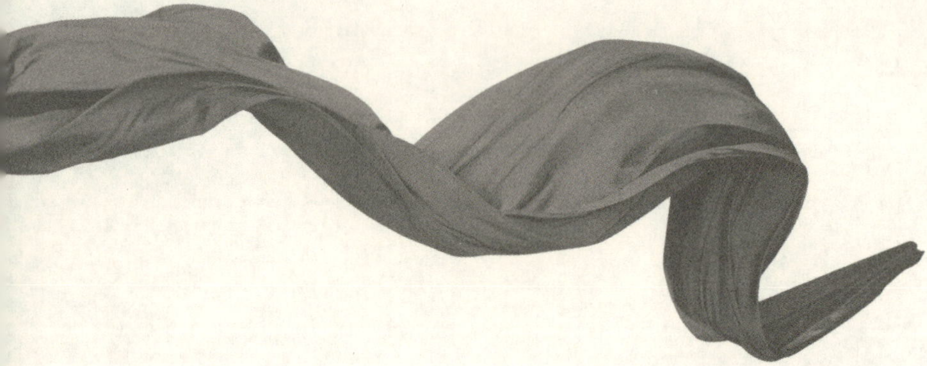

Após o Sermão da Montanha, a fama de Jesus se espalhou como água cristalina em terreno suave. Em todos os cantos da antiga Galileia não se falava outra coisa, a não ser do Divino Rabi.

Quem ouvia Seus discursos ficava encantado com a forma carinhosa de ensinar, revelando serenidade sem abdicar do comando e da sobriedade. O Mestre era amoroso e, ao mesmo tempo, severo. Na verdade, Ele irradiava uma aura que se estendia ao infinito, e todas as pessoas que entravam naquela faixa vibratória sentiam Seu toque sublime.

Os milagres multiplicavam-se. A todos os resgatados, Jesus dizia:

– Tua fé te curou.

Ele queira deixar bem claro a importância da verdadeira fé. O Divino Amigo não estava preocupado em efetuar curas simplesmente, queria trazer um conhecimento que libertasse:

– Conheça a verdade, e a verdade vos libertará.[72]

---

72. João (8:32).

Procurava, a cada momento, traduzir lições preciosas e exemplificá-las. A visão de Jesus se estendia além das aparências físicas. O Mestre identificava os anseios mais secretos de cada criatura e ali descobria o que cada um tinha de melhor. Por essa razão, endereçava convite àqueles que tinham condição de segui-Lo, dizendo:

– Vem, segue-me!

Àqueles que ainda não apresentavam condição de entendimento mais profundo, endereçava o sublime conselho:

– Vá e não peque mais!

As forças do mal não estavam desatentas. Dessa forma, tramavam na escuridão contra a missão e a vida de Jesus. As potências malignas eram mentes privilegiadas que encontravam no egoísmo, no rancor e na inveja das criaturas poderosas da Terra a sintonia que necessitavam para agir.

Entretanto, sabiam que o Mestre era um espírito sábio e perfeito e que aquela tarefa seria extremamente difícil, mas contavam com aliados ferrenhos em seu favor e com a ignorância humana.

Jesus, por sua vez, sabia que precisava despertar sentimentos mais sublimados de compaixão e fé, e, por isso, sempre procurava destacar esses valores.

Ora, estando em Cafarnaum, aproximou-se do Mestre um soldado romano que implorou desesperado:

– Senhor, tenho em minha casa um criado que está paralítico em uma cama e sofre horrivelmente. Poderia curá-lo?

– Poderei ir até sua casa para curá-lo neste instante – respondeu Jesus.

Mas o centurião, em um gesto de humildade, curvou a cabeça diante de Jesus e disse:

— Senhor, eu também sou sujeito à autoridade, tenho muitos soldados sob o meu comando, e quando determino ordens eles vão e vem, e fazem o que eu digo. Mesmo assim, eu confesso, Senhor, que, apesar de todo poder, eu não sou digno de que entre em minha casa. Por isso te imploro: diga uma só palavra, e meu criado será salvo.

Ao ouvir aquelas palavras do centurião, Jesus admirou-se e, voltando-se para a multidão, afirmou:

— Meus irmãos, nem mesmo em Israel encontrei tamanha demonstração de fé como esta. Digo que a Boa-Nova se espalhará e encontrará pelo mundo muitas pessoas dispostas a acreditar. Muitos virão do Ocidente, do Oriente e tomarão lugar à mesa com Abraão, Isaque e Jacó no Reino dos Céus. Ao passo que muitos filhos do Reino serão lançados para fora, nas trevas, onde haverá choro e ranger de dentes.

E voltando-se para o centurião, que continuava em estado de súplica, completou:

— Vá e seja feito conforme a tua fé.

Naquele mesmo instante, o servo do centurião foi curado.

Pedro não cabia em si de contentamento. Na verdade, ainda não conseguia compreender a grandeza dos ensinamentos de Jesus. Tinha algumas dificuldades para entender certas coisas, porém confiava. Para ele, seguir os passos Dele era uma honra destinada a poucos. Da mesma forma que os demais discípulos, amava o Mestre.

Estando na sua cidade, convidou-O para cear em sua casa. Já se encontrava distante há algum tempo, sentindo-se saudoso dos familiares. Por outro lado, desejava ardentemente que seus parentes pudessem sentir o prazer da presença e do convívio com o Divino Amigo.

Chegando à casa, a sogra de Pedro encontrava-se acamada, com fortes dores de cabeça, e ardia com febre alta.

Jesus recomendou a todos que se pusessem em oração e, durante a prece, estendeu as mãos sobre a testa da doente, que imediatamente ficou curada. Levantou-se feliz e passou a servi-Lo juntamente com os demais convidados.

Ressaltou o hábito da prática da oração. E aquela foi uma noite especial na casa de Pedro. Vieram pessoas com diversos sofrimentos, e todas encontraram consolo e cura após a pregação.

No dia seguinte, o Mestre pediu a Simão Pedro que O transportasse para o outro lado do lago, quando se aproximou um escriba dizendo:

– Senhor, permita-me a honra de segui-Lo, pois não medirei esforços. Irei para onde for.

Os olhos de Cristo mergulharam no fundo da alma daquele homem. Então, assim falou:

– As raposas têm seus covis, as aves do céu têm seus ninhos. Mas o Filho do Homem não tem uma sandália para calçar os pés e sequer uma pedra para repousar sua cabeça.

Ouvindo as palavras de Jesus, outro candidato a discípulo disse:

– Senhor, eu também quero segui-Lo, mas permita que primeiramente vá sepultar meu pai, depois eu volto.

Jesus respondeu:

– Aquele que deseja me seguir deve deixar tudo para trás. O verdadeiro discípulo deve se desvencilhar de todas as amarras materiais para servir a Deus com o coração.

Em seguida, finalizou:

– Deixe que os mortos sepultem os próprios mortos.[73]

Depois disso, entraram no barco para uma longa travessia em busca de lugares mais distantes para levar a Boa-Nova. Durante o trajeto, o Mestre adormeceu por alguns instantes e logo em seguida sobreveio uma pesada tempestade. As ondas ficaram agitadas sacudindo o barco perigosamente. Os discípulos ficaram assustados e temerosos, porém Jesus dormia placidamente. Em situação de desespero, eles O acordaram:

– Senhor, salva-nos, pois corremos o risco de morrer.

Em contraste com o ambiente de temor, Ele se levantou com absoluta tranquilidade e retrucou:

– Homens de pouca fé, por que se entregam ao desespero diante de uma tempestade?

Estendeu a mão na direção da chuva forte, repreendendo o vento e o mar. Logo em seguida, cessou a tormenta e fez-se grande calmaria. Os discípulos ficaram maravilhados com o poder de Jesus ao notar que até os elementos da natureza lhe prestavam obediência.[74]

Chegaram à margem oposta, terra dos gadarenos, e vieram encontrá-los duas pessoas tomadas por espíritos imundos e de tal forma furiosos que ninguém conseguia passar por aquele caminho. Ao se deparar com a figura de Jesus, gritaram descontrolados:

– O que temos nós contigo, ó Filho de Deus? Veio aqui para nos atormentar antes dos tempos?

---

73. Mateus (8:18-22).
74. Mateus (8:23-27).

Jesus imediatamente identificou aqueles espíritos perturbados, que acreditavam estar à vontade para prestar contas de seus atos apenas no dia do Julgamento, por isso reclamavam.

– Por que perturbam esses irmãos? Não sabem que a qualquer momento vão prestar contas de seus atos ao Pai Eterno?

– Somos uma legião, Senhor, e também obedecemos ordens. Mas Tu é Aquele que tudo pode, então seja feita Tua vontade. Mas Te rogamos: manda-nos para aquela manada de porcos adiante.

– Então ide – ordenou Jesus.[75]

Imediatamente, aqueles espíritos perturbados se aproximaram dos porcos, que, enlouquecidos e gritando, correram desvairados e se precipitaram despenhadeiro abaixo, caindo ao mar, onde morreram todos afogados. Todas aquelas coisas traziam admiração às almas simples dos seus seguidores. Cheios de respeito, percebiam que Jesus tinha poder soberano: repreendia tempestades, curava enfermos, expulsava espíritos perversos, ensinava com carinho, paciência, humildade, exemplificando cada ensinamento.

Passando uma tarde por uma rua, viu um publicano chamado Mateus Levi, cobrador de impostos detestado por muitos, sentado à porta da coletoria. Mateus já ouvira conversas a respeito de Jesus e, curioso, observava Sua passagem, quando seus olhos se cruzaram. Naquele instante, Levi sentiu um forte estremecimento percorrer todo seu corpo, enquanto um sentimento diferente invadia sua alma. Inebriado de contentamento, ouviu o chamado:

---

75. Mateus (8:28-32).

— Venha, Levi, siga-me![76]

Incapaz de se deter, o publicano imediatamente abandonou o estabelecimento e, cheio de júbilo, seguiu as pegadas do Mestre.

Naquela noite, convidou Jesus para cear em sua casa, achando o momento oportuno para apresentar o Mestre a outros companheiros. Por esse motivo, convidou muitos publicanos, os quais compareceram ao jantar.

Ora, tanto os fariseus quanto os escribas não estavam satisfeitos com a popularidade de Jesus e com sua fama que a cada dia crescia mais e mais. Procuravam motivos para criticar sua conduta e colocar em dúvida suas atitudes e seus ensinamentos.

Ao verem que Jesus ceava com os publicanos, começaram a murmurar criticando:

— Quem este Jesus pensa que é? Dizem que é o Messias Prometido, mas vejam, Ele se senta com pecadores e pessoas de má vida.

Ninguém imaginava que Jesus tinha ouvido os murmúrios, mas o Mestre aguardou o momento oportuno e, após o término da ceia, aproximou-se dos escribas e dos fariseus que O haviam criticado, respondendo:

— As pessoas que gozam de boa saúde não precisam de médico, mas sim os doentes. Minha vinda não é para chamar somente os justos, mas também para chamar os pecadores ao arrependimento. Portanto, onde houver um necessitado de uma palavra, um doente da alma e um pecador, lá estarei para estender

---

76. Mateus (9:9).

as mãos, levantar os caídos e chamar ao caminho reto os arrependidos. O Filho do Homem veio para resgatar o que estava perdido e amparar os trôpegos e mancos.[77]

Não se dando por vencidos, os escribas e fariseus argumentaram:

— Os discípulos de João Batista jejuavam a faziam orações, enquanto aqueles que o seguem comem e bebem.

O Mestre conhecia a alma daquelas criaturas e as artimanhas às quais se submetiam como instrumentos das forças das trevas atuando sobre eles. Fechou os olhos, respirou fundo, e respondeu:

— Como querem que jejuem os convidados do casamento enquanto estão na companhia do noivo? Dia virá em que não estarão na presença do noivo. Neste momento, terão de jejuar e orar muito. Mas o que vos digo de mais sensato é que mais importante do que jejuar é orar e melhorar os próprios sentimentos. Tornem-se criaturas mais humanas, mais caridosas, mais humildes, mais tolerantes e compreensivas. Assim, o Pai ouvirá seus clamores. Aumentem as virtudes do espírito, pois em verdade vos digo: ninguém aproveita remendo novo em pano velho, pois não se aproveitará nem o pano nem o remendo. Limpem o vosso íntimo, pois não se põe vinho bom e odres estragados, pois o bom vinho azedará.[78]

Os escribas e fariseus, tendo ouvido de Jesus palavras tão sábias, baixaram as cabeças e nada mais disseram naquele dia.

---

77. Mateus (9:10-13).
78. Mateus (9:14-17).

Mas continuaram a observá-Lo buscando sempre novas oportunidades de questioná-Lo.

Aconteceu, entretanto, que em um sábado, estando seus discípulos com fome, colheram espigas em um milharal próximo à estrada de Cafarnaum. Após a colheita, começaram a debulhar com as mãos e em seguida comeram. Ao perceber aquela atitude, os fariseus prontamente questionaram:

— Por que fazem o que não é lícito aos sábados? Por acaso não sabem que a Lei determina que o sábado é sagrado?

Mais uma vez, Jesus respirou fundo, em comunhão com o Pai Celeste, para em seguida responder com paciência e tolerância:

— Sequer leram o que foi feito por Davi e seus companheiros quando tiveram fome? Não sabem que Davi entrou na casa de Deus, no templo do sumo sacerdote Abiatar, tomou e comeu os pães da proposição e também deu àqueles que estavam com ele?

Os fariseus se entreolharam, espantados com a sabedoria de Jesus, que complementou:

— Mais importante do que guardar o sábado é seguir e guardar os ensinamentos de Deus no coração. Em verdade vos digo que o Filho do Homem é o senhor do sábado.[79]

O grupo se retirou constrangido, porém insatisfeito com a perspicácia Daquele que sempre encontrava uma saída justa para os seus questionamentos. Dessa forma, continuaram murmurando.

---

79. Lucas (6:1-5).

Jesus sabia que, envolvidos pelas artimanhas das forças das trevas a atuar sobre as mentes invigilantes, os problemas estavam apenas começando.

Em outro sábado, enquanto se encontrava em uma sinagoga pregando a mensagem, apresentou-se um homem que tinha uma das mãos atrofiada. Vendo-o Jesus pediu que se aproximasse, enquanto se dirigia aos presentes:

— É lícito no sábado fazer o bem ou fazer o mal? Salvar uma vida ou tirá-la?

Diante das palavras do Mestre, o público ficou em silêncio. Jesus olhou para cada um deles, que, incapazes de sustentar o olhar, curvaram as cabeças, mas Jesus percebeu que aquela atitude não era um sinal de humildade ou concordância. Aquelas criaturas eram duras de coração.

— Como um médico poderia deixar de trabalhar em um sábado? Como um enfermeiro poderia dar mais importância ao descanso do sábado em vez de cuidar de um doente? — enfatizou.

Jesus queria dizer que existem profissões necessárias em qualquer dia e momento, e o Pai Eterno sabe que a prioridade é a vida. Depois de alguns minutos de silêncio, o Divino Mestre disse ao enfermo:

— Estende a tua mão!

O homem estendeu, enquanto Jesus, em estado de profunda concentração, direcionava energias imponderáveis ao corpo perispiritual do homem, eliminando imediatamente sua deficiência física. Ele manifestou grande alegria diante da cura, louvando o nome do Senhor.

Jesus se retirou do ambiente, onde havia muitos incrédulos duros de coração, enquanto os fariseus arquitetavam juntamente com os cúmplices de Herodes o que deveriam fazer para acabar com sua vida.[80]

O Divino Mestre estava incomodando muita gente. Os escribas não se conformavam com a Sua notoriedade e procuravam motivos para repreendê-Lo, dizendo:

— Ele se acha investido de autoridade.

— Ele se diz Filho de Deus.

— Ele blasfema! Ele blasfema!

— É — comentou um deles, coçando o queixo. — Esta situação está ficando insustentável. Precisamos levar ao conhecimento das autoridades e do Sinédrio.

E se afastaram envoltos em uma nuvem escura e espessa do ódio que impregnava suas almas endurecidas.

Sem se incomodar com as opiniões contrárias, Jesus prosseguia em sua tarefa, propagando o conhecimento e o amor que libertariam definitivamente a criatura humana de todo sofrimento.

Em uma ocasião chegou até Ele um homem poderoso chamado Jairo, que se encontrava desesperado pela morte da filha, implorando entre lágrimas:

— Senhor, minha filha acaba de falecer, mas eu creio firmemente que, se impuseres sua mão sobre sua cabeça, ela viverá.

O Mestre sentiu-se compadecido diante da dor e da agonia de um pai ao perder um filho amado. Levantou, pedindo que O conduzissem até onde se encontrava exposto o corpo da menina. Enquanto caminhava, a multidão O seguia, de forma que encontrava-se rodeado por muitas pessoas que se comprimiam.

---

80. Mateus (3:1-6).

Eis, então, que surgiu uma mulher que há vários anos era vítima de hemorragia crônica, a qual, confiante de que apenas Jesus teria condições de trazer a cura, empurrou um, empurrou outro, e aos poucos foi se aproximando, e em dado momento, o Mestre estava bem ali, à sua frente, ao alcance de sua mão. Não teve dúvida, estendeu o braço e tocou as vestes de Jesus, que imediatamente se voltou para a multidão, perguntando:

– Quem me tocou?

As pessoas se espantaram. Com tanta gente apertada ali, como saber quem O tocara? Era impossível.

Jesus insistiu:

– Alguém nesta multidão me tocou com muita fé, porque senti que de mim saíram virtudes.

Diante daquelas palavras, todos se calaram, mas a mulher se manifestou respeitosamente:

– Senhor, eu sofria há muitos anos de intensa hemorragia e pensei comigo mesma: se conseguir tocar as vestes do Mestre, serei curada. Fui eu quem O tocou.

O Mestre endereçou profundo olhar para aquela mulher de fé e respondeu:

– Tenha bom ânimo, minha filha, a tua fé te curou.

E a multidão se surpreendia com os fenômenos realizados pelo Mestre.

Chegando à casa de Jairo, vendo os tocadores de flauta a executar músicas fúnebres e o povo alvoroçado em gritaria, disse:

– Retirai-vos para que o ambiente fique em paz! Preciso de silêncio para orar, pois esta menina não está morta, apenas dorme.

Alguns dos presentes riram enquanto outros fizeram pilhéria. Assim é o ser humano, ao mesmo tempo que acredita, desacredita. Ouvindo a zombaria, o semblante do Mestre se entristeceu, enquanto seus olhos molhados transmitiam a emoção e o respeito que muitos dos presentes ainda não eram capazes de compreender.

Afastando-se do povo, Jesus fechou os olhos e orou. Estendeu a mão sobre a testa da menina e, em seguida, segurou sua mão. Imediatamente ela abriu os olhos e se levantou.[81]

Entusiasmado, Jairo gritou, abraçando sua filha, enquanto Jesus se afastava em silêncio, isolando-se da multidão barulhenta.

Uma questão particular realmente o preocupava: notara que a grande maioria das pessoas se interessava e se impressionava em razão dos fenômenos. Poucos realmente buscavam a verdadeira fé. A capacidade de compreensão do ser humano era extremamente limitada. Como encontrar o caminho para a sensibilidade dos corações?[82]

Sabia que aqueles com quem podia contar verdadeiramente eram poucos e criaturas simples, pessoas rudes, porém com uma grande virtude: a confiança inabalável em sua missão. Por esse motivo, resolveu convocá-los à responsabilidade do ministério do amor.

Nos dias seguintes, procedeu a novas curas. Dois cegos, ao saber da presença de Jesus, clamaram à sua passagem:

– Tem compaixão de nós que jamais vimos a luz do dia, ó Filho de Davi!

Diante da multidão curiosa, o Mestre perguntou:

---

81. Mateus (9:18-26).
82. Impossível não refletir que a humanidade, ainda hoje, segue da mesma forma... (N.M.)

— Realmente acreditam em Deus? Creem sinceramente que posso curá-los?

— Sim, Senhor, nós cremos — responderam ao mesmo tempo.

Jesus estendeu as mãos e, em oração, tocou os olhos dos cegos, dizendo em voz alta:

— Que tudo se faça conforme vossa fé.

Imediatamente os cegos abriram os olhos, gritando maravilhados:

— Aleluia! Aleluia! Eis que o Filho de Davi nos restaurou os olhos e nós vemos!

Jesus, porém, advertiu:

— Tenham cautela e a partir de agora procurem, na bênção da luz recebida, seguir o caminho reto. Ninguém mais precisa saber de nada.

Ao expulsar um espírito perturbado de um jovem mudo, este imediatamente recuperou a voz e começou a louvar a Deus. As pessoas comentavam com admiração que todos aqueles sinais jamais foram vistos anteriormente em Israel.

Os fariseus torciam o nariz. Contrariados, murmuravam enfurecidos:

— Ele blasfema. Deve ser o maioral dos demônios, por isso tem poder sobre os demônios menores e os expulsa.[83]

Jesus soube de suas especulações e os advertiu:

— Como podem pensar em semelhante contradição? Como poderia Satanás expulsar Satanás? Qualquer reino que estiver dividido entre si mesmo não subsistirá. Da mesma forma que em

---

83. Mateus (9:27-34).

uma casa onde há divisão não haverá paz, e ela ruirá por si mesma. Se, pois, Satanás se levantar contra si, ele estará dividido e perecerá. Todos nós sabemos que não é esse o seu objetivo.

Observando os semblantes carrancudos dos fariseus, Jesus prosseguiu:

— Em verdade vos digo que tudo será perdoado aos filhos dos homens, os pecados e as ofensas que proferirem, se o arrependimento for sincero. No entanto, eu aviso — enfatizou, voltando-se aos fariseus — todo aquele que blasfemar contra Deus não terá perdão diante dos Céus.

Jesus fazia uma clara referência à alusão de que estaria possesso pelo espírito de Satanás.

Naquele dia, afastou-se para o monte e passou a noite em oração. Pensou nas multidões que o procuravam aflitas e sentiu-se compadecido. Pregava a mensagem da Boa-Nova, mas a população parecia repleta de ovelhas exaustas e perdidas à procura de um pastor.

Na manhã do dia seguinte, dirigiu-se aos companheiros que nos últimos tempos haviam se tornado presença constante ao seu lado e informou:

— Meus queridos irmãos, temos muitas lutas pela frente. Agora, mais do que nunca, preciso do seu apoio e sua amizade. O campo é extenso, e os trabalhadores são poucos. Roguemos ao Pai que nos fortaleça, que, embora poucos, sejamos dignos da confiança que Ele nos confiou.

Em seguida, nomeou um por um os escolhidos:

— Você, Simão, chamado Pedro; André, Thiago e João, os filhos de Zebedeu. Filipe; Bartolomeu; você, Levi, chamado Mateus;

Tomé; Tiago, o filho de Alfeu e Tadeu; Simão Zelote e você, Judas Iscariotes.[84]

Os discípulos observaram a fisionomia séria do Divino Mestre. Sentiam que seus corações pulsavam de felicidade. Aquele convite era algo que os deixava inebriados de contentamento. Jesus continuou:

— Agora serão conhecidos como meus apóstolos muito amados! Terão grandes responsabilidades e sacrifícios imensos, mas estarão investidos de autoridade para pregar a Boa-Nova, para curar, expulsar espíritos perturbados em Meu nome e em nome de Meu Pai. Terão de dar testemunhos a todo instante pela retidão e fé inabalável.

Os apóstolos sentiam que aquele era um momento solene e inesquecível e ouviam tudo com muita alegria. Sentiam também que tudo aquilo dizia respeito a um grande dever, mas estavam confiantes e dispostos.

Jesus prosseguiu nas instruções:

— Saiam para pregar a mensagem! Não devem ainda ir aos gentios[85], porque ainda não é hora. Antes devem partir em busca das ovelhas perdidas da casa de Israel. Preguem que está próximo o Reino dos Céus. Curem os enfermos, ressuscitem os mortos, purifiquem os leprosos, expulsem os espíritos imundos e perturbados, deem de graça o que de graça receberam. Não devem cobrar pelos dons de Deus, não serão providos de ouro ou de prata, nem de cobre nos cintos e nas bolsas. Não se preocupem com o alforje

---

84. Mateus (10:1-4).
85. Estrangeiros. (N.E.)

para a caminhada, ou com as túnicas, ou com as sandálias, ou bordão, porque digno é o discípulo que tudo fizer pelo amor do Pai Eterno. Nada haverá de lhe faltar. Ao entrar em qualquer casa, façam com amor uma saudação. Procurem os dignos e as casas dignas, para que sobre todos venha a paz. Ao encontrar os indignos, orem também por eles. Muitos não ouvirão vossas palavras, estes vão rir e escarnecer. Não se aborreçam, pois a paz estará convosco. Ao sair daquela casa ou daquela cidade, limpem o pó de vossos pés e sigam em frente.[86]

Os raios de sol daquela manhã se espalhavam pelo espaço, inundando tudo com luz e calor enquanto as aves voavam alegres pelo céu, entoando cânticos de louvor ao Pai Eterno, e o vento soprava tépido, acariciando o rosto de Jesus, que continuou em suas advertências:

– Se confiam em mim, não temam. Tenham fé, mas também não se esqueçam da coragem, porque haverá lutas árduas. Eis que envio vocês como ovelhas para o meio dos lobos e recomendo a serenidade das pombas, mas também a astúcia das serpentes, porque serão perseguidos em Meu nome, sofrerão açoite e serão entregues aos tribunais. No entanto, a todo instante estarei convosco. Quando sentirem necessidade de falar, não temam, pois o Espírito Santo falará em vocês. Se forem perseguidos em uma cidade, fujam para outra, porque em verdade vos digo que não terão percorrido todas as cidades de Israel até que venha o Filho do Homem.[87]

---

86. Mateus (10:5-14).
87. Mateus (10:16-23).

Jesus, na verdade, advertia seus discípulos não para aquele momento, mas para quando não estivesse mais entre eles. Sabia que Seu tempo entre os apóstolos era curto, e aqueles homens precisavam ser preparados para a grandiosa missão que os aguardava após sua morte.

– Nenhum discípulo poderá estar acima de seu mestre nem o servo acima de seu senhor. Basta ao discípulo seguir as pegadas do mestre e confiar, porque seguirá, assim, o caminho reto, e jamais será abandonado ou estará sozinho. Deus estará sempre com ele, para fortalecê-lo e ampará-lo em suas necessidades. Portanto, não devem temer, pois não há nada que esteja encoberto que não venha a ser revelado; ou oculto, que não venha a ser conhecido. O que Eu conto é a verdade, proclamem a verdade em todos os cantos. Não temam sequer a morte, porque a morte não existe! Podem aniquilar o corpo, mas não a alma, que continuará mais viva do que antes no Reino dos Céus! Portanto, todo aquele que Me reconhecer diante dos homens também Eu o reconhecerei diante do meu Pai que está nos Céus. Quando digo reconhecer, não quero dizer apenas em louvores, mas também nas atitudes de honestidade, condutas de amor, caridade e humildade. Aquele que Me negar, porque conhece meus mandamentos e não os cumpre, também Eu o negarei diante do Meu Pai que está nos Céus.[88]

Aquela palestra era memorável, e os apóstolos procuravam compreender o alcance e a profundidade das palavras proferidas pelo Mestre. Jesus procurava deixar claro que aquela era uma

---

88. Mateus (10:24-32).

missão árdua. Que muitos não compreenderiam seus seguidores, que eles seriam perseguidos, mas não poderiam jamais esmorecer diante dos obstáculos, porque a Boa-Nova valia a pena. Era a libertação definitiva da alma de todas as dores e agonias. O Mestre observou o semblante de cada um dos apóstolos notando que seus corações eram verdadeiras pedras preciosas que ainda necessitavam de lapidação do divino buril[89]. Ele sabia como fazer para lapidar aqueles diamantes ainda em estado bruto, pois Seu amor por aquele punhado de pessoas de boa vontade se irradiava Dele, rompia as convenções limitadas dos homens – ainda presos às aparências. Precisaria de muita paciência, mas isso tinha sobrando. Sem hesitar, Ele continuou a dar conselhos, incentivando aqueles que lá se encontravam a vencer as dificuldades que se aproximavam:

– Portanto, haverá muitas batalhas, e vocês possivelmente, como tantos, desejam paz e sossego. Mas não vim trazer esse tipo de paz. Eu vim trazer a espada, que é a palavra que fere a mentira e o mal. Aquele que ouve minha palavra e a cumpre, terá que se preparar para o combate, porque haverá muitas perseguições e divisões entre filho e pai, entre filha e mãe, entre nora e sogra. Haverá muitos inimigos dentro da própria casa. Não é digno de mim aquele que se apega às convenções e ama mais ao pai e à mãe do que a mim. Tomem, pois, sua cruz e sigam-me. Aquele que se entrega aos prazeres do mundo achando que assim realmente vive, perderá a vida, mas aquele que se dedica à palavra e

---

89. Instrumento usado para gravar em metal ou madeira, com lâmina dura de aço temperado. (N.E.)

recusa os prazeres da vida material por minha causa, ganhará a verdadeira vida. Tudo o que fizerem em Meu nome terá a recompensa de meu Pai. Aquele que der de beber a um desses pequeninos, saciar a sede de um necessitado, será como se a Mim o tivesse feito. Em verdade vos digo: nenhum deixará de receber o seu prêmio no Reino dos Céus.[90]

Encerrando os ensinamentos, Jesus abraçou cada um dos apóstolos cujos olhos estavam marejados. Ao abraçar Pedro, este baixou a cabeça e falou com humildade:

— Senhor, estamos Contigo, muito felizes por nos considerar Seus apóstolos, mas como faremos o que dizes se ainda não compreendemos boa parte do Seu ensino?

O Mestre se emocionou com a sinceridade daquele discípulo valoroso.

— Prestem atenção em tudo que digo e tenham fé. Revelarei tudo por meio das parábolas, narrativas que falam ao coração e facilitam o entendimento das Leis Divinas. Quando não compreenderem algum ensinamento, falem comigo. Vocês são meus discípulos muito amados.

---

90. Mateus (10:33-42).

A VISITA DE NICODEMOS

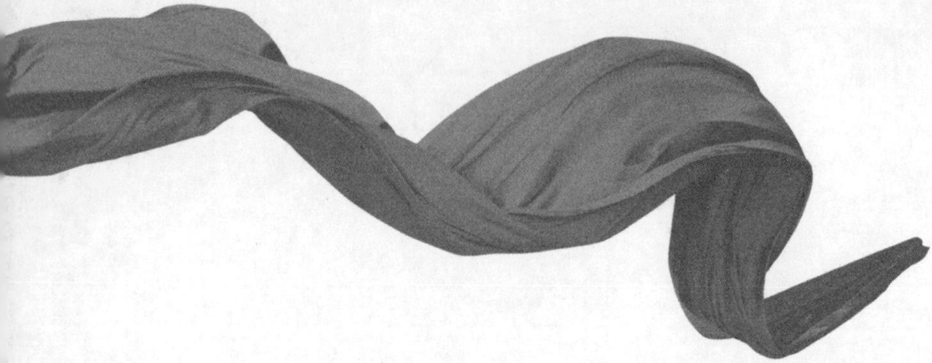

Após aquele dia inesquecível, em que convocou os discípulos a acompanhá-Lo em sua jornada redentora, o Mestre passou a preocupar-Se com a forma de transmitir a doutrina de maneira que fosse fácil à compreensão das pessoas e dos próprios apóstolos.

Naquela noite, afastado dos discípulos, entregava-se à oração e contemplava as estrelas que brilhavam na abóbada celeste dos céus da Galileia. Um sentimento de saudade invadiu seu coração e, em comunhão com o Pai Celeste, orou com os olhos cheios de lágrimas.

Seus olhos fixavam no céu, possivelmente observando algo sublime que não era acessível aos outros mortais. Enquanto duas lágrimas rolavam suavemente por sua face, fechou os olhos. Como se num gesto de conforto do Pai Celeste, uma leve brisa começou a soprar brincando com seus longos cabelos que esvoaçavam. O vento sussurrava brandamente em seus ouvidos, como se beijasse seu rosto em suave carícia.

Em constante estado de prece, mantinha-se em permanente sintonia com as esferas mais elevadas, como um canal vivo entre a densidade da matéria e as energias mais sutis do plano maior.

Absorto em tão profundo estado de êxtase, não percebeu que alguém se aproximava.

Era Pedro, o discípulo amado, que ao ver o Mestre em oração, teve receio de despertá-Lo da reflexão em que se encontrava. Permaneceu a distância, prudente. Quando finalmente Jesus se manifestou, Pedro aproximou-se preocupado e com algum temor, pois notou que o Divino Amigo havia chorado.

O Mestre o encorajou:

— Aproxime-se, Pedro!

— Está triste, Mestre? Por que chora?

— Não se preocupe, Pedro, porque ainda é cedo para ti. Entretanto, em um dia não muito distante compreenderá. Em verdade estou triste porque muitos ouvem, mas poucos entendem a mensagem da Boa-Nova.

O discípulo calou-se por instantes. Ele reconhecia que o Mestre tinha razão. Ele mesmo ainda tinha dificuldades para entender muitas coisas que Jesus dizia. Mas talvez para consolar o Divino Amigo, Pedro, com seu modo simples de ser, respondeu com sinceridade que emocionou Jesus:

— Tem toda razão, Senhor, e falo não só por mim, mas por todos os companheiros. A verdade é que O amamos muito e seríamos capazes de dar nossas vidas por Ti, mas ainda não O compreendemos inteiramente e temos dificuldades de entender muitas coisas.

Breve silêncio se fez naquele sublime diálogo, e logo Pedro complementou:

— Entretanto, apesar de nossas limitações, empregaremos os melhores esforços para que possamos seguir fielmente seus passos, seus ensinamentos e compreendê-Lo em sua integridade.

Embevecido, o Mestre abraçou aquele apóstolo amoroso, rude na aparência, mas de alma branda.

– Que Deus te abençoe sempre, Pedro, porque seu grande valor não é o intelecto, mas seu coração humilde e amoroso. São homens como tu, de boa vontade, que necessito em nosso ministério.

Envolvido pela afeição de Jesus, Pedro também se emocionou, e as lágrimas rolaram por aquele rosto curtido pelo Sol inclemente da Galileia. Seus olhos embaçados pelo choro exibiam um brilho jamais visto anteriormente em sua face.

Retornaram à residência que os acolhia naquela noite. A eloquência do silêncio que se estabeleceu era comovente, pois um raio de luz descia do alto, envolvendo Mestre e discípulo em grandiosa e sublime unidade com as esferas celestiais, que derramavam bons sentimentos e a tudo envolviam com a sua aura.

Ao chegarem a casa, André veio ao encontro de ambos. Havia uma visita para Jesus.

– Senhor, um fariseu que é mestre em Israel, chamado Nicodemos, veio visitá-Lo. Diz que deseja alguns esclarecimentos.

Jesus entrou no recinto onde Nicodemos O aguardava. Ao se aproximar, ele se levantou, respeitosamente, diante daquele que fizera calar a boca dos escribas e demais fariseus.

– Rabi, sabemos que és o Mestre vindo da parte de Deus, porque ninguém pode fazer os sinais que fazes se Deus não estiver com ele.

Jesus já sabia quais eram as dúvidas e o objetivo do visitante. A reencarnação era assunto de conhecimento dos escribas, fariseus e mestres de Israel, de forma que antecipou a pergunta dizendo:

– O que deseja saber, você já sabe, mas quer ouvir de minha boca, então em verdade vos digo que se alguém não nascer de novo não poderá ver o Reino de Deus.

Como se não entendesse, Nicodemos insistiu:

– Como pode ser isso, Mestre? O senhor quer dizer que um homem, depois de velho, precisa nascer de novo? Precisaria retornar ao ventre materno para nascer outra vez?

Percebendo a necessidade de entendimento daquele que O procurava na calada da noite, Jesus lhe respondeu:

– Em verdade, em verdade vos digo: quem não nascer da água e do espírito não poderá entrar no Reino de Deus. Para que fique claro, afirmo: o que é nascido da carne é carne, mas espírito é espírito. Não se admires que vos diga: importa nascer de novo em carne e espírito. O vento sopra onde quer, ouvimos sua voz, mas não se sabe de onde vem ou para onde vai. Entretanto, nós sabemos de onde vem o espírito e para onde ele vai.

Surpreso com as palavras de Jesus, Nicodemos replicou:

– Como pode acontecer isso? Poderia ser mais claro?

Serenamente, Jesus ponderou:

– Tu és mestre em Israel e diz que não compreendes essas coisas? Em verdade vos digo que falo do que sei e testemunho o que tenho visto, contudo ainda tem dúvidas e não aceita meus testemunhos? Se te falo das coisas terrenas sobre as quais tem conhecimento e não aceita, como poderá crer se te falar das coisas celestiais? Ora, ninguém subiu ao Céu senão aquele que de lá desceu, a saber, o Filho do Homem. E do mesmo modo que Moisés levantou a serpente no deserto, assim importa que o Filho do Homem seja levantado. E todo aquele que Nele crê e pratica Seus ensinamentos também pode elevar-se para a vida eterna.[91]

Como Nicodemos abaixou a cabeça e permaneceu em silêncio, Jesus dirigiu-se a todos os presentes naquela noite, banhada pelas claridades divinas.

– Deus amou o mundo de tal maneira que enviou seu Filho para que trouxesse a liberdade, para que todos aqueles que acreditarem Nele e seguirem Seus ensinamentos possam evoluir e alcançar a vida eterna. O que me entristece é ver a ignorância de muitos, pois a luz veio ao mundo, e os homens amaram mais as trevas do que a luz. Não basta apenas louvar, mas também praticar as leis divinas, pois aquele que pratica o mal se afasta da luz, ficando em trevas. No entanto, aquele que pratica o bem, a verdade e a justiça de Deus, se aproxima da luz e é iluminado.[92]

Nicodemos despediu-se cabisbaixo, saindo pensativo pela noite. As palavras de Jesus haviam tocado fundo sua alma, como ele jamais havia imaginado.

Os apóstolos estavam felizes, pois conheciam a sabedoria de Jesus e os argumentos sólidos em suas discussões com escribas e fariseus, as quais sempre calavam os debatedores. Mas também eles tinham dificuldades de entendimento.

Jesus considerou a expressão de cada um deles e desejava se aprofundar ainda mais nos esclarecimentos. Entretanto, sabia que ainda não estavam preparados. Era preciso dar tempo ao tempo.

---

91. João (3:1-15).
92. João (3:16-21).

Antes de se retirar para o repouso, ofereceu mais uma lição:

– Agora devemos nos preparar para o descanso do corpo. Não devem adormecer sem antes orar e agradecer ao Pai por mais um dia que se passou. Agradecer por todas as coisas boas que aconteceram, pelo pão de cada dia, pelos amigos e afetos, enfim, por todas as bênçãos recebidas. Não esqueçam jamais de pedir em oração pelos inimigos, orem por aqueles que perseguem e caluniam vocês, para que o Senhor, em Sua infinita misericórdia, abrande esses corações.

Os discípulos ouviram tudo, e cada qual se acomodou em um canto. Após as orações recomendadas, adormeceram.

O Divino Amigo também buscou seu recolhimento íntimo e, em comunhão com o Pai Celeste, o corpo adormeceu enquanto o espírito alcançava a liberdade, retornando por breve intervalo, por meio do desdobramento espiritual, às paragens de luz das dimensões celestiais das esferas superiores.

No céu da Galileia, as estrelas tremeluziam no firmamento com seu brilho majestoso, faiscavam na alegria do Criador, saudando seu Filho muito amado em missão de sacrifício pela salvação da humanidade.

Naquela noite, espíritos trevosos tramavam, penetrando nas mentes daqueles que cediam espaço, sintonizadas aos mesmos propósitos sombrios. Suas artimanhas encontravam receptividade entre aqueles de vontade mais fraca, que eram subjugados. Jesus, o Médico de Almas, preocupava-se em iluminar as almas doentes, impregnando-as com palavras e expressões marcantes, porque sabia que eram sementes que um dia haveriam de germinar e dar bons frutos.

Sua passagem pela Terra – marco na história humana –, seus mandamentos, sua palavra vibrante, jamais seriam esquecidos. E o Mestre não mediria esforços para alcançar seus objetivos.

A SABEDORIA DAS PARÁBOLAS

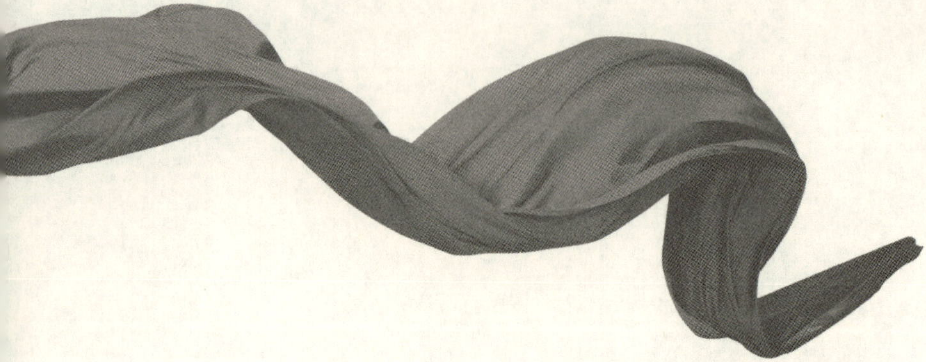

Nos dias que se seguiram, a multidão acompanhava Jesus, e Ele decidiu ampliar a doutrina, dando testemunho de João Batista, que fora feito prisioneiro por ordem de Herodes.

Jesus sentia carinho e profunda afeição por João Batista e, por esse motivo, fez questão de manifestar em viva voz sua gratidão àquele que fora Seu precursor.

– O que foi procurar no deserto? Um caniço agitado pelo vento? Um homem vestido com roupas finas? Ora, vos digo que aqueles que vestem roupas finas não residem em desertos, mas no conforto dos palácios. Então saístes para ver? Um profeta? Sim, vos digo, muito mais do que um profeta. Este é aquele de quem está escrito: "Eis aí que Vos envio diante de Tua face o meu mensageiro, o qual haverá de preparar o caminho diante de Ti." Em verdade vos digo que entre os nascidos de mulher não existe ninguém maior do que João Batista. Entretanto, tudo é diferente no Reino dos Céus, pois lá o menor de todos é maior do que ele.[93]

---

93. Mateus (11:1-11).

Jesus manifestava Sua estima e admiração por João Batista, ressaltando a necessidade de nos tornarmos pequenos diante de Deus, exercitando a humildade de espírito.

– Eu vos digo que desde os dias de João Batista até agora, o Reino dos Céus é conquistado pelo esforço, pelo trabalho, com renúncia, humildade e caridade, e aqueles que assim agem conquistam o Reino dos Céus. Porque todos os profetas e a Lei anunciaram até João, e, se desejam reconhecê-lo, vos digo que ele é Elias que estava para vir. Quem tem ouvidos para ouvir, que ouça.[94]

Jesus deixava naquele anúncio uma clara e inequívoca referência à reencarnação, como faria em outras passagens do Evangelho. João Batista era, na verdade, Elias reencarnado.

Após breve pausa, continuou:

– A mente humana é prodigiosa e complexa, mas, diante da sabedoria do Pai, o homem ainda é uma criança, em termos de entendimento. Às vezes se assemelham a meninos despreocupados e displicentes que, sentados nas praças, gritam aos companheiros: "nós tocamos flauta, e você não dançou; entoamos lamentações, e você não chorou". Pois vos digo que veio João, que não comia ou bebia, e então disseram: "vejam, está com o demônio". Veio então o Filho do Homem, que come e bebe, e então dizem: "Eis aí um glutão, bebedor de vinho, amigo de publicanos e pecadores". Entretanto, o Pai sabe o que se passa em cada um, e a sabedoria é justificada pelas obras.[95]

---

94. Mateus (11:12-15).
95. Mateus (11:16-19).

Jesus sempre se entristecia ao verificar pessoas que buscavam apenas milagres. Queriam presenciar as curas e a expulsão de espíritos perturbados. Queriam o espetáculo, não o conhecimento da palavra libertadora. Porém, no meio da multidão, Ele identificava os simples, os humildes, os infelizes e os angustiados que procuravam um consolo espiritual por meio de sua presença.

Era por eles que Jesus Se comovia e não media esforços em esclarecê-los e consolá-los.

Novamente dirigindo-se à região da Galileia, precisaria atravessar a província da Samaria, chegando ao fim da tarde à uma cidade chamada Sicar, nas imediações das terras que Jacó dera a seu filho José.

Fazia um calor intenso, e pouca aragem soprava quando Jesus se aproximou da fonte de Jacó, onde as pessoas buscavam água para suas necessidades diárias. Os apóstolos tinham se adiantado para comprar provimentos na cidade, e o Mestre ficou sozinho. Como se sentia muito cansado e fazia calor intenso, sentou-se ao lado da fonte, quando uma mulher samaritana se aproximou com seu cântaro[96] para tirar água.

Os samaritanos eram desprezados pelos judeus. Separados das dez tribos de Judá, formaram a Samaria, reino independente de Israel. Entre eles existia uma profunda aversão, porque os samaritanos só admitiam as Leis de Moisés, contidas no Pentateuco[97]. Rejeitavam os outros livros, agregados posteriormente. Os

---

96. Espécie de jarro grande, com boca larga, com uma ou duas alças. (N.E.)
97. O conjunto dos cinco primeiros livros do Antigo Testamento, que constituem a *Torá* judaica. Esses livros são: Gênese, Êxodo, Levítico, Números e Deuteronômio. (N.E.)

ressentimentos entre judeus ortodoxos, os mais extremados, e os samaritanos encontravam sua raiz nas divergências religiosas, apesar de suas crenças terem a mesma origem. Julgados inferiores pelos judeus, os samaritanos eram os protestantes da época de Jesus.

Ao ver aquela mulher em busca de água para satisfação de suas necessidades domésticas, o Mestre se compadeceu e dirigiu-se a ela:

– Dá-me, por favor, um pouco de água. Estou com muita sede.

A mulher se admirou ao verificar que um judeu lhe dirigia a palavra.

– Como pode um judeu dirigir-se a uma mulher samaritana pedindo água para beber? Não sabe que os judeus não gostam dos samaritanos?

– Infelizmente, meu povo age assim por ignorância. No entanto, se conhecesse o dom de Deus, se reconhecesse quem neste instante te pede água de uma fonte natural, receberia a água da vida.

Vivamente interessada e sentindo simpatia por Jesus, a samaritana, sem entender o que Ele queria dizer, replicou:

– Senhor, o poço é fundo e não há como tirar água, como me daria a água da vida? Tu és por acaso maior do que nosso pai Jacó, que nos deu esta fonte onde ele próprio bebeu e também seus filhos e descendentes?

Compassivo, o Mestre fitou aquela mulher e respondeu:

– Quem bebe desta água voltará a ter sede. Porém, aquele que beber da água que eu lhe der jamais voltará a ter sede, pois a água que eu ofereço fará jorrar em seu coração a fonte da água viva por toda eternidade.

Ao ouvir aquelas palavras, a samaritana sentiu-se feliz e ainda mais interessada.

– Senhor, dá-me então dessa água, para que eu jamais tenha sede outra vez e não mais precise voltar aqui para buscá-la.

Jesus afirmou:

– Vá, chame seu esposo e volte para cá.

– Senhor, eu não tenho marido.

– Eu sei que não tem. Disse a verdade, pois este com que convive não é seu esposo. Por essa razão, precisa beber da água da vida.

Admirada, a samaritana respondeu:

– Senhor, vejo que és profeta! Nossos pais adoravam neste monte, e tu, entretanto, dizes que Jerusalém é o lugar onde se deve adorar.

– Mulher – disse Jesus – creia que a hora vem e nem nestes montes ou Jerusalém irá adorar o Pai, porque não O conhece! Adoramos o que conhecemos, e por isso acredita que a salvação vem dos judeus! Mas a hora já chegou e então é revelado o verdadeiro Deus, o meu Pai que está nos Céus. Deus é o nosso Criador, nosso Pai, e devemos adorá-Lo em espírito e verdade!

– Eu ouvi dizer – respondeu a mulher – que há de vir o Messias, que será chamado de Cristo, e quando Ele vier nos anunciará todas essas coisas.

O Divino Amigo olhou serenamente aquela mulher sofrida e respondeu compadecido:

– Eu sou o Cristo, o Messias Prometido que fala contigo.[98]

---

98. João (4:1-26).

Neste momento, chegaram os apóstolos e se admiraram de que Jesus desse atenção a uma mulher samaritana. Então o Mestre disse:

— Por que estranham? Esta samaritana conheceu hoje a fonte da água da vida.

Aquela mulher deixou o cântaro e correu à cidade onde espalhou a boa notícia:

— Venham comigo — dizia às pessoas — venham conhecer um homem que sabe das coisas! Ele me disse tudo quanto tenho feito. Eu acho que é o Cristo Prometido.

E as pessoas da Samaria, desprezadas pelos maiorais da Judeia, foram ter com aquele que não se esquecia do mais humilde dos humildes.

Mas as dificuldades e entraves continuavam, entre aqueles do povo escolhido para receber a mensagem. Este era o grande problema: não cultuavam a humildade e a tolerância com os menos favorecidos.

Alguns dias se passaram desde o episódio com a mulher samaritana. Naquela tarde, Jesus estava pensativo e fez questão de manifestar sua tristeza ao observar a indiferença de muitas pessoas que se acotovelavam ao seu redor, entre eles os escribas e fariseus, cujo rancor transparecia.

Procuravam algum eventual deslize do Mestre para compor o rol de denúncias que pretendiam levar às autoridades. Encontravam-se envoltos por figuras espirituais sombrias e ameaçadoras que inspiravam a maléfica tarefa. Cristo havia operado tantos milagres em tantas cidades, e o que o povo tinha aprendido com isso? O Mestre levantou-se e proferiu um longo sermão de advertência:

– Ai de ti, Corazim! Ai de ti, Betsaida! De que adiantou tudo que fizemos? Se tivessem sido operados nas cidades pecadoras os milagres realizados aqui, há muito elas teriam demonstrado sincero arrependimento. Em verdade vos digo que no dia do Julgamento Final, haverá mais complacência com Tiro e Sidom. E tu, Cafarnaum, conseguirá elevar-se até o Céu? Certamente não, pois se em Sodoma tivessem sido operado os milagres que foram feitos em ti, ela teria se preservado até os dias de hoje.[99]

As palavras de Jesus provocavam em alguns dos presentes sentimento de vergonha, por não terem ainda tomado atitudes de transformação íntima, de melhoria. Quem entendia os ensinamentos, mas não dispunha de coragem para a própria transformação. Outros simplesmente abaixavam a cabeça para não sustentar o olhar do Mestre, pois sabiam que Ele penetrava o íntimo e identificava os sentimentos negativos em seus pensamentos mais secretos. Eram aqueles que compreendiam o que Jesus dizia, mas não O aceitavam como o Messias Prometido. Havia ainda os humildes e simples, que ainda não alcançavam a profundidade dos ensinamentos, mas sentiam-se contagiados pelo amor que o Mestre irradiava. Simplesmente olhavam para Ele e se comoviam.

Jesus prosseguiu:

– Eu agradeço, Pai, porque a verdade e a grandeza de Seu infinito amor foram ocultadas aos sábios e intelectuais, que em sua vaidade e presunção se julgam conhecedores de tudo, e revelou tudo isso aos pequeninos e humildes. Sim, Pai, porque os simples e humildes agradam seu coração. Aquele que crê em Minha

---

99. Mateus (11:20-24)

palavra conhecerá a verdade, pois tudo Me foi entregue por meu Pai. Ninguém conhecerá o Filho se não conhecer o Pai, e ninguém conhecerá o Pai se não conhecer o Filho.[100]

Voltando o olhar aos tristes, aos aflitos, às criaturas sofredoras e desesperadas, com um gesto afetuoso, Jesus convidou:

— Quanto àqueles que sofrem, todos aqueles que estão cansados, desanimados e sobrecarregados, venham a mim que Eu os aliviarei. Aceitem com alegria meu jugo e aprendam comigo, pois sou manso e humilde de coração. Confiem em mim, entreguem o pesado fardo e encontrem descanso aos seus espíritos atribulados, porque meu jugo é suave, e o meu fardo é leve.[101]

Naquela tarde ensolarada, em que o astro-rei espalhava luz e calor pelo espaço infinito, Jesus envolvia todos aqueles que acreditaram verdadeiramente e confiaram a ele suas dores, agonias e tribulações, ele os aliviou de seus pesados fardos. Os demais saíram de cabeça baixa, murmurando contra o Divino Mestre.

Transcorridos mais de dois mil anos, ainda acontece o mesmo fenômeno. As criaturas mais humildes alcançam a paz de espírito porque confiam de verdade nas palavras de Jesus. Os demais continuam a murmurar, lamentando-se e proferindo reclamações revoltadas, sem motivo e sem razão.

Um dia em que Jesus falava ao povo, alguém se aproximou dizendo:

— Senhor, há visitas. Do lado de fora estão Sua mãe e Seus irmãos procurando falar Contigo. Pode interromper a pregação para atendê-los?

---

100. Mateus (11:25-27).
101. Mateus (11:28-30).

Na verdade, desde a festiva noite de casamento nas bodas de Caná, em que Jesus havia transformado água em vinho, não mais havia se encontrado com sua querida mãezinha e, por essa razão, alegrou-se. Na condição de mãe amorosa, Maria estava saudosa do filho querido. Trouxera consigo seus irmãos consanguíneos, que embora não compreendessem e até tivessem dúvidas a respeito de missão de Jesus, desejaram revê-Lo e acompanharam Maria naquela visita.

Jesus prosseguiu, dividindo seu olhar entre os familiares e a multidão que o esperava. Sabia que sua missão estava acima dos próprios sentimentos e, apesar do desejo de ir ao encontro de sua mãezinha, precisava exemplificar. Assim, atento às necessidades morais daqueles que o ouviam, certo de que suas palavras ficariam para a posteridade, manifestou-se elevando o tom de voz, com a intenção de ressaltar o ensinamento daquela ocasião.

– Olhe bem ao meu redor, está vendo estas pessoas? Então pergunto: quem é minha mãe? Quem são meus irmãos?

Diante do olhar de incompreensão e incredulidade do mensageiro, Jesus complementou, indicando o povo e seus apóstolos:

– Eis minha mãe, eis meus irmãos, porque todo aquele que fizer a vontade do Pai que está nos Céus, este será minha mãe, estes serão meus irmãos.

O Divino Mestre nos transmitia mais uma grandiosa lição de espiritualidade. Não são os laços da carne que nos fazem uma família, mas as afinidades do espírito. Por isso, enfatizou:

– Pois, todo aquele que fizer a vontade de Deus, este é meu irmão, minha irmã e minha mãe.[102]

---

102. Marcos (3:31-35).

No final do dia, Jesus reencontrou sua querida mãe e abraçou seus irmãos, mas apenas depois de concluída a palavra e após o atendimento a todos os necessitados. No íntimo, sentia-se entristecido porque seus irmãos consanguíneos não faziam parte dos escolhidos para O seguirem na condição de apóstolos. Eles ainda não compreendiam a essência de Sua nobre missão.

O Mestre, com os olhos úmidos, abraçou e beijou longamente o rosto sofrido de Maria, que, no íntimo, temia pela vida de seu filho tão amado. Finalmente, quando chegou o momento da partida, embora não tivesse ainda completa consciência da missão daquele filho, no fundo de seu coração, com o sentimento que é próprio do instinto materno, desejava muito ficar próxima Dele, para, na condição de mãe, protegê-Lo de todo mal.

Alguns dias depois, certa noite, um fariseu chamado Simão convidou-O para jantar em sua casa. Jesus aceitou o convite, e, ao chegar à residência, um pequeno grupo de fariseus e escribas se encontrava presente. Antes que Jesus pudesse se sentar à mesa para a ceia, surgiu uma mulher que se lançou aos seus pés tendo nas mãos um vaso de alabastro[103] com unguento. Era uma pecadora bastante conhecida na cidade por vender o corpo. Ouvira referências a respeito de Jesus e tinha um desejo enorme de conhecer aquele homem que falava de um afeto que ela não conhecia. Ao se aproximar de Jesus, foi sacudida em todo seu ser e tocada em suas fibras mais íntimas por algo que jamais havia experimentado antes. Incapaz de controlar as lágrimas que desciam por sua face, lançou-se aos pés do Mestre. Chorando com-

---

103. Rocha muito branca, tenra e transparente. (N.E.)

pulsivamente, em soluços, ela regou os pés de Jesus com o pranto e, envergonhada, tentava enxugar com seus cabelos. Beijava os pés do Mestre e o ungia com bálsamos.

Os presentes se escandalizaram, começando a falar em voz baixa:

– Ele se diz profeta e não sabe que esta mulher é uma pecadora?

Outro murmurava inconformado com a atitude de Jesus:

– Como pode se intitular Filho de Deus e permitir que uma mulher pecadora como esta beije seus pés?

Até o dono da casa, que não ousara proferir nenhuma opinião em palavras articuladas, emitiu seu pensamento de crítica e condenação:

"Se este fosse profeta, saberia que esta mulher é uma pecadora."

Enquanto a mulher ungia seus pés em pranto convulsivo, Jesus endereçou a ela seu pensamento de ternura e compaixão. Em seguida, olhou cada um dos presentes identificando seus pensamentos e julgamento. Aqueles maliciosos juízes eram os mesmos que, na calada da noite, protegidos pelas sombras, buscavam os favores daquela mulher, e agora se arvoravam em autoridades impiedosas.

Eram criaturas mesquinhas que ocultavam avaramente seus pensamentos inconfessáveis, mas sempre estavam prontos para apontar com o dedo em riste, julgar e condenar sem misericórdia quem quer que fosse.

Jesus se voltou para o dono da casa e disse:

– Simão, tenho uma proposta.

– Diga, Mestre.

– Certo credor tinha dois devedores. Um devia quinhentos denários e o outro apenas cinquenta. Como nenhum dos dois tinha condições de pagar, ele perdoou a dívida de ambos. Qual dos dois, portanto, se sentirá mais agradecido?

– Suponho que aquele que devia mais – respondeu Simão.

– Julgou bem – replicou Jesus.

E voltando-se para a mulher, disse ao anfitrião e aos demais presentes, com a voz embargada pela emoção:

– Observem esta mulher. Entrei nesta casa, e ninguém ofereceu água para meus pés. Esta mulher, porém, regou meus pés com suas lágrimas, e os enxugou com seus cabelos. Nenhum entre vocês manifestou nenhum gesto de apreço em relação a mim. Ela, no entanto, desde que cheguei aqui não cansa de beijar meus pés. Nenhum de vocês se preocupou em ungir minha cabeça com óleo, mas esta mulher ungiu com bálsamo meus pés. Vocês gostam de criticar, de julgar e condenar emitindo murmúrios de que esta mulher é uma pecadora. Quanta hipocrisia! Quantos já não recorreram aos favores dessa criatura infeliz e agora se levantam na condição de juízes impiedosos quando também são pecadores impenitentes diante do Pai? Em verdade vos digo que nenhum de vocês fez até hoje pelo Filho do Homem o que fez esta mulher!

Dirigindo-se a ela, estendeu a mão para que se levantasse. A pobre criatura soluçava com a cabeça baixa, e Jesus, compadecido, estendeu a mão direita em direção à sua fronte, dizendo:

– Minha filha, não importa quanto tenha pecado, pois hoje digo que os seus pecados foram perdoados.

Voltando-se para os presentes, que pareciam perplexos diante das palavras de Jesus, concluiu:

– Perdoados são os pecados desta mulher, porque ela muito amou. Aquele a quem perdoamos pouco, pouco nos ama.

Em seguida, abençoou aquela criatura sofrida com uma palavra de carinho e conselho:

– A tua fé te salvou. Vá em paz, minha filha, e não volte a pecar.[104]

Ela retirou-se do ambiente com sentimento de renovação em suas disposições mais íntimas. Um sentimento que jamais imaginou existir: o sentido do amor verdadeiro, diferente do amor possessivo, o sentimento de compaixão e misericórdia. Sentia-se leve, com a alma limpa, liberta de todo mal que a escravizava. Sabia também que, para merecer tanta misericórdia, precisaria se manter no caminho reto do Divino Mestre, que a libertara do cativeiro da subjugação espiritual. Não esqueceria jamais as palavras que ainda ecoavam em sua mente, a sublime advertência: "Vá em paz, minha filha, e não volte a pecar". Sim, jamais voltaria a pecar, por amor a Cristo.

É importante entender que os costumes daquela época eram difíceis para as mulheres, pois, em qualquer questão, o direito da preferência cabia sempre ao homem.

Jesus, na condição de espírito perfeito, sabia o quanto havia de injusto naqueles costumes, sendo o primeiro a se manifestar contra a injustiça. Exatamente por isso, somava mais um motivo para ser questionado e não ser compreendido.

---

104. Lucas (7:36-50).

Depois desse episódio, algumas mulheres enxergaram uma luminosa esperança naquele que não julgava.

Juntamente com os doze apóstolos, algumas entre aquelas que foram curadas sentiram-se tocadas por um sentimento divino jamais experimentado e passaram a seguir Jesus, sedentas de Suas palavras e de Seus ensinamentos. Entre elas encontrava-se Maria Madalena, liberta de pesada obsessão de sete espíritos malignos que a escravizavam. Também Joana, esposa de um homem importante chamado Cuza, procurador de Herodes, e Suzana, que fora curada de uma terrível enfermidade, sendo por isso muito grata.

Naquela noite, ao se afastar em seu recolhimento íntimo, diante do manto de estrelas a brilhar no céu galileu, Jesus orou mais uma vez em comunhão com o Pai Eterno.

Sabia que a soberba e a vaidade imperavam nos corações daqueles que se julgavam donos da verdade, e o intelecto era uma enorme barreira que apenas o tempo haveria de superar. Por isso pregava aos humildes. Por divina inspiração, sabia que as parábolas eram a forma mais eficaz de transmitir a sabedoria a eles.

No dia seguinte, seguiu em direção à praia, e logo a multidão se aproximou. Jesus entrou em um barco e se assentou enquanto as pessoas o rodeavam. O Mestre buscou alento do Pai, iniciando a pregação daquele dia de um modo diferente. Enquanto analisava cada um dos presentes, Sua voz ecoou suave e cristalina, e assim todos O ouviram atentamente. Ele disse:

– Em uma manhã alegre e ensolarada, após uma noite de boas chuvas, um semeador, com o coração cheio de esperança, saiu a semear. Aquelas eram sementes especiais, e o semeador confiava em seus frutos, sonhando com farta colheita. Porém, uma parte das sementes caiu à beira do caminho. Vieram as aves do céu e a comeram. Outra parte caiu sobre um terreno pedregoso e com pouca terra. Embora tenha germinado, veio o Sol e a queimou, porque não tinha raízes profundas e secou por falta de umidade. Outra parte, ainda, caiu em meio aos espinheiros e ao crescer foi sufocada pelos espinhos. Outra parte, enfim, caiu em boa terra, germinou, cresceu e produziu frutos abençoados na razão de cem, sessenta e trinta por um. Quem tiver ouvidos para ouvir, ouça – concluiu Jesus a sua parábola.[105]

Os discípulos estranharam a mudança na didática do Mestre, e o questionaram:

– Senhor, por que fala por parábolas?

Jesus sorriu diante da ingenuidade dos discípulos. Será que eles não percebiam que a melhor forma de ensinar aos humildes era contando histórias? Um homem pode ser muito privilegiado intelectualmente e portador de grande cultura, mas se não tiver a humildade para descer ao nível dos alunos e ensiná-los com afeição e respeito, toda sua sabedoria será em vão.

– Vejam – esclareceu Jesus – vocês são meus apóstolos queridos e quantas vezes também têm dificuldade de entender o que tenho explicado? Vocês, entretanto, têm maiores condições de entender, pois conhecem os mistérios do Reino dos Céus, mas para muitos isso não foi concedido. Quem tem muito conhecimento, ainda mais terá, e o entendimento será abundante. Porém aquele que pouco tem, que pouco compreende, se não

---

105. Mateus (13:1-9)

tiver o cuidado necessário, perderá até isso. Por isso eu falo por meio das parábolas, para que seja mais fácil o acesso de qualquer pessoa, em qualquer estágio. Porque eles, mesmo vendo, não veem; ouvindo, não ouvem. E isso quer dizer: eles veem, mas não compreendem; ouvem, mas não entendem. Porque neles se cumpre a profecia de Isaías.[106]

Jesus fez breve pausa e prosseguiu com tristeza:

– Sinto respeito pelos simples e humildes, entre os quais tantos desejam a sabedoria. Dessa forma, sejam convertidos pela força da verdade e por mim curados. Mas o coração deste povo está endurecido. Muitos ouvem de malgrado e fecham os olhos. Bem-aventurados sejam os ouvidos que ouvem e os olhos que veem, pois em verdade vos digo que muitos dos profetas e justos desejaram enxergar o que vocês têm visto e ouvir o que vocês têm ouvido. Mas assim não aconteceu.

O Mestre fechou os olhos, suspirou fundo e continuou:

– Prestem atenção à parábola do semeador. Todos aqueles que ouvem a palavra do Reino e não a compreendem, são arrebatados pelas forças do mal, que levam embora o que foi semeado em seu coração. Esta é a semente que caiu à beira do caminho. O que foi semeado em solo rochoso e pedregoso: pessoas que ouvem a palavra e logo a aceitam com alegria, mas não têm raiz profunda em si mesmo, sendo o sentimento de pouca duração. Quando sobrevém a angústia, as perseguições e as tribulações por causa da palavra, escandalizam-se, esquecendo rapidamente o valor recebido. A semente que foi semeada entre os espinheiros simboliza aquele que ouve a palavra e a aceita momentanea-

---

106. Isaías (52:10 e 15) e (53:1-12).

mente, mas, diante das tentações do mundo, da fascinação pela riqueza e pelas posses materiais, sufoca-a, como os espinhos que sufocam e matam a semente que acabou de germinar, tornando-a infrutífera. Ora, finalmente, a semente que foi semeada em terra fértil representa aquele que ouve, compreende, aceita e se regozija na palavra do Senhor, fazendo que ela frutifique e se multiplique por cem, por sessenta e trinta por um.[107]

Concluído o relato, Jesus observou feliz a reação das pessoas. Como o próprio semeador da parábola, tinha Ele a esperança de que a palavra cairia em corações fecundos e produziria bons frutos.

Sentiu que aquele era o caminho que conduzia à alma e à inteligência das pessoas. Falando de coisas do dia a dia, do campo, da terra, da natureza.

Em outra ocasião, recorreu a uma história que mostrava situações do cotidiano, propondo a parábola do Filho Pródigo:

"Havia certo homem, muito rico, senhor de terras e muitas propriedades. Este homem tinha dois filhos pelos quais nutria profundo sentimento de amor e carinho paternal. Aquele pai vivia feliz, trabalhando nas terras na companhia de seus filhos, quando o mais novo o procurou em particular, fazendo um pedido inusitado:

– Papai, sinto-me feliz em sua companhia, mas desejo de todo meu coração conhecer o mundo. Gostaria que o senhor fizesse o levantamento de todos os bens que possuímos e que me desse a parte que me cabe, pois desejo correr o mundo, viajar, conhecer novas terras, novas pessoas, novas cidades.

---

107. Mateus (13:10-23).

Aquele pai ficou muito entristecido com a decisão do filho mais novo e tentou, de todas as formas, dissuadi-lo, porém sem sucesso. O rapaz tomara firme decisão, de forma que não houve jeito. Assim, de posse da riqueza que lhe cabia, tomou caminho para o desconhecido. O pai acompanhou pela janela a figura do filho desaparecendo a distância, e chorou copiosamente. Sabia que ele sofreria as consequências do desatino, mas não havia alternativa.

Tomado pelo espírito de aventura, o jovem viajou, conheceu cidades distantes, gente diferente e, com o dinheiro que possuía, fez muitos amigos. Promovia festas onde a diversão e os companheiros não permitiam que ele pensasse em seu velho pai, tão distante. Os meses correram depressa. Passou um ano, e o jovem se entregou à farras e dissipações, vivendo em um enganoso mundo de falsas alegrias. Mas tudo acaba, e o dinheiro daquele jovem acabou. Um dia acordou na bela estalagem onde residia e, quando buscou no alforje dinheiro para pagar as diárias, deu-se conta de que não tinha mais como se manter.

Naquele instante, despertou de sua fantasia para a dura realidade: havia gasto toda a fortuna que o pai havia oferecido, encontrando-se em terra estranha e distante, sem nenhum recurso financeiro. Passado o desespero do primeiro momento, lembrou-se dos amigos de farra e pensou: 'vou procurar ajuda, certamente meus amigos irão me amparar'.

No entanto, todas as suas tentativas foram inúteis, pois as portas de cada um que procurava se fechavam quando tomavam conhecimento de que estava sem nenhum dinheiro. Foi despejado sem nenhuma consideração pelo proprietário da estalagem.

De repente, viu-se na rua da amargura, sem amigos, sem condições financeiras, sem ter para onde ir e com fome. Quando chegou o fim daquele dia, não suportava mais a fome e, em desespero de causa, chegou até um sítio onde havia um homem a criar porcos. Implorou por um trabalho, e o homem propôs:

– Não preciso de ninguém, mas se você aceitar cuidar dos porcos, poderá dormir com eles e comer de sua comida.

Aquele jovem, acostumado à boa vida na segurança da casa paterna, jamais sentira tamanha humilhação, mas sua situação era extremamente grave, de forma que não teve alternativa. Aceitou o trabalho, passou a cuidar dos porcos e a comer com os animais na imundície do chiqueiro. Ele sentiu o arrependimento bater em seu peito, chorando copiosamente.

Ora, aquele pai sentia saudades de seu filho muito amado, que se perdera na vida. Desde que fora embora, jamais tivera notícias sobre o que fazia, por onde andava, se estava doente, se estava bem ou não, se chorava. De vez em quando, olhava pela estrada onde vira pela última vez a figura do filho desaparecer no horizonte.

O jovem, por sua vez, não suportava mais aquela vida de humilhações e lembrava da casa paterna com arrependimento, sentindo falta de tudo. Recordou que nas terras de seu pai, até os servos mais humildes eram tratados com dignidade, tinham onde morar e o que comer, enquanto ele, naquele lugar imundo, dormia e comia entre os bichos.

Pensou bastante e, por fim, criou coragem de retornar à casa do pai, mas não se julgava digno, pois recebera tudo o que pedira e, portanto, não tinha mais nada a reclamar.

Contudo, o sofrimento era imenso e sem conseguir suportar aquela situação, finalmente o filho pródigo tomou uma decisão: abandonaria a miséria e procuraria o pai, iria se ajoelhar diante dele, pediria perdão pelas faltas e imploraria que permitisse voltar, não mais na condição de filho, pois sabia não ser merecedor. Pensou em dizer as seguintes palavras: 'Pai, pequei contra ti, diante do Céu e diante de ti. Mas permita que eu retorne ao seu lado não como filho, porque não sou digno, porém como um simples servo'.

Após esta decisão, tomou a estrada de volta.

Naquela manhã, o pai pensava nele como se soubesse das aflições e humilhações que passava. Olhou pela janela, recordando sua imagem, observando a estrada que se perdia a distância, na esperança de que voltasse, quando, de repente, deu um grito de felicidade: viu um maltrapilho, um esfarrapado, que reconheceu rapidamente. Reconheceria o filho em qualquer situação.

Gritando de alegria, correu até ele e, quando se encontraram, frente a frente, observou no que havia se transformado o caçula. Antes que pudesse fazer qualquer coisa, este se ajoelhou e, com a cabeça inclinada, disse:

– Pai, me perdoa. Sei que errei, pequei contra ti, diante de ti e diante dos Céus. Não sou mais digno de ser chamado de seu filho, mas te imploro: permita que eu retorne para junto de ti, não como teu filho, mas na condição de simples trabalhador, para te servir.

O pai amoroso, porém, estendeu as mãos, levantou o filho muito amado e, em lágrimas de contentamento, abraçou-o e beijou-o, gritando aos servos:

— Depressa, tragam uma túnica para vestir meu filho! Tragam um par de sandálias para calçar seus pés!

E, tirando o anel de seu dedo, colocou no dedo deste, dizendo:

— Hoje é dia de festa. Mataremos o novilho mais nutrido. Toquem música, vamos comer e nos alegrar, porque o meu filho estava perdido e foi encontrado, estava morto e reviveu.

Assim foi recebido na casa do pai, com alegria e festa.

Ora, o filho mais velho, que estava nas atividades do campo, de repente ouviu gritos de satisfação e música e pensou: "O que está acontecendo na casa de meu pai?". E para lá se dirigiu. Quando chegou e perguntou o motivo daquela festa, um dos servos informou que era em virtude do retorno de seu irmão.

O primogênito ficou aborrecido, e não queria entrar em casa nem participar da festa. Então o pai procurou por ele, tentando harmonizá-lo, mas o jovem reclamou:

— Pai, o senhor não está sendo justo! Estive sempre contigo, sempre te honrando e sem jamais desrespeitar uma ordem sua. Trabalhei de sol a sol ao seu lado, jamais o abandonei, e nunca permitiu que eu mandasse matar sequer um cabrito para festejar com meus amigos. Entretanto, a este irmão irresponsável o senhor deu a fortuna que lhe cabia, e ele saiu pelo mundo desperdiçando todo o dinheiro com prostitutas sem jamais mandar notícias. Agora ele retorna, e o senhor faz festa e manda matar um novilho nutrido em sua homenagem?

O pai abraçou amorosamente aquele filho e respondeu:

— Você é meu filho muito amado e sempre esteve comigo sob minha proteção, sob o amparo do meu afeto. Jamais esteve em perigo, pois sempre velei por ti, e tudo o que possuo é seu. Contudo, o seu irmão estava morto e reviveu, estava perdido e foi encontrado.

Abraçando o pai, o filho mais velho chorou. O pai repetiu o convite:

– Venha, meu filho! Hoje é dia de festa. Vamos nos alegrar porque seu irmão estava morto e agora vive, estava perdido e foi encontrado."[108]

Após breve intervalo, o Mestre olhou ao redor observando que as pessoas estavam profundamente emocionadas, então concluiu:

– Todo aquele que se afasta de Deus é semelhante ao filho pródigo da parábola. Vive com intensidade os primeiros momentos de ilusões da vida. No entanto, passado o momento inicial, recebe a visita da dor, da tribulação, da agonia. Sente-se desamparado, vem a tristeza, arrepende-se e chora. Mas é o bastante simplesmente se arrepender, chorar? É preciso tomar a consciência e reconhecer que errou. Em seguida, buscar humildemente o caminho de volta, ter a coragem de retornar à presença do Pai e pedir perdão. O Pai receberá com muita alegria o rebento perdido. Esse dia será de grande festa e alegria, porque o Pai Eterno sempre comemora o retorno de um filho que reencontra, que era considerado morto e revive diante do Seu amor.

Sem dúvida, o povo parecia beber cada palavra, sedento diante da fonte de água pura. Certa vez, sentindo a receptividade daqueles corações ansiosos, Jesus contou a parábola da candeia:

---

108. Lucas (15:11-32).

– Quando a escuridão da noite se aproxima, devemos acender a luz. Aquele que acende a candeia deve colocá-la em local elevado, para que ilumine o ambiente e todos que se aproximam, ou colocá-la embaixo do alqueire? Ora, como a luz da candeia deve ser colocada no velador, também deixem que a luz de vocês brilhe e ilumine todos que se aproximam, porque o conhecimento da verdade esclarece e ilumina. Assim, tudo que está oculto deverá ser revelado. Todo conhecimento da palavra deverá ser compartilhado, como a luz que brilha para iluminar os caminhos daqueles que ainda tateiam na escuridão da ignorância. Livrem-se das trevas da ignorância e do julgamento, pois com a mesma medida com que medirdes, também sereis medidos. Fiquem atentos, pois àquele que tem conhecimento muito se dará. Àquele que não tem, se não buscar melhorar, tudo será tirado.[109]

Jesus partiu para continuar sua jornada. Quando entendia que era oportuno, detinha-se outra vez entre a multidão e lançava um ensinamento. Assim aconteceu no dia em que narrou a parábola do joio e do trigo. Foi oportuna, porque o trigo e o joio se confundem durante a fase de crescimento. Não se distingue qual é a boa planta e qual não é. Jesus sabia que essa comparação facilitava a compreensão de qualquer pessoa. Então disse:

– O Reino de Deus é semelhante a um homem que saiu a semear em seu campo a boa semente. Entretanto, após o trabalho, enquanto o homem dormia, veio o inimigo e semeou joio junto com o trigo, retirando-se sorrateiramente. Ora, quando as plantas germinaram e começaram a crescer, estavam muito unidas pelas

---

109. Marcos (4:21-25).

raízes. No entanto, à medida que cresciam, começaram a demonstrar origens diferentes. Ao notar que no meio do trigo havia grande quantidade de joio, os servos do senhor disseram:

– Senhor, não semeastes boa sementes em seus campos?

Ele, porém, respondeu:

– Quem colocou aí estas sementes ruins foi um inimigo.

E os servos então perguntaram:

– Quer que arranquemos o joio?

– Não – replicou ele – porque se arrancarem agora, arrancarão junto o trigo. Deixem que cresçam juntos até a hora da colheita; no tempo da colheita, devem dizer aos ceifeiros: ajuntem primeiro o joio, prendam em feixes para ser queimado, mas tenham cuidado com o trigo, pois este deverá ir para o celeiro.[110]

O povo gostava de ouvir as parábolas do Mestre. Na sua caminhada, não faltavam aqueles que O cercavam, desejosos de ouvir de perto Suas lições de sabedoria, de testemunhar aquelas lendárias histórias que circulavam a Seu respeito entre todas as classes sociais. Um dia, Jesus contou parábola do grão de mostarda.

– O Reino dos Céus é semelhante a um grão de mostarda, que um homem tomou com carinho e plantou em seu campo. É a menor de todas as sementes, porém, depois de crescida, é maior do que as hortaliças e se faz árvore, de forma que as aves do céu encontram em seus ramos um abrigo para construir seus ninhos.[111]

Ora, Ele falava desse modo, e a multidão se encantava, atenta, procurando compreender o significado de cada uma das

---

110. Mateus (13:24-30).
111. Mateus (13:31-32).

histórias. Nisto também se cumpriam as Escrituras, quando foi profetizado a respeito do Messias: "abrirei em palavras a minha boca e revelarei coisas ocultas desde a criação do mundo."[112]

Jesus expandia sua luminosa aura e envolvia a todos. Os ensinamentos eram apropriados às necessidades daqueles que recorriam a Ele cheios da esperança transmitida pela sua voz pausada, suave, mas sempre vibrante. Foi assim, amorosamente, que trouxe verdades por meio da parábola do tesouro escondido, da pérola, da rede – todas de profundo significado em semelhanças que remetiam ao verdadeiro valor do Reino de Deus para os homens.

Além do mais, atento ao aprendizado de seus apóstolos e preocupado com o efeito multiplicador de suas palavras, descia aos detalhes do esclarecimento para que não pairassem dúvidas no entendimento de quem quer que fosse.

– O que semeia a boa semente é o Filho do Homem. O campo é o mundo. A boa semente é a palavra que fecunda os corações dos filhos do Reino de Deus, transformando estes em trigo. A má palavra é a semente do maligno, que contamina a alma daqueles que se satisfazem com o mal e se tornam joio. O joio é o fruto do mal. Portanto, aqueles que aceitam a má semente serão filhos do maligno. O inimigo que semeou a má semente diz respeito às forças do mal que campeiam os corações desatentos. E a colheita é a consumação dos tempos, a grande transição que ocorrerá no momento oportuno. Os anjos, os espíritos de Deus são os ceifeiros. Assim, no momento certo e não antes, porque

---

112. Mateus (13:33-34).

apenas o Pai Eterno sabe o dia e a hora, o joio será apartado do trigo e lançado ao fogo purificador. Assim será na consumação dos séculos.

"Então, quando isso acontecer, O Filho do Homem mandará seus anjos e seus prepostos, que haverão de separar de seu reino todos aqueles que praticam escândalos e crimes. À semelhança do joio, serão atirados à fornalha incandescente, ao encontro do choro e do ranger de dentes. Naqueles dias, os justos – que são os escolhidos, as boas sementes – resplandecerão com a luz do Sol que brilha incessantemente no reino do meu Pai. Quem tem ouvidos para ouvir que ouça."[113]

Assim, na didática afetuosa do Mestre dos Mestres, a Boa-Nova era passada adiante ao maior número de pessoas. Explicava tudo inclusive aos apóstolos, com riqueza de detalhes e esclarecimentos.[114]

A satisfação de Jesus ao verificar que seus ensinamentos se multiplicavam entre os espíritos humildes encontrava o contraponto na vigilância diante dos dissabores a Ele reservados.

Chegando a Nazaré, sua terra natal, foi pregar na sinagoga. Enquanto proferia a mensagem da Boa-Nova com afeição e ânimo, percebeu que alguns se manifestavam extasiados, enquanto outros, indiferentes, murmuravam, às ocultas, contra Ele.

– Não é este o filho de José, o carpinteiro? – indagou um incrédulo.

Outro se juntou entre os murmuradores comentando:

---

113. Mateus (13:36-43).
114. Marcos (4:33-34).

– Sua mãe não se chama Maria, e seus irmãos Tiago, José, Simão e Judas?

Ainda um terceiro se juntou ao grupo exclamando:

– Não vivem entre nós todas as suas irmãs? Não são pessoas comuns? De onde vem, pois, tudo isso que diz?

E foram tomados por incredulidade e escândalo, murmurando:

– Quem pensa que é, afinal de contas?

Ouvindo todo aquele burburinho, o Mestre respirou profundamente e respondeu:

– Nenhum profeta é reconhecido na própria terra.

Em sua terra natal, Jesus encontrou resistência e incredulidade. Poucos enfermos manifestaram fé e foram curados.

Após aquele episódio, afastou-se, silencioso. Naquele mesmo instante, vislumbrara espiritualmente a desencarnação de João Batista, decapitado a mando de Herodes, o Tetrarca, por desejo da filha de Herodias. Esta odiava João, porque ele condenava a união proibida de ambos, dizendo:

– Não é lícito possuir a mulher de teu irmão.

Herodes temia João, pois sabia que aquele era um homem justo e santo, mas se encantara com a dança da filha de Herodias e, num gesto de arroubo desmedido, prometeu dar a ela o que ela desejasse, mesmo que fosse a metade do seu reino. Orientada por Herodias, a moça pediu a cabeça de João Batista em uma bandeja. Embora contrariado, Herodes não teve como voltar em sua palavra, determinando a execução de João Batista.[115]

---

115. Mateus (14:1-11).

O Divino Amigo chorou pelo profeta. Sabia que a Ele também estava reservado um fim semelhante, com maior sofrimento e humilhação.

Fechou os olhos, suavemente, e respirou fundo. Elevou o pensamento ao Pai Eterno, buscando forças no manancial divino do Criador.

Duas lágrimas rolaram pelo rosto de Jesus.

CURAS, TRIBULAÇÕES E A TRANSFIGURAÇÃO

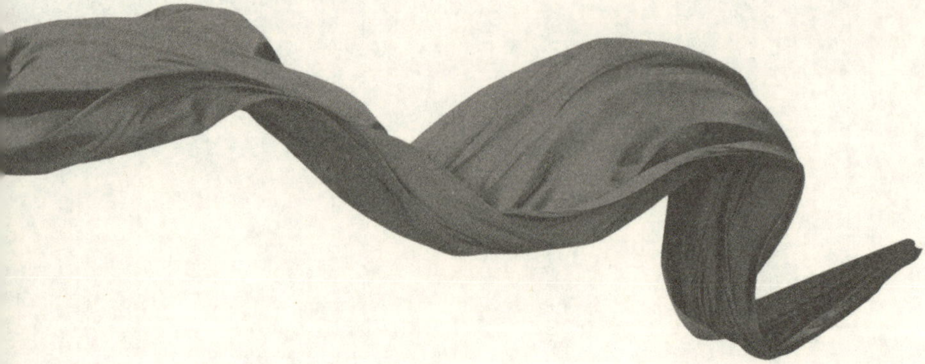

Depois do episódio da morte de João Batista, Herodes continuava espantado e assombrado com as notícias que recebia a respeito de Jesus. Ora, havia entre os judeus a ideia da reencarnação e, por essa razão, Herodes preocupava-se mais ainda, sobretudo quando chegavam aos seus ouvidos informações como estas:

– João Batista ressuscitou entre os mortos.

Outros diziam:

– Elias apareceu novamente.

Outros comentavam:

– Ressurgiu[116] entre nós um dos antigos profetas.[117]

Herodes remoía pensamentos, dizendo para si mesmo: "Mandei decapitar a João e vi sua cabeça decepada sobre a bandeja. Quem é, pois, este de quem tenho ouvido tanta coisa a respeito?". E se desesperava, desejando desvendar aquele mistério.

Enquanto isso, os apóstolos, por orientação, de Jesus saíram a pregar a mensagem da Boa-Nova. Ao regressar, contentes,

---

116. Ressurgiu entre nós um dos antigos profetas. Quer dizer: reencarnou. (N.M)
117. Lucas (9:7-9).

relataram ao Mestre tudo o que fizeram. Satisfeito, Jesus foi com eles até a cidade de Betsaida. A multidão, entretanto, o seguia para onde fosse. Dessa forma, o Divino Amigo aproveitava para falar sobre o Reino de Deus ao mesmo tempo que operava cura nos enfermos que manifestavam fé e boa vontade.

Contudo, os encargos aumentavam. O Mestre reconheceu que os apóstolos se encontravam cansados e não tinham tempo sequer para se alimentar adequadamente. Então, convidou todos a segui-Lo e se afastaram, em um barco, buscando um local solitário.

O povo viu que partiam e seguiram por terra, chegando do outro lado antes deles. Naquela noite, pretendiam repousar, de forma que, ao desembarcar na outra margem, o Mestre se surpreendeu com a multidão que os aguardava.

Jesus se compadeceu daquelas criaturas e aproveitou o ensejo para falar mais sobre a Boa-Nova.

Era o fim do dia, e o astro-rei, como se prestasse reverência ao Cristo, inclinava-se no horizonte, enquanto o povo permanecia ali.

Com receio pela quantidade de pessoas presentes, os discípulos procuraram Jesus em particular, manifestando preocupação.

– Mestre, entendemos que é necessário dispersar essa gente, para que procurem comida e pousada nas aldeias da região. Em breve cairá a noite e não temos como alimentar a todos. Estamos em lugar deserto, e temos poucos alimentos até para nós mesmos.

Avaliando a situação, com serenidade determinou:

– Não se preocupem com isso. Deem vocês mesmos de comer a eles.

Então, Pedro questionou:

– Senhor, não temos do mais que cinco pães e dois peixes. Como daremos de comer a esta multidão?

Realmente, eram cerca de cinco mil pessoas. Jesus olhou atentamente e ordenou:

– Diga para sentarem à minha frente em grupos de cinquenta.

Imediatamente, os discípulos tomaram as providências, acomodando a todos. Jesus, então, pediu a eles que trouxessem os cestos onde estavam os pães e os peixes, e assim o fizeram.

Tomou os cestos, levantou-os aos Céus, fechou os olhos, e em profundo estado de oração o Mestre pediu graças ao Pai Eterno. Com seu perfeito domínio sobre os elementos, combinou, no invisível, sob o poderoso fluxo de Sua vontade, as partículas moleculares correspondentes à matéria que compõe pães e peixes. Então, diante dos olhares incrédulos dos próprios discípulos, o alimento se multiplicou, de forma que todos comeram e se fartaram.[118]

No final da ceia, depois que todos estavam satisfeitos, ainda restavam doze cestos repletos de pães e peixes, o que seria suficiente para alimentar mais algumas dezenas de pessoas.

Jesus orientou os discípulos para que retornassem ao barco enquanto dirigia as últimas palavras à multidão.

– Agora devem partir. Mais tarde, eu me juntarei a vocês.

Depois de presenciar a multiplicação de peixes e pães, os discípulos não o questionaram sobre o modo pelo qual iria ao encontro deles. Tomaram o barco e se foram.

---

118. Mateus (14:13-21).

Após a partida dos seguidores, Jesus subiu em uma pequena elevação para orar e abençoar o povo.

Terminada a prece, o Sol derramava no horizonte os últimos raios de luz alaranjada a se perder no infinito cósmico, enquanto as derradeiras claridades se extinguiam, dando lugar ao manto negro da noite que cobria as montanhas da Galileia.

Jesus olhou para o mar e verificou que seus discípulos se encontravam em dificuldades, pois os ventos sopravam fortes e contrários à navegação. Decidiu juntar-se a eles, caminhando calmamente sobre as águas revoltas.

A penumbra da noite já se fazia presente. Ao verificar um vulto que caminhava sobre o mar na direção do barco, os discípulos se atemorizaram, pensando ser algum fantasma. Em altos brados, começaram a pedir por socorro.

Quando finalmente identificaram a figura do Mestre, ajoelharam-se, e Jesus afirmou:

– Tenham bom ânimo! Sou Eu, não temam!

Então disse Pedro:

– Senhor, se és Tu, manda-me às águas para junto de Ti.

E Jesus concordou:

– Vem!

Pedro desceu do barco e, andando sobre as águas, foi ter com Jesus. No meio da travessia, ao sentir a força dos ventos, teve medo de submergir. Desesperado, gritou:

– Salva-me, Senhor!

Jesus se aproximou, estendeu a mão e o levantou dizendo:

– Homem de pouca fé, por que duvida?

Subindo ambos para o barco, o vento parou. Emocionados, os demais discípulos o abraçaram.

Imediatamente, o mar ficou sereno.[119]

Os discípulos estavam admirados diante dos feitos do Divino Amigo. Apenas naquele dia, presenciaram que o Mestre havia multiplicado pães e peixes à vontade, caminhara sobre as águas e aplacara as tormentas. Decididamente ainda tinham muito a aprender com Ele.

No dia seguinte, aportaram em Genesaré, e o povo logo reconheceu Jesus. Formou-se pequena multidão, que desejava milagres e curas, e por isso tocava em seu corpo e suas vestes. Muitos foram curados.

Jesus percebia que muitos queriam apenas a solução imediata para a cura do corpo físico. Poucos vislumbravam a cura do espírito por meio do conhecimento e do entendimento da palavra.

Em seguida, apresentaram-se alguns escribas e fariseus de Jerusalém e se escandalizaram ao verificar que alguns dos discípulos comiam sem antes lavar as mãos, contrariando a tradição secular dos anciãos, que determinam que não seria permitido comer sem antes lavar as mãos cuidadosamente.

Ao verificar aquele pequeno deslize, regozijaram-se em sua maldade, pois era mais uma chance de questionar se alguém que se dizia enviado por Deus iria contra as tradições.

– Ó Rabi – disse ironicamente um deles – por que seus discípulos não andam conforme as tradições mais antigas dos anciãos e comem sem antes lavar as mãos?

Observando aqueles que pretendiam investigá-Lo, Jesus respondeu:

---

119. Mateus (14:22-32).

– Hipócritas, bem profetizou Isaías: este povo Me honra com os lábios e não com o coração. Em vão Me adoram ensinando doutrinas que são de origem do próprio homem. Negligenciam os mandamentos de Deus e se preocupam apenas em guardar os mandamentos dos homens.[120]

Os fariseus e os escribas se calaram diante da firme resposta, e Jesus continuou:

– Moisés disse: "honrai vosso pai e vossa mãe". Vocês, porém, afirmam que um homem pode dizer aos pais: "aquilo que poderia aproveitar de mim é Corbã [oferta para o Senhor]", e o dispensam das obrigações filiais, invalidando a palavra de Deus para manter a própria tradição, assim não cumprem a Lei. E fazem muitas outras coisas semelhantes.

Aproveitando o momento em que a multidão acompanhava com interesse aquele diálogo, Jesus ainda anunciou:

– Hipócritas, não é o que entra pela boca que faz impuro o homem, mas o que sai dela. Tudo o que entra pela boca vai para as entranhas do corpo, e o que for rejeitado é lançado em local obscuro. Contudo, o que sai da boca procede do coração do homem, e é isso o que contamina, se existe maldade no coração. Porque dos sentimentos impuros é que nascem os adultérios, as fornicações, os maus desígnios, os homicídios, a prostituição, os furtos, os falsos testemunhos, a inveja, a maledicência e as blasfêmias. São estas coisas que contaminam o homem e não comer com as mãos não lavadas.[121]

---

120. Mateus (15:1-9).
121. Mateus (15:4-11).

Após aquelas palavras, fariseus e escribas se retiraram surpreendidos com a sabedoria do Mestre, murmurando inconformados. Os discípulos ouviram seus murmúrios de ódio e vingança e, preocupados, alertaram Jesus, que respondeu:

– Não se preocupem com isso. Toda planta que meu Pai Celestial não plantou será arrancada. Eles são cegos a guiar outros cegos. Quando um cego guia outro, caem os dois no barranco.

Os discípulos fizeram silêncio, meditando sobre a profundidade daqueles ensinamentos.

Nos dias seguintes, visitaram várias cidades, entre elas Tiro e Sidom. Levaram a Boa-Nova e falaram do Reino de Deus, e houve a cura da filha perturbada da mulher cananeia, que clamava pela compaixão do Mestre. Este, em companhia dos discípulos, retornou ao mar da Galileia, subindo ao monte para falar novamente à multidão que o aguardava.

Contou parábolas, estendeu-se em amorosas explicações, curou coxos, aleijados, cegos, mudos e muitos outros que eram trazidos aos seus pés foram curados. O povo se maravilhava ao testemunhar que os cegos voltavam a ver; os surdos, a ouvir; os aleijados, a andar; e os doentes recuperavam a saúde. E glorificavam a Deus.

Os dias passavam, e a multidão não ia embora, pois todos queriam ouvir mais e testemunhar mais milagres. Em determinado momento, começou a faltar alimento. Tomado pela compaixão, Jesus chamou aos discípulos.

– Estou com muita pena destas pessoas que estão conosco há mais de três dias. Eles não mais têm o que comer e temo que, ao irem embora, acabem desfalecendo de fome pelo caminho.

Os discípulos retrucaram:

– Senhor, onde haverá neste local deserto alimento para saciar tanta gente?

– Quantos pães ainda nos restam? – perguntou Jesus.

Os discípulos se animaram, pois já haviam presenciado cena idêntica anteriormente, então responderam:

– Apenas sete pães, Senhor, e alguns pequenos peixes.

Então Jesus os instruiu:

– Mande o povo se assentar ao chão e tragam-me em cestos os pães e os peixes.

Assim procederam, e Jesus, mais uma vez, tomou os cestos, ergueu os olhos aos céus, agradeceu ao Pai Celestial e os devolveu repletos de pães e peixes, que foram distribuídos pelos apóstolos à multidão de mais de quatro mil pessoas. E todos comeram até se fartar. No final, restaram ainda pães e peixes que encheram sete cestos completos.

Após esse episódio, retirou-se Jesus com seus discípulos para a região de Magadã, onde mais uma vez haveria de se encontrar com fariseus e saduceus.[122] Estes, ao ver a figura do Mestre, exibiram-se como senhores da verdade, questionando se era mesmo o Filho de Deus. Se fosse, que mostrasse um sinal nos céus.

Jesus calou-se por instantes, pensando no endurecimento daqueles corações. Viera para trazer a grande mensagem renovadora, particularmente para o povo judeu, porém era rejeitado no seio de seu povo. Suspirou fundo e respondeu:

– Pedem-me um sinal dos Céus. Prestem muita atenção, pois quando chega a tarde dizem: haverá bom tempo, porque o

---

122. Mateus (15:21-39).

céu está avermelhado. Quando é de manhã, olham para o céu e dizem: hoje haverá tempestade, porque o céu está com uma cor mais carregada. Ora, sabem distinguir o aspecto do céu e não sabem identificar os sinais dos tempos? Eu vos digo que esta geração má e adúltera pede um sinal e nenhum sinal será dado, porque já tem conhecimento e mesmo assim se recusa a acreditar.

Dizendo estas palavras, Jesus retirou-se, deixando fariseus e saduceus boquiabertos e sem reação.

Os discípulos seguiram o Mestre e, distraídos, esqueceram-se da provisão de pães.[123] Logo em seguida, Jesus aconselhou:

– Tenham cautela com o fermento dos saduceus e fariseus.

Ao ouvir aquelas palavras, alguns dos discípulos não entenderam. Pensaram que Jesus fazia alusão ao fato de terem se esquecido da provisão de pães e ficaram discutindo entre si. Jesus percebeu o que acontecia, e, no fundo, sentia que seus apóstolos, depois de terem presenciado tantos acontecimentos, ainda tinham muito o que aprender. Seria necessário ter paciência, mas também precisaria ser rigoroso, como o professor que deseja que o aluno aprenda a lição. Então, dirigindo-se a eles, replicou:

– Por que se preocupam e discorrem sobre a falta de pão, homens de pequena fé? Não compreenderam ou não se lembram de que alimentamos a multidão por duas vezes a partir de poucos pães? Com apenas cinco, alimentamos cinco mil homens e de sete pães alimentamos quatro mil. Já se esqueceram disso?

Os apóstolos se entreolhavam cabisbaixos e se questionavam: por que se preocupavam com coisas de tão pequena importância, diante dos milagres que presenciaram?

---

123. Mateus (16:1-5).

Então Jesus concluiu:

– Eu não falava de pães, nem pretendia questionar o fato de terem esquecido as provisões. Eu queria alertá-los a respeito do fermento dos saduceus e fariseus. Porque esse povo manipula o fermento que não é do pão, porém do mal e de suas doutrinas.[124]

Após alguns dias, seguiram para a região de Cesareia de Filipe. Jesus pediu aos apóstolos que indagassem ao povo a Seu respeito. Quando retornaram, perguntou-lhes:

– O que o povo diz a respeito do Filho do Homem?

Eles responderam:

– Senhor, o povo está em dúvida. Uns dizem que é João Batista. Outros dizem que é Elias. Outros dizem que é Jeremias ou algum outro profeta que ressurgiu entre nós.[125]

Esta é mais uma evidência que o povo judeu, naquela época, acreditava na reencarnação, e o Mestre fez questão de deixar claro em suas lições. Caso contrário, a pergunta que fizera aos discípulos não teria sentido, nem a resposta do povo.

Mas Jesus desejava que isso ficasse bem claro aos seus seguidores, que procurassem saber mais a respeito de sua personalidade. Quem era Ele? O que viera fazer em Sua missão? Os discípulos precisavam ter consciência disso tudo e, por esse motivo, o Mestre questionou:

– E vocês, afirmam que sou quem?

Pedro, muito comovido, aproximou-se e curvou a cabeça diante do Divino Amigo, dizendo:

---

124. Mateus (16:6-12).
125. Mateus (16:14).

– Tu és o Messias Prometido, o Cristo, o Filho do Deus vivo.

Jesus abraçou com carinho aquele apóstolo amoroso e afirmou:

– Bem-aventurado é você, Simão Barjonas, porque isso não foi revelado pela carne ou pelo sangue, mas pelo meu Pai, que está nos Céus. Pois também Eu te digo que és Pedro, e sobre esta pedra edificarei a minha Igreja[126], e as portas do Inferno não prevalecerão contra ela. E Eu te darei as chaves do Reino dos Céus, a Minha palavra; e tudo o que ligar na Terra será ligado nos Céus, e tudo o que desligar na Terra será desligado nos Céus. A ti confiarei a multiplicação de tudo o que foi dito. E assim faço, porque és um homem digno e um espírito sensível.[127]

Voltando-se aos outros discípulos, complementou:

– Céu e Terra estarão sempre em estreita relação, porque o que ligares na Terra, também será ligado ao Céu, e o que desligares na Terra, também será desligado no Céu.

Depois desse episódio, os apóstolos começaram a se preocupar com as previsões de Jesus, principalmente Pedro, ao ouvir

---

126. Nesta parte, é válido o seguinte esclarecimento: Pedro foi um líder muito importante no início da Igreja, mas, ao contrário do que se acredita, não há afirmações nas Escrituras de que ele foi o fundador da Igreja ou mesmo um Papa. Jesus chama seu apóstolo de "Pedro" – que significa pedra pequena. A seguir, Jesus diz "sobre esta pedra", que quer dizer grande pedra maciça (grego). Assim, a pedra sobre a qual Jesus edificaria a sua Igreja é ele mesmo. Jesus Cristo é a pedra, o único e grande fundamento, o alicerce e a base, e o próprio Pedro afirma isso, quando parte para o estrangeiro para levar a Palavra: "Porque ninguém pode colocar outro fundamento além do que já está posto, o qual é Jesus Cristo". (I Cor 3:11). (N.E.)
127. Mateus (16:17-19).

as palavras nas quais o Cristo antevia a própria morte. Pedro fazia perguntas, e o Mestre dizia que era necessário que o Filho do Homem sofresse muitas coisas, que fosse rejeitado pelos anciões, pelos sacerdotes e pelos escribas. Que sofreria muito nas mãos de seus acusadores e seria morto de forma infame. Mas, no fim, prevaleceria sobre a morte como a síntese de seus ensinamentos. Era necessário que assim fosse.

Pedro se assustava com aquelas previsões e procurava conversar com Jesus pedindo que ele não mais dissesse coisas assim, pois alarmava os demais. O Mestre reagiu cobrando mais firmeza e convicção, repreendendo o seguidor:

– Fique longe de mim. Não vê o que acontece? Está sob a influência do mal! Não percebe que o medo te domina e não cogita as coisas de Deus, porém a dos homens?

Voltando-se aos demais apóstolos e à multidão que se aproximara, Jesus esclareceu:

– Aquele que deseja Me seguir, deve negar a si mesmo e nada temer. Tome sua cruz com coragem e siga-me. Quem desejar salvar sua vida, irá perdê-la, e quem perder a vida por Minha causa e por causa da Boa-Nova, irá salvá-la. Portanto, nada temam. De que adianta o homem ganhar o mundo inteiro e perder sua alma? Porque qualquer um desta geração adúltera e pecadora que se envergonhar de Mim e de Minhas palavras, também o Filho do Homem se envergonhará dele quando chegar o grande dia da Glória do Pai.

Assim agia o Divino Amigo. Sempre tendo o cuidado de deixar bem clara a necessidade do desprendimento das coisas materiais. Era preciso cultivar a fraternidade, o amor, o perdão, a compaixão e a coragem no testemunho da palavra, ainda que para isso a própria vida fosse dada. Sua grande preocupação não era apenas ensinar, mas também exemplificar. A palavra ilumina e liberta, mas o exemplo arrasta. O Mestre sabia disso.

Passados alguns dias, Jesus sentiu necessidade de se afastar com os apóstolos para orar em comunhão com o Pai Celeste. Então convidou Pedro, Tiago e João, que o seguiram até o Monte Tabor.

Chegando ao monte, Jesus subiu um pouco mais para orar, enquanto os outros preparavam as tendas para o repouso noturno, uma vez que o Sol declinava no horizonte.

Entretidos com os preparativos, não perceberam que o tempo passara rapidamente, e em poucos minutos as sombras da noite desceriam sobre aquela montanha. Quando olharam na direção em que se encontrava o Mestre, testemunharam insólito fenômeno, que jamais esqueceriam, tamanha a beleza daquela cena magnífica.

Enquanto Jesus orava, seu rosto se transfigurou, tornando-se resplandecente como os raios do Sol, e suas vestes alvas e translúcidas como a luz da manhã. Naquele instante, o Mestre encontrava-se em perfeita sintonia com o Pai, elevado às alturas celestiais, recebendo o influxo de forças consideradas sobrenaturais pelo povo daquela época, que ainda desconhecia as leis que regem a natureza do universo.

Deslumbrados, os apóstolos ficaram boquiabertos, mas o fenômeno ainda não havia terminado, pois, logo em seguida, manifestaram-se em corpos fisicamente condensados, quase materializados, as figuras de Moisés e Elias, que começaram a conversar com Jesus.

Ora, todos os apóstolos possuíam faculdades mediúnicas extraordinárias, inclusive de efeitos físicos, principalmente Pedro, Tiago e João. Dessa forma, contribuíram para a manifestação daquele fenômeno bíblico, que ficaria registrado para sempre em sua memória.

Diante dos olhos fascinados dos três, Moisés e Elias, envoltos pela luz do Mestre, resplandeciam na glória do Senhor e falavam das provações que Jesus enfrentaria em Jerusalém. Falavam de sua partida, que seria breve.

Sem entender a grandeza daquele instante maravilhoso, os apóstolos, envolvidos em tamanha claridade e energias incompreensíveis para eles, pareciam atordoados. Pedro aproximou-se temeroso. Como a noite caía, dirigiu-se ao Mestre dizendo:

– Senhor, como é bom estarmos aqui. Não seria interessante se preparássemos três tendas, uma a Ti, outra a Moisés e outra para Elias?[128]

Aquele era um momento sagrado de intercâmbio entre o plano tangível e o invisível, em que as energias sublimes das esferas superiores, com a presença de Jesus, saturavam aquele local onde se reuniam espíritos da mais elevada hierarquia espiritual, tanto no campo físico quanto no invisível.

Uma nuvem luminosa se materializou, e, no fenômeno de voz direta, ouviu-se a distância, de forma cristalina:

– Este é meu Filho muito amado, em quem Me alegro. A Ele todos devem ouvir.

Diante de tantos fenômenos, os apóstolos curvaram as cabeças e caíram de joelhos, espantados.

---

128. Mateus (17:1-4).

Jesus, porém, aproximou-se deles e tocou seus ombros dizendo:

– Ergam-se, levantem as cabeças e não tenham medo.

Quando levantaram os olhos, não viram mais ninguém a não ser Jesus.[129]

Naquela noite, com o céu da Galileia cravejado de estrelas cintilantes, os apóstolos, ainda deslumbrados com os estranhos acontecimentos, demoraram a conciliar o sono.

Jesus repousava serenamente. No entanto, em espírito, o Mestre encontrava-se em esferas mais elevadas, continuando a reunião de horas antes, iniciada no Monte Tabor.

No dia seguinte, quando desceram do monte, Jesus pediu aos apóstolos que nada comentassem, até que tudo fosse consumado com o Filho do Homem. Pedro, Tiago e João ainda se encontravam vivamente impressionados, mas guardaram o pedido do Mestre, conforme sua recomendação, e a ninguém contaram o ocorrido.

Continuaram as andanças e pregações da Boa-Nova. Mas Pedro inquietava-se, pois reconheceu a presença de Elias com Jesus, e isso o intrigava. "Ora" – pensava consigo mesmo – "por que diziam as tradições dos escribas que Elias deveria retornar para restabelecer e preparar o caminho da Verdade?". Então, perguntou a Jesus:

– Senhor, por que dizem os escribas que Elias deverá vir primeiro para restabelecer a Verdade?

Jesus lançou um olhar carinhoso para o discípulo muito amado e esclareceu:

---

129. Mateus (17:5-8).

– De fato, Elias virá para restaurar todas as coisas e preparar o caminho da Verdade. Eu, porém, declaro: Elias já veio e não o reconheceram, antes, fizeram com ele tudo quanto quiseram, da mesma forma que farão com o Filho do Homem, que haverá de padecer nas mãos deles.

Todos se calaram e entenderam que Jesus falava que Elias, na verdade, era o próprio João Batista reencarnado.[130]

Nos dias que se seguiram, Jesus, na companhia dos apóstolos, continuou a pregar a Boa-Nova, falando do Reino dos Céus. Em um desses dias apresentou-se diante do Mestre um pai desesperado. Seu filho vivia tomado por uma perturbação intensa. Em lágrimas, aquele pai afetuoso não se continha, pois não suportava mais ver seu filho naquele sofrimento terrível de subjugação. Um espírito extremamente vingativo dominava o garoto. Então, o pai implorou ao Cristo:

– Senhor, tenha piedade de meu filho, que não tem paz na vida, pois é dominado por um espírito impiedoso. Ele nem mais tem juízo, tornou-se um lunático. Esse espírito ora o joga sobre o fogo, ora sobre a água, e temo que, em algum momento, meu filho até venha morrer. Tenha piedade, Senhor! Eu pedi aos Seus discípulos que o curassem, porém, eles não conseguiram.

Jesus observou compadecido aquele pai aflito e, dirigindo-se aos apóstolos, exclamou:

– Sabem por que não conseguiram curar o filho deste homem? Simplesmente porque não têm fé suficiente. Oh, geração incrédula, do que precisam para crer no Filho do Homem? Tudo isso me preocupa, pois até quando estarei convosco?

---

130. Mateus (17:10-13).

Voltando-se ao pai, determinou:

— Traz aqui o menino, agora.

O Divino Amigo tinha amor e serenidade, mas, acima de tudo, tinha autoridade. Quando o menino se apresentou, o Mestre imediatamente identificou o espírito vingativo e teimoso.

— Espírito imundo, saia imediatamente daqui e leve tudo de ruim consigo, agora!

Os espíritos das trevas conheciam a autoridade e a ascendência moral de Jesus e, tão logo se viu diante do Mestre, o espírito se agitou com violência, rolando pelo chão, espumando e se contorcendo de forma medonha. Diante da palavra firme, lançou um grito tenebroso, abandonando imediatamente a subjugação perversa que exercia sobre o menino.

O garoto ficou inerte no chão, como se estivesse morto. Assustadas com aquela cena horrível, as pessoas presentes acharam que realmente havia morrido. Então, Jesus se aproximou, tocou o menino com as mãos e o levantou. O garoto estava completamente curado. Tomado de alegria, o pai abraçou o filho enquanto, com os olhos cheios de lágrimas, agradecia o Divino Mestre, que se afastou com seus apóstolos.

Estes, liderados por Pedro, aproximaram-se e perguntaram:

— Senhor, por que não conseguimos expulsar aquele espírito?

— Porque não tiveram fé suficiente. A fé que têm ainda é muito pequena. Vocês duvidam dos poderes que receberam, e isso é prejudicial. Em verdade vos digo que, se tiverem a fé do tamanho de um grão de mostarda, podem dizer aos montes: passem daqui para lá e de lá para cá, e eles passarão. Quando tiverem fé suficiente, nada será impossível a nenhum de vocês. Creiam.

Mas ainda digo que, para expulsar espíritos trevosos, é necessário ter autoridade e ascendência sobre eles. E apenas alcançarão autoridade se cultivarem a oração, exemplificando a palavra, dando testemunhos de moral e caridade.[131]

Aquele esclarecimento do Divino Mestre era definitivo: não bastava apenas a fé, mas também o exemplo e o testemunho daquele que segue as pegadas do Mestre.

---

131. Mateus (17:14-21).

A MULHER ADÚLTERA

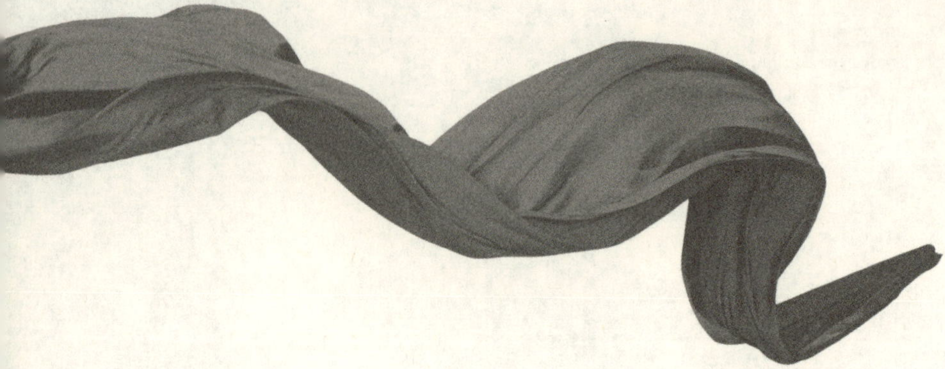

Os fariseus estavam à espreita e buscavam motivos para prender Jesus. Incomodavam-se quando o Mestre dizia: "Eu sou o pão da vida, Eu sou o pão que desceu do Céu". E murmuravam entre si:

— Este não é Jesus, filho de José? Por acaso não conhecemos seu pai e sua mãe? Como pode dizer que desceu do Céu?

Jesus, ouvindo aqueles comentários, respondia:

— Não murmurem. Ninguém virá a mim, se o Pai não O trouxer. Aquele que Me buscar encontrará a vida eterna! Todos aqueles que comeram o Maná no deserto, um dia morreram. No entanto, aquele que comer do pão da vida, receberá a vida eterna e não perecerá. Assim como o Pai que Me enviou é a Vida, Eu, que vivo pelo Pai, dou a vida a quem se alimentar com o Meu espírito. Eu sou o pão que desceu do Céu. Esse pão em nada é semelhante àquele que seus pais comeram, e, depois de comer, morreram. Por isso vos digo, quem comer deste pão viverá eternamente.[132]

---

132. João (6:43-58).

Os discípulos ficaram em silêncio meditando sobre aquelas palavras e sua profundidade. Alguns entenderam que o pão oferecido por Jesus dizia respeito aos ensinamentos, exemplos e à própria vida que dava em sacrifício. Outros ainda tinham dificuldades para compreender. O Mestre, então, complementou:

— Por que se espantam dessa forma? Se não compreendem isso, o que dirão no dia em que presenciarem o Filho do Homem subir para o lugar onde esteve primeiro? Compreendam o que digo: o espírito é que vivifica, da carne nada se aproveita. A Minha palavra e os Meus ensinamentos são espírito, são vida. Contudo, há descrentes entre vocês.[133]

Na verdade, um grande número de discípulos havia se juntado com os doze apóstolos e os acompanhava, mas, após os últimos episódios, muitos se afastaram e não andaram mais entre eles. Jesus sabia desde o princípio que haveria dificuldades desse tipo, e por isso insistia sempre com os doze. Para testá-los Jesus, perguntou:

— Acaso alguém mais deseja se retirar? Sintam-se à vontade.

Mas Pedro, tomado de emoção e com os olhos cheios de lágrimas, falou pelo pequeno grupo restante:

— Senhor, para quem e para onde iremos? Nós só temos a Ti e é Contigo que queremos ficar. Tu tens as palavras da vida eterna.

Jesus, então, observou os olhos dos doze e viu que todos se enchiam de lágrimas, exceto um, que parecia ainda não entender a grandeza daquele momento. Então, o Mestre completou:

---

133. João (6:61-65).

– Não escolhi vocês em número de doze? Digo ainda mais: não foi por acaso, porque todos são dignos da minha confiança para dar continuidade à tarefa que a cada um foi reservada. Mas um entre vocês ainda não compreendeu a grandiosidade da missão do Filho do Homem.[134]

Jesus referia-se a Judas Iscariotes, pois não identificava no discípulo a mesma sintonia dos demais companheiros. Judas ainda não compreendia a missão de amor e renúncia do Divino Amigo. Ainda estava muito arraigado às causas materiais.

O cerco em torno do Mestre se fechava. Ostensivamente, os fariseus buscavam motivos para condenar Jesus e arrancar sua vida. Ele, por sua vez, evitava, naquela ocasião, a passagem pela Judeia, e dirigia-se até a Galileia. Ora, naqueles dias, aproximava-se a tradicional festa judaica dos Tabernáculos[135]. Encontrando novamente com seus irmãos, estes disseram:

– Deixe a Galileia e vá para a Judeia, para que Teus discípulos e todos os demais possam ver Tuas obras.

O Mestre não gostou da sugestão, entristecendo-se, pois não encontrava apoio nem mesmo em seus irmãos consanguíneos, que duvidavam dele.

Jesus respondeu deste modo:

– Não irei, porque meu tempo ainda não chegou, mas o seu está sempre presente. Não pode o mundo odiar meus irmãos, mas

---

134. João (6:66-71).
135. A festa judaica dos Tabernáculos, também conhecida como festa das colheitas, marcava o início da colheita de frutas e azeitonas, no outono, e durava em média sete dias. Nesta festa, os israelitas – o povo judeu – permaneciam em construções feitas de ramos de árvores. (Tabernáculo = cabana). (N.E.).

odeia a mim – disse, referindo-se aos fariseus, que se consideravam os donos da verdade – porque dou testemunho, falo da hipocrisia e das obras más que praticam. Vocês podem ir para lá, participem da festa dos Tabernáculos. Eu, por enquanto, não irei, pois meu tempo ainda não está cumprido.[136]

Jesus sabia que seria morto em sacrifício, mas ainda tinha muito a realizar. Precisava preparar adequadamente seus apóstolos e, por esse motivo, tinha cautela, para não precipitar os acontecimentos.

Entretanto, compareceu à festa, porém oculto. Ouvia as dúvidas de todos, e os judeus que o procuravam dizendo:

– Onde estará Ele?

Alguns comentavam:

– Ele é bom.

Enquanto outros diziam:

– Não, é um blasfemador, engana o povo.

Durante quase toda a festividade, Jesus manteve-se na condição de um simples observador. Em determinado momento, dirigiu-se ao templo e começou a pregar a mensagem da Boa-
-Nova. Alguns judeus ficaram maravilhados com suas palavras e comentaram:

– Como Ele sabe todas as letras sem ter estudado?

Jesus replicou:

– O ensino não é Meu, e sim Daquele que Me enviou. Se alguém quiser fazer a vontade Dele, reconhecerá que a doutrina de que falo provém Dele e que não falo por Mim. Aquele que fala

---

136. João (7:1-8).

por si mesmo procura a própria glória, mas quem procura a glória do Pai Eterno, este é verdadeiro, e nele não há injustiça.

Alguns dos presentes, que vinham de Jerusalém, diziam:

— Por acaso não é Este aquele que desejam matar? Ele se proclama o Cristo, mas alguém reconhece Nele alguma autoridade? Nós sabemos de onde é. Quando chegar o Cristo verdadeiro, ninguém saberá de onde Ele é.

Olhando atentamente os inquisidores, Jesus respondeu:

— Vocês me conhecem e sabem de onde sou. Não vim porque Eu mesmo assim quis, mas Aquele que me enviou é verdadeiro. Fico entristecido porque não O conhecem, e não O conhecem por ignorância e opção. Aquele que me enviou é um Pai que desconhecem por conservar os corações endurecidos e insensíveis. Eu O conheço, porque venho em nome Dele, e por Ele fui enviado.[137]

Aqueles homens sentiram-se muito contrariados e se afastaram para arquitetar um modo de eliminar o Cristo, juntamente com fariseus influentes e os principais sacerdotes, que já tramavam sua prisão há algum tempo. Inspirados pelas forças trevosas, conseguiram a ordem de prisão. Alguns soldados foram destacados para trazer Jesus prisioneiro.

Enquanto isso, muitas pessoas acreditavam Nele e falavam entre si:

— Como duvidam que Este é o Messias? Por acaso virá outro que fará tantos sinais e milagres como Este homem tem feito?

O Mestre pressentiu a armadilha que tramavam as autoridades e falou a todos os presentes:

---

137. João (7:10-29).

– Ainda estarei convosco algum tempo, mas depois voltarei para junto Daquele que Me enviou. Após minha partida, aqueles que Me procurarem não Me encontrarão, porque ainda não podem ir para onde vou.

Jesus se referia às esferas de luz, que o espírito só alcança quando atinge a perfeição espiritual.

Todos se questionavam: que lugar seria aquele onde ninguém poderia ir e quem o procurasse não encontraria?[138]

Os fariseus que ali se encontravam, inconformados, ruminavam as palavras de Jesus.

Como era o último dia da festa dos Tabernáculos, havia muita gente ao redor, e Jesus aproveitou a oportunidade para pregar a palavra.

Naquela época, o domínio pertencia ao Império Romano, e eram os soldados romanos que cumpriam a disciplina e a ordem entre os judeus. Contudo, tinham ordens para não interferir nos costumes religiosos de cada país sob a tutela imperial.

Ora, naquele momento, os guardas encarregados da prisão de Jesus se aproximaram enquanto Ele falava, e como se estivesse tomado por um sentimento de respeito, o chefe dos guardas recomendou aos demais:

– Vamos ouvir primeiro o que diz esse homem.

E Jesus dizia:

– Se alguém de vocês tiver sede, venha a mim e beba. Quem acreditar em mim, como dizem as Escrituras, sentirá em seu interior rios de água viva.

---

138. João (7:30-35).

O Mestre fazia referência à luz do espírito, a qual receberia quem Nele acreditasse. A multidão ouvia com entusiasmo e comentava:

— Este é verdadeiramente o profeta!

Outros diziam:

— Este é o verdadeiro Cristo!

Outros, porém, duvidavam:

— Por acaso o Cristo virá da Galileia?

Outros, ainda, questionavam:

— Não diz a Escritura que o Cristo vem da descendência de Davi e da aldeia de Belém, de onde era Davi?

Houve uma divergência entre o povo, enquanto a maioria acreditava, outros duvidavam.

O chefe dos soldados, contudo, ao ouvir Jesus, ficou impressionado, dizendo aos seus comandados:

— Não entendo das Escrituras judaicas, mas o que observo é que Este é um bom homem, e não vejo nenhum motivo para prendê-Lo. Vamos embora.

Os fariseus, contrariados ao perceber que Jesus ainda se encontrava em liberdade, questionaram o chefe dos soldados:

— Por que não o prenderam? Por que não cumpriram a determinação que foi dada a vocês?

O chefe dos soldados respondeu:

— Estão todos equivocados, pois não vimos nenhum mal naquele homem, ao contrário, jamais anteriormente tínhamos ouvido alguém falar das Escrituras como Ele falou. Não vimos nenhuma razão para prendê-Lo, e por isso não o fizemos.

Dizendo isso afastaram-se, deixando os sacerdotes muitíssimo aborrecidos. Os soldados romanos tinham autonomia de decisão, pois não se encontravam sob o poder dos religiosos, e isso os deixava ainda mais irritados.

Os remungos foram muitos:

— Estão vendo como é perigoso? Até o chefe da guarda foi enganado! Daqui a pouco, até mesmo escribas e fariseus serão enganados por Ele. Precisamos tomar providências para que isso não continue, porque está se tornando intolerável — exclamou, nervoso, o maioral dos sacerdotes.

Entre eles estava Nicodemos, o fariseu que visitara Jesus. Ao ouvir as acusações, exclamou:

— Acaso já se perguntaram se não estão cometendo uma injustiça? Acaso nossa lei julga um homem sem primeiro ouvi-lo e dar a ele a oportunidade de explicar o que fez?

Aquilo foi demais! Todos se revoltaram:

— Não disse? — exclamou o sumo sacerdote. — Até entre nós já há aqueles que defendem esse impostor. Acaso também é da Galileia? — perguntou a Nicodemos. — Procure e verá que da Galileia não se levanta nenhum profeta.[139]

Por fim, extremamente irados e contrariados cada um voltou para sua casa, mas continuavam planejando a prisão de Jesus.

No dia seguinte, após o encerramento da festa dos Tabernáculos, dirigiu-se o Mestre ao Monte das Oliveiras, onde passou a noite em oração. No dia seguinte, tão logo o Sol se levantou no horizonte, inundando o espaço e os campos, espalhando luz e calor, caminhou decidido ao templo, para ensinar e falar da Boa-Nova à audiência daquela manhã.

---

139. João (7:37-51).

Ora, já passava das dez horas quando o Mestre se retirou do templo. Naquele momento, escribas e fariseus se aproximaram e se posicionaram diante dele, exibindo uma mulher que diziam ter sido apanhada em adultério. A multidão logo se formou, desejosa de presenciar o escândalo e a tragédia que se anunciavam.

Colocaram-na em pé, diante de todos, de forma humilhante, e também na frente de Jesus, dizendo:

– Mestre, esta mulher foi apanhada em flagrante adultério. Manda a Lei de Moisés que toda mulher apanhada em adultério seja apedrejada até a morte. Tu, porém, o que dizes?

Aquela era mais uma armadilha que preparavam para acusá-Lo de contrariar as leis mosaicas. Jesus, então, olhou para aquela mulher humilhada, cujas lágrimas não comoviam nenhum daqueles corações endurecidos, e se compadeceu.

Sem dizer nada, abaixou-se e, com os dedos, começou a escrever na areia, enquanto escribas e fariseus insistiam:

– Tu não és Mestre? Vamos, diga o que devemos fazer! Não diz a Lei que devemos apedrejá-la?

Então, Jesus se levantou e disse com voz grave, mas serena:

– Aquele que entre vocês estiver sem nenhum pecado, atire a primeira pedra.

Em seguida, inclinou-se novamente, continuando a escrever no chão.

Curiosos, e talvez acusados pela própria consciência, os fariseus e os escribas tentavam ler o que Jesus escrevia, e, surpresos, todos jogavam fora a pedra que tinham em mãos, retirando-se em seguida, desde os mais velhos até os mais novos.

No fim, restaram no meio da rua apenas Jesus e a mulher adúltera, que, de joelhos, soluçava em pranto convulsivo. O Mestre, tomado por sentimento de intensa compaixão por aquela mulher pecadora, estendeu a mão e a levantou:

– Mulher, serene seu coração. Olhe à sua volta, onde estão seus acusadores? Vê algum, por acaso? Alguém te condenou?

Ainda emocionada, a mulher olhou para Jesus e, quando seus olhos cruzaram com os do Mestre, sentiu que Aquele homem conhecia sua alma, seus segredos mais íntimos, mas Seu olhar não era de acusação nem de condenação. Em soluços e profundamente agradecida, respondeu:

– Não, Senhor, ninguém me condenou!

– Nem eu te condeno! Vá e não falhe mais.[140]

Assim era o Mestre. Era o único que realmente possuía condições morais de julgar e condenar, pois tinha conhecimento para isso e autoridade. Contudo, foi justamente Ele que jamais julgou ou condenou quem quer que fosse.

---

140. João (8:1-11).

O PERDÃO, A TOLERÂNCIA E A CARIDADE

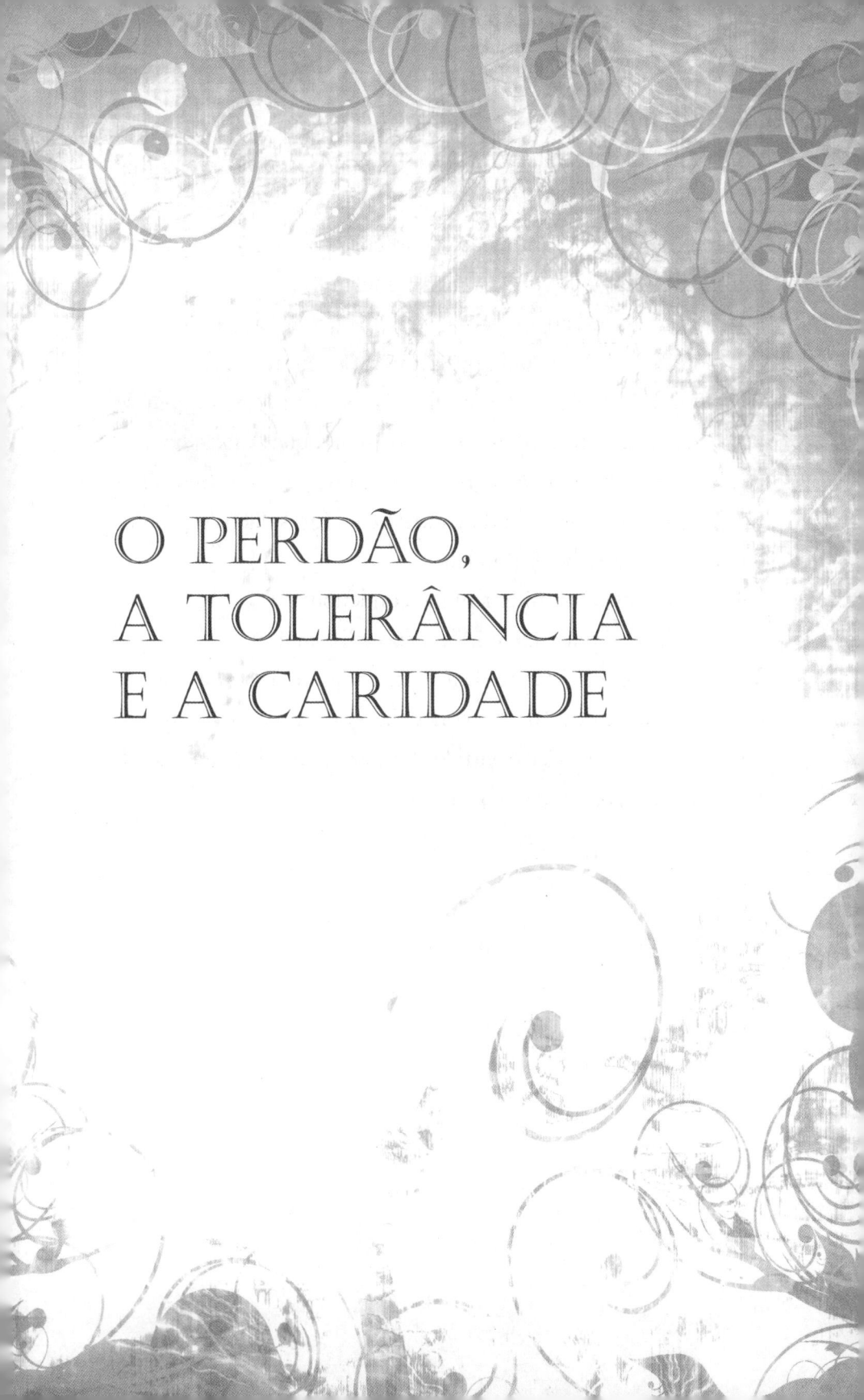

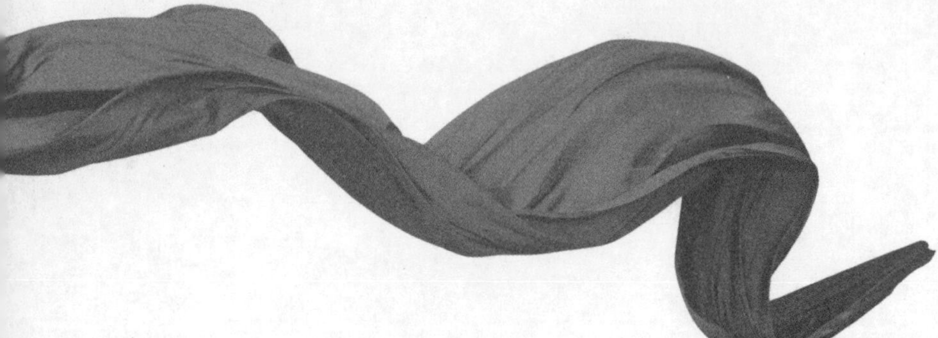

Agora seria necessário deixar os apóstolos devidamente preparados para que, após sua partida, tivessem condições emocionais e espirituais para dar sequência à transmissão da doutrina, a grande mensagem da Boa-Nova.

Por essa razão, Jesus profetizou sobre a própria morte, para que se organizassem, pois percebia o movimento de perseguição intensificando-se cada vez mais.

Estando em pregação na região da Galileia, um dia, no fim da tarde, reuniu os doze e disse:

– É necessário que compreendam o que digo e entendam Meus ensinamentos, pois o tempo será breve. Não tardará, e o Filho do Homem será entregue nas mãos daqueles que o matarão, mas não se desesperem, pois a morte não existe, e ainda vão Me ver com vida, renascido.

Os apóstolos se sentiam confusos e preocupados com aquelas palavras, mas não quiseram questioná-Lo. Até Pedro, que já fizera isso, agora procurava entender as palavras do Mestre.

Em seguida, dirigiram-se novamente para a região de Cafarnaum. Durante o trajeto, O Jesus adiantou-se enquanto os discípulos discutiam entre si. Quando chegaram à casa de Pedro, reuniu os doze e perguntou:

– Sobre o que discutiam durante o caminho?

Todos se calaram, porque, durante o trajeto, discutiam sobre qual deles era o maior. O Mestre então afirmou com um sorriso bondoso:

– Aquele que deseja ser o maior precisará primeiro ter a humildade de ser o menor de todos. Aquele que quer ser o primeiro terá de experimentar a condição de último e servir a todos.

Depois disso, trouxeram uma criança, e Jesus tomou-a nos braços. Acariciando seus cabelos, ainda disse:

– Qualquer de vocês que receber uma criança como esta em Meu nome, é a Mim que recebem, e qualquer um que a Mim receber no coração com alegria, não é a Mim que recebe, mas recebe meu Pai, que está nos Céus.

Os discípulos se calaram diante daquelas palavras, meditando sobre o seu significado. O ensinamento da humildade e da simplicidade, de servir em vez de ser servido é uma lição que cristão nenhum deve esquecer.

No dia seguinte, os apóstolos saíram para as pregações, e, no fim do dia, João se aproximou de Jesus e indagou:

– Mestre, na jornada de hoje encontramos um homem que expulsava demônios e curava pessoas em Seu nome. Estranhamos, porque não o conhecemos, e então o proibimos, porque não segue conosco.

O Divino Mestre nos deu uma inesquecível lição de tolerância e caridade, dizendo a todos os discípulos:

– Fizeram mal, não deveriam tê-lo proibido, porque não há quem faça milagres em Meu nome e não tenha autoridade conferida por Meu Pai. Não há quem faça um bem em Meu nome e logo em seguida venha praticar o mal, ou falar mal de mim. Atentem para o que vos digo: quem é por nós, não é contra nós.

Os apóstolos ficaram em silêncio meditativo por alguns instantes. Em seguida, Jesus continuou:

— Em verdade vos digo que aquele que der, mesmo que seja um copo de água, em Meu nome, jamais perderá a recompensa.

Dando tempo para que os apóstolos pudessem receber aquelas palavras, Jesus prosseguiu:

— Em verdade, quem fizer tropeçar qualquer um entre aqueles que acreditam em mim, por mais pequenino que seja, melhor seria que atasse ao pescoço uma pedra e fosse atirado nas profundezas do mar. Advirto ainda mais: cuidado com os escândalos. Ai do mundo por causa dos escândalos, porque é inevitável que venham, mas ai do homem que os faça aparecer. Se tua mão ou teu pé for motivo de perdição, melhor seria que cortasse e os lançasse fora. Melhor entrar na vida manco ou aleijado do que ter pés e mãos perfeitos e perder sua vida. Se teus olhos te fazem tropeçar, arranca-os e lança-os fora de ti. Melhor é entrar na vida sem seus olhos do que tendo vista perfeita ser lançado no fogo da perdição.[141]

Após transmitir o conhecimento celestial do qual era portador, Jesus interrompia a explicação, permitindo-os assimilar adequadamente o teor do que dizia.

— Tenham humildade. Nunca se julguem melhores do que ninguém. Jamais devemos desprezar quem quer que seja, mesmo o mais pequenino, porque o Filho do Homem veio para salvar o

---

141. Mateus (18:1-9).

que estava perdido. Observem, se um pastor tiver em seu rebanho cem ovelhas e uma delas se extraviar, ele deixará as noventa e nove na segurança do abrigo e descerá até o fundo do abismo para resgatar a ovelha perdida. E quando a encontrar, afirmo que grande será o júbilo pela salvação daquela ovelha perdida, tanto quanto ou maior do que a alegria pelas noventa e nove que não se extraviaram.[142]

Os apóstolos observavam a fisionomia serena e amorosa do Mestre, sentindo profunda admiração. Os olhos de Jesus irradiavam a luz de amor contagiante que envolvia todos que se entravam naquela sintonia amorosa.

– Por esta razão vos digo: não guardem mágoas e ressentimentos. Perdoem sempre, porque o ódio é um sentimento negativo que envenena e mata aquele que o sente. Se porventura um irmão pecar contra ti, tenha com ele uma conversa reservada. Se ele te ouvir, ganhou teu irmão. Se ele, infelizmente, não te ouvir, ore por ele, porque será muito infeliz pelo próprio ressentimento. Repito, não saiam desta vida levando sentimentos inúteis, pois tudo que ligarem na terra, também será ligado no céu, e tudo que desligarem aqui na terra, também será desligado no céu. Em verdade eu digo que, se dois entre vocês concordarem a respeito de qualquer coisa que pedirem com fé e oração, eu afirmo que esta graça será concedida por meu Pai que está nos Céus, porque onde estiverem duas ou mais pessoas reunidas em meu nome, ali também estarei.[143]

---

142. Mateus (18:10-14).
143. Mateus (18:15-20).

Jesus analisava a reação de cada um de seus discípulos àquilo que ensinava. Em João, o Mestre identificava alegria; em André, Mateus, Tiago (filho de Zebedeu) e Felipe, percebia satisfação; em Bartolomeu, Tomé e Tiago (filho de Alfeu), alegria, satisfação, porém dúvidas; em Judas Tadeu e Simão Zelote, sentimentos sinceros de compreensão. Em Judas Iscariotes, no entanto, percebia um sentimento de veneração e idolatria desmedida. Isso o preocupava. Em Pedro identificava o desejo sincero de aprender e servir em nome do Cristo. E foi exatamente Pedro que se aproximou para questioná-Lo, buscando o entendimento da palavra:

– Mestre, compreendemos a importância da lição sobre o perdão das ofensas, pois aquele que perdoa se desvencilha das amarras do mal que envenena a vida. Mas quantas vezes devo perdoar meu irmão? Até sete vezes?

Jesus sentiu contentamento com aquela pergunta. Era sinal de interesse, de desejo sincero de conhecer a verdade. Então respondeu compassivo:

– Em verdade te digo, Pedro, que é necessário perdoar aqueles que te ofenderam não apenas sete vezes, mas setenta vezes sete. Quer dizer, tantas vezes quanto necessário. Devemos perdoar sempre.

Naquele dia, Pedro sentiu intimamente que o Mestre depositava muita confiança nele. Deveria se preparar adequadamente para se tornar merecedor daquele crédito.

Jesus concluiu, falando por meio de uma parábola:

– O Reino dos Céus é semelhante ao rei que perdoou um servo que devia uma vultosa quantia de mais de dez mil talentos, pois este havia implorado por misericórdia e perdão de sua dívida. No entanto, aquele servo, ao encontrar um que devia a ele cem denários, foi implacável e impiedoso na cobrança da dívida, pegando-o pelo pescoço queria esganá-lo, sem dar ouvidos aos seus pedidos de misericórdia e clemência, exigindo o pagamento a qualquer custo. Sem atender às súplicas do devedor, entregou-o ao juiz, que o mandou à prisão, para que saldasse a dívida. O rei tomou conhecimento da atitude daquele homem e, chamando este à sua presença, disse: "Servo malvado, perdoei sua dívida, que era imensa, porque implorou por misericórdia e clemência, não deveria também se compadecer e agir igualmente, perdoando a dívida de seu servo, como também eu me compadeci de ti?". E então o rei o entregou aos carrascos, que o mandaram à prisão, e de lá não sairia até que resgatasse toda sua dívida. Compreenderam? Ninguém conquista o Reino dos Céus se não perdoar verdadeiramente, em seu íntimo, os semelhantes, assim como o Pai perdoa todos os devedores.[144]

No dia seguinte, seguiram para a região da Judeia, além do Rio Jordão. Por onde Jesus passava, a multidão o seguia, buscando consolo e curas. Ele sabia que poucos ansiavam pela cura da alma que Sua palavra trazia. Contudo, seguia em frente em Sua missão.

Alguns fariseus se aproximaram, e Jesus observou, na fisionomia carrancuda de cada um, a hipocrisia estampada e se preparou para o interrogatório, que não tardou

---

144. Mateus (18:21-35).

— Senhor — disseram com indisfarçável ironia — Moisés nos ensinou que é permitido ao marido repudiar sua mulher por qualquer motivo. O que nos diz a respeito?

Sensibilizado, o Mestre se apiedou daquelas mulheres, sujeitas à brutalidade dos homens. Fechou os olhos úmidos e, em silêncio, orou por elas e por seus opressores. Aqueles fariseus jamais haveriam de entender o que se passava no íntimo daquele coração amoroso e puro. Então respondeu:

— Não sabem que, desde o início, Deus fez o homem e a mulher e disse: pela mulher o homem deixará pai e mãe, e se unirá à mulher que ama tornando-se os dois uma só carne? Que esta união seria abençoada? Desta forma, já não são mais dois, mas um só. Portanto, a união abençoada por Deus não pode ser separada pelo homem.

Mesmo surpresos diante das sábias palavras, os fariseus insistiram:

— Por que, então, Moisés determinou que fosse dada à mulher carta de divórcio em sinal de repúdio?

— Nem sempre foi assim. Porém, em virtude da insensibilidade e da dureza de seus corações, Moisés assim procedeu. No entanto, eu digo: quem rejeitar sua mulher, se não for por relações ilícitas, e se unir a outra, cometerá adultério, e a mulher que se unir a ele também será adúltera.

Ao ouvir aquelas palavras categóricas, os fariseus se afastaram. Ruminando suas contrariedades e cheios de ódio, planejavam o que fazer para prender e matar Jesus.[145]

---

145. Mateus (19:1-9).

Diante daqueles fatos, o Mestre parecia entristecido. Por que a alma humana ainda era tão resistente à luz e à verdade? Por que tamanha cegueira?

Mas no mesmo dia aconteceria algo para trazer alegria ao Divino Amigo. Estava ele em oração, quando algumas pessoas se aproximaram trazendo crianças. Os pequenos encheram a alma do Cristo de contentamento com seus risos cristalinos. Ele se levantou e estendeu as mãos em direção a elas, mas os apóstolos imaginaram que elas perturbariam o Mestre e tentaram afastá-las. Jesus, porém, assim disse:

– Deixai vir a mim os pequeninos, porque deles é o Reino dos Céus.

Então as crianças se aproximaram. Jesus tomou-as no colo e deu afago a cada uma delas. Estas, por sua vez, espontaneamente brincaram com os longos cabelos do Mestre, passando as pequenas mãos sob sua face, acariciando seu rosto.

Jesus voltou-se aos presentes, que viram Seus olhos azuis radiantes e um sorriso de satisfação.

– Em verdade vos digo que aquele que não se tornar como uma criança, não entrará no Reino dos Céus.

Os discípulos se aquietaram, pensativos, entendendo que o Reino de Deus pertencia àqueles que o conquistavam com a inocência das crianças. Elas são autênticas, simples, amorosas, não guardam mágoas ou rancor, as crianças sorriem e cantam de felicidade diante de um sorriso, um beijo ou abraço afetuoso.

O Mestre, impondo as mãos sobre suas cabeças, as abençoou. Em seguida, após beijá-las, afastou-se em silêncio.[146]

---

146. Mateus (19:13-15).

Aquele foi um momento singular na existência terrena do Mestre. Uma das poucas vezes em que o Divino Amigo sorriu de felicidade foi na presença daquelas crianças.

O que Jesus pretendia ensinar, deixando registrado naquele episódio, era que a humildade e a candura são conquistas espirituais. Quando o espírito atinge este degrau evolutivo, deixa de lado o que não importa, sentindo-se afortunado com a simplicidade da vida, não pelas aquisições materiais, mas pela alegria de viver servindo a Deus.

Tendo se afastado, aproximou-se Dele um homem largamente conhecido por pertencer a uma família muito rica, que, ao ficar diante de Jesus, ajoelhou-se dizendo:

– Bom Mestre, diga: o que devo fazer para conquistar a vida eterna?

O Divino Amigo não perdia uma oportunidade de ministrar e exemplificar ensinamentos preciosos. Ao notar o exagero na atitude daquele homem, respondeu:

– Bom? Por que me chama de bom? Em verdade vos digo que ninguém é bom, apenas Deus! Porém, como Me pergunta sobre a maneira de proceder para conquistar a vida eterna, respondo: se sabe os mandamentos – não matarás, não cometerá adultério, não furtará, não apresentará falso testemunhos, não defraudará ninguém e honrará teu pai e tua mãe – se guardar estes mandamentos, será salvo.

– Mestre, confesso que tenho guardado todos esses mandamentos desde a minha juventude.

Jesus, tendo compaixão pelo homem, dirigiu-lhe um piedoso olhar. Homem rico, observador dos mandamentos de Moisés, apegava-se excessivamente aos bens materiais. Carinhoso, o Mestre lhe disse:

— Meu filho, apenas uma coisa te falta para se libertar das amarras: vai, vende tudo o que tem, distribui aos pobres, e então terá um imenso tesouro no Céu. Depois vem e me segue.

Então, aquele homem afastou-se aborrecido e triste, porque ainda não conseguia se desvencilhar das posses materiais. Possuía muito dinheiro e era dono de muitas propriedades.

Ao observar que ele se afastava lentamente, o Mestre sentiu-Se triste, pois percebia como era difícil ao ser humano se desprender do sentimento de posse. Voltando-se aos discípulos, que acompanharam aquele diálogo com interesse, afirmou:

— Como é difícil entrar o Reino dos Céus aquele que tem riquezas materiais.

Observando cada um dos apóstolos, o Mestre repetiu:

— Como é difícil para aqueles que confiam apenas em suas riquezas entrar no Reino dos Céus. Em verdade vos digo que é mais fácil passar o camelo pelo buraco de uma agulha do que um rico entrar no Reino dos Céus.

Pedro perguntou:

— Senhor, quem pode ser salvo?

Olhando com amor para os doze, Jesus respondeu:

— Para o homem é impossível, mas para Deus tudo é possível. Quando a criatura se entrega, não importa sua situação de posses financeiras, porque o Pai Eterno a transforma.

Pedro sentia-se entusiasmado com aquelas palavras, percebendo que o Divino Amigo sentia-se satisfeito com seu interesse, por isso insistiu:

— Senhor, fala mais! Porque nós deixamos tudo e Te seguimos!

O Divino Amigo mais uma vez olhou nos olhos de cada um de seus amados discípulos e disse:

— Em verdade vos digo que não há quem tenha deixado casa, família, filhos, esposas, campos e sofrido perseguição por minha causa, que não venha receber já no presente e na futura a vida eterna, cem vezes mais de tudo aquilo que deixou. Em verdade vos digo que a recompensa espiritual é infinitamente maior, e não pode ser comparada às coisas terrenas.

O Mestre fez breve pausa e continuou:

— No entanto, advirto: conservem a humildade, porque nas experiências que temos, os primeiros serão os últimos, e os últimos serão os primeiros![147]

Ele deixava inesquecível esclarecimento: ser o primeiro no mundo material nem sempre significaria ser o primeiro no mundo espiritual. Neste, os pequeninos, os humildes, os desprezados dos poderosos, os últimos diante dos privilégios do mundo, são os primeiros na vida eterna.

Os discípulos sentiam-se jubilosos e em estado de graça com aquela convivência, desfrutando sentimento de carinho e amizade tão caloroso que envolvia a todos. Tiago e João, filhos de Zebedeu, cheios de entusiasmo, aproximaram-se dizendo:

— Senhor, gostaríamos muito que nos concedesse a graça do que Te vamos pedir.

— O que desejam que Eu faça? Podem pedir — respondeu o Mestre.

---

147. Mateus (19:16-31).

– Quando estiver em Tua glória, Senhor, queremos nos assentar ao Seu lado, um à Sua esquerda e outro à Sua direita!

Jesus se preocupava com aquele estado de ânimos. Os filhos de Zebedeu pareciam tomados por um sentimento de fascinação. Aquilo não era bom. Além do mais, não poderia haver privilégios nem favoritismo. Todos eram discípulos muito queridos, e grande era a responsabilidade, por isso não desejava vê-los esquecer que deveriam testemunhar em nome da verdade. Assim, para que despertassem daquele encantamento, respondeu:

– Não sabem o que representa esse pedido. Pensam que conseguem beber do cálice que beberei? Poderão passar pelos testemunhos e pelo batismo pelo qual sou batizado?

Embora preocupados diante de tais palavras, responderam:

– Podemos, sim, Senhor. Por Ti, seremos capazes de tudo!

– Eu não duvido. Porque vocês também beberão do meu cálice, e também devem passar pelo batismo pelo qual sou batizado, mas assentar à Minha esquerda ou à Minha direita não me compete, porque isso está reservado apenas àqueles que foram preparados.

Os demais apóstolos não gostaram da atitude incompreensível de Tiago e João, começando a murmurar contra eles, criando um clima de discórdia. Jesus os chamou para junto de Si e disse em tom de conciliação:

– Os maiorais do mundo têm outros sob sua autoridade. Eu não quero que seja assim entre vocês. São Meus discípulos muito amados, e deve haver amizade e respeito entre vocês. Quem quiser tornar-se grande, que se faça pequeno em humildade. Devemos antes aprender a servir, e aquele que desejar ser o primeiro deverá servir a todos! Em verdade vos digo que o próprio Filho do Homem não veio para ser servido, mas para servir e dar sua vida para o resgate de muitos.

Os apóstolos se calaram diante daquela sabedoria. Jesus, então, contou uma parábola:

– O Reino dos Céus é semelhante a um senhor de um vinhedo, que saiu de casa bem cedo para contratar trabalhadores e, tendo encontrado aqueles que desejava, ajustou com eles o salário de um denário por dia. Eles imediatamente aceitaram, dirigindo-se ao trabalho. Porém observou que precisava de mais trabalhadores e na terceira hora saiu novamente à procura, analisando alguns homens que se encontravam desocupados na praça. Disse a eles: "Venham trabalhar em meu vinhedo que no fim do dia pagarei o que for justo", e eles também aceitaram. Vendo que ainda necessitava de mais trabalhadores, saiu novamente na sexta e na nona hora, procedendo da mesma forma. Saiu, por fim, na décima primeira hora, e encontrou mais pessoas desocupadas, às quais indagou questionou: "Por que estiveram desocupados o dia inteiro?". Eles responderam: "Porque ninguém nos ofereceu nenhum trabalho". Então o senhor do vinhedo disse: "Venham trabalhar em minha vinha". E eles foram. No fim do dia, chamou o senhor seu administrador e disse: "Chame aqui os trabalhadores que contratei, para que eu possa efetuar o pagamento do salário devido, começando pelos últimos". Vindo, então, os trabalhadores contratados na décima primeira hora, o senhor pagou a cada um deles o valor de um denário. Aqueles que foram contratados na primeira hora ficaram na expectativa de que o senhor pagaria um valor maior, uma vez que trabalharam o dia inteiro.

Porém, quando chegou a vez de cada um, receberam o valor de um denário. Começaram a murmurar insatisfeitos e, ouvindo as reclamações, o senhor do vinhedo os chamou e perguntou: "Por que estão insatisfeitos? Não receberam exatamente o que foi combinado?". Os trabalhadores responderam: "Não achamos justo, porque estes últimos trabalharam apenas uma hora, enquanto nós tivemos de trabalhar muito mais e suportar a fadiga e o calor do dia". O senhor do vinhedo respondeu: "Amigo, não te faço nenhuma injustiça, não combinou comigo um denário pela jornada de trabalho? Toma o que é teu e vai embora, pois é meu desejo dar a estes últimos tanto quanto dei a ti. Por acaso não me é permitido fazer o que desejo daquilo que é meu? Ou está com os olhos cheios de inveja porque sou bom? Em verdade eu afirmo que, no vinhedo de meu pai, os últimos serão os primeiros, e os primeiros serão os últimos, porque muitos são os chamados, mas poucos os escolhidos".[148]

Para o ser humano atento, que hoje vive dias de dificuldade durante a grande transição planetária, estas palavras simbolizam um chamamento oportuno aos trabalhadores da última hora.

Mais tarde, enquanto o escuro manto da noite cobria as montanhas da Galileia, o espaço bordado no alto, de estrelas cintilantes no céu, servia de altar para o Mestre Divino, que, naquele instante, entregava-se à oração em comunhão com o Criador. A distância e em silêncio, os apóstolos meditavam sobre as intensas lições recebidas naquele dia glorioso.

---

148. Mateus (20:1-16).

LÁZARO E ZAQUEU

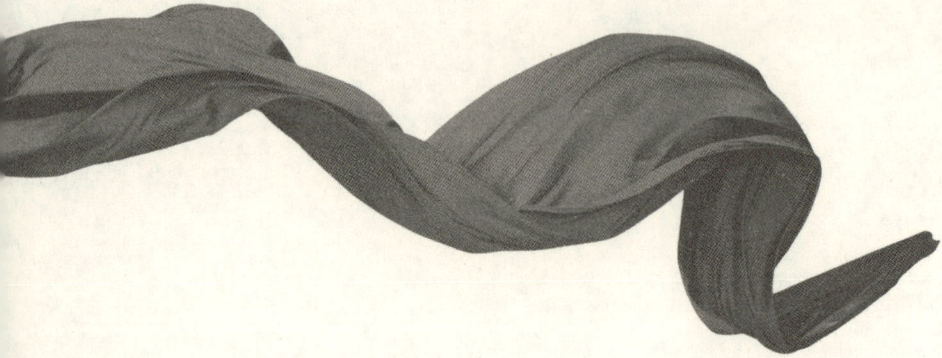

Havia em Betânia um homem chamado Lázaro, que estava muito adoentado. Era irmão de Maria e Marta. Maria era a mesma mulher que havia ungido Jesus com bálsamo e enxugado seus pés com os próprios cabelos.

O Mestre tinha estreitos laços afetivos com Lázaro e suas irmãs. Como a saúde dele piorava cada vez mais, as irmãs mandaram um mensageiro procurar Jesus em caráter de urgência, para pedir que viesse visitar Lázaro, pois este encontrava-se à beira da morte.

Naquele momento, o Mestre estava em Jerusalém. Ao receber a notícia, disse:

– Esta enfermidade não é para morte, mas para glória de Deus, para que o Filho de Deus seja por ela glorificado.

Por essa razão, o Mestre ainda permaneceu em Jerusalém por mais dois dias. Apesar de todo apreço e afeto, não parecia preocupado com a saúde do amigo. Propôs aos apóstolos que, antes de irem para Betânia, ainda fossem para a Judeia.

Eles estranharam, e Pedro questionou em nome do grupo:

– Mestre, ainda há pouco os judeus tentaram prendê-Lo e apedrejá-Lo. Ainda quer retornar para lá?

Jesus respondeu:

— Ainda devo retornar à Judeia, pois minha missão não está terminada. O dia tem doze horas, e quem sabe a hora anda durante o dia e não tropeça, pois tem a luz para iluminar seus passos. Entretanto, o que anda na escuridão da noite tropeçará, pois não tem a luz para guiar seus passos.

Jesus queria dizer que, apesar dos perigos, não poderia deixar de levar a luz do esclarecimento àqueles que desejassem conhecer a Boa-Nova. E foram para a Judeia, onde novamente falou, anunciando o Reino de Deus à multidão que se juntou para ouvi-Lo. No fim daquele dia, disse aos apóstolos:

— Agora devemos ir à Betânia, pois nosso amigo Lázaro encontra-se adormecido e convém despertá-lo para a vida.

Os apóstolos pareciam preocupados com a saúde de Lázaro, mas, diante das palavras do Mestre, sossegaram, dizendo:

— Senhor, se ele apenas dorme, está a salvo, pois logo despertará!

Eles não haviam entendido que as palavras de Jesus se referiam ao estado de catalepsia[149] em que Lázaro se encontrava. Se não fosse tirado daquela situação, certamente encontraria a morte física. Jesus esclareceu:

— Lázaro morreu. Não do modo como as pessoas entendem a morte. Mesmo assim, por ignorarem que ainda viverá, sepulta-

---

149. Estado no qual o paciente conserva seus membros em uma posição que foi dada por terceiros [Surge em certos problemas mentais graves e se inscreve no quadro da esquizofrenia]. Fonte: Dicionário Houaiss Eletrônico. No passado, pessoas foram enterradas vivas nessa condição, o que hoje é improvável graças aos recursos tecnológicos. (N.E.)

ram-no. Porém, alegro-me de que lá não estivesse, para que possam crer. Vamos ter com ele!

Os discípulos agora estavam novamente confusos e, como gostavam de Lázaro, voltaram a se preocupar. O discípulo Tomé, também chamado de Dídimo, disse:

— Nós também vamos morrer, pois, se Lázaro morreu, vamos morrer com ele.

Quando finalmente chegaram às proximidades de Betânia, alguém veio com a informação que Jesus conhecia: acreditavam que Lázaro havia morrido, por isso fora sepultado há quatro dias.

Jesus ainda não havia entrado em Betânia, quando Marta soube que estava chegando. Saiu correndo em prantos e exclamou:

— Senhor, agora é tarde. Se estivesse aqui, meu irmão não teria morrido.

Ao observar que, apesar do semblante sereno, Jesus também se emocionara, prosseguiu:

— Também sei, Senhor, que, mesmo após a morte de meu irmão, tudo quanto pedir a Deus, Ele Te concederá! Por favor, peça que meu irmão retorne à vida.

O Mestre afagou carinhosamente os cabelos de Marta, falando com doçura:

— Serene teu coração, Marta. Lázaro haverá de ressurgir.

— Eu sei – respondeu Marta – ele ressurgirá na ressurreição, no fim dos dias, assim como todos nós.

— Sossegue o espírito, Marta. Eu sou a ressurreição e a vida, e aquele que crê em Mim, mesmo que morra, viverá. Todo aquele que crê em Mim e vive em Mim, jamais morrerá. Crê no que te digo?

Marta curvou a fronte diante do Mestre e serenamente respondeu:

— Sim, Senhor, creio em Ti e tenho acreditado que És o Cristo, o Filho de Deus que deveria vir ao mundo para nos salvar.

— Sei que você crê, Marta. Agora vá, chame sua irmã! Também quero conversar com Maria.

Marta saiu correndo ao encontro da irmã e disse:

— Venha, o Mestre chegou e te chama!

Maria levantou-se e depressa foi ao encontro de Jesus, pois este ainda não havia entrado na cidade, permanecendo onde encontrara com Marta.

Alguns judeus estavam na casa de Lázaro para consolar as irmãs. Ao verem Maria se levantar e sair correndo juntamente com Marta, imaginaram que elas se dirigiam ao túmulo do irmão para chorar.

Quando Maria chegou ao local onde Jesus estava, prostrou-se aos Seus pés, em prantos, dizendo:

— Senhor, se estivesse aqui, meu irmão não teria morrido!

Ao ver aquela mulher chorar pela dor da perda de um irmão tão querido, fechou os olhos em prece e buscou, na sintonia da oração elevada ao Pai, a expansão de suas forças. Naquele momento, comoveu-se. Pranteava em silêncio, e as lágrimas desciam por sua face.

Observou a curiosidade daqueles que acompanhavam as irmãs e o fitavam com olhar inquiridor, mas não deu importância. Perguntou a Maria e Marta:

— Onde Lázaro foi sepultado?

— Senhor, venha conosco e veja! – respondeu Maria.

Mesmo os apóstolos se surpreenderam e se emocionaram, porque Jesus chorava em silêncio. Aquela era uma demonstração de carinho e apreço que os apóstolos ainda não haviam testemunhado.

Alguns dos judeus presentes comentaram:

– Veja o quanto Ele amava Lázaro.

Mas outros criticavam:

– Se O amava tanto assim, por que permitiu que morresse?

Jesus aproximou-se do túmulo e ordenou em voz branda, porém firme, que ecoou a distância:

– Tirem a pedra do túmulo.

Maria estava preocupada, então questionou:

– Senhor, meu irmão já está morto há mais de quatro dias. É possível que esteja até cheirando mal.

Mas do semblante de Jesus irradiava uma energia poderosa que parecia envolver o ambiente. Em espírito, o Mestre resplandecia sob os raios de Sol que embelezavam o céu. Repetiu a ordem, com a voz imperiosa:

– Já não te disse que se crer em mim verá a glória de Deus?

As pessoas, como se estivessem magnetizadas por aquela vibração que Jesus irradiava, tiraram a pedra do túmulo. Ele se aproximou, levantou as mãos para os Céus, e disse com voz poderosa e pacífica:

– Pai! Graças Te dou porque Me ouviu. Eu sei que sempre Me ouve, mas assim falei para que todos, que aqui se encontram vejam com os próprios olhos Sua glória e creiam que Me enviou em Seu nome.

Depois de proferir estas palavras, clamou em alta voz, para que todos ouvissem:

— Lázaro, sei que está vivo. Saia.

A multidão que ali se encontrava presenciou uma cena surpreendente: aquele que todos diziam morto – com o corpo, pés e mãos em ataduras e o rosto coberto com um lenço – apareceu à porta do túmulo caminhando.

Jesus disse:

— Retirem as ataduras e deixem que venham até mim.

A comoção foi geral. Lázaro parecia aturdido, pois não tinha ideia do que acontecera. Ao ver o Mestre ao seu lado, ajoelhou-se, porém Ele o levantou e o abraçou com carinho e amizade. As pessoas ficaram maravilhadas e acreditaram que Jesus era realmente o Cristo.[150]

Entretanto, a reação dos judeus não foi a mesma. Saíram discretamente daquele local e foram se encontrar com os fariseus, para relatar o que haviam presenciado. Reuniram-se os principais sacerdotes e fariseus convocando o Sinédrio[151] para tomar uma decisão definitiva contra Jesus.

Em consenso, chegaram à conclusão de que a situação fugia ao controle. Não poderiam mais esperar. Um dos fariseus, considerado o líder entre eles, foi enfático:

— Não podemos perder mais tempo! Se O deixarmos, em breve todos acreditarão Nele e nós perderemos nossa função. O que faremos se o povo ficar a favor Dele? Vocês querem que isso aconteça? Não, eu sei que não. E ainda tem o pior: com as ideias que Ele transmite, pregando a paz e o perdão, os romanos irão

---

150. João (11:1-45).
151. Antigo tribunal superior judaico, formado por anciãos, escribas e sacerdotes, onde se decidiam os negócios de Estado e da Religião. (N.E.)

nos dominar completamente, tomando não apenas nosso lugar, mas toda nação.

Caifás estava presente entre os sacerdotes reunidos. Atento e com um sorriso irônico, respondeu:

– Vocês não sabem o que estão dizendo. Esquecem que deve morrer um homem pelo povo, para que não venha a perecer toda a nação? Ora, não foi o próprio Jesus quem profetizou que morreria por todos? Não somente pela nação, mas para também reunir em um só corpo os filhos de Deus que andam dispersos? Ora, façamos Sua vontade! – completou com ironia.

O Conselho aprovou por unanimidade a proposta de Caifás, decidindo tomar todas as providências para que Jesus fosse preso e morto.[152]

A pergunta feita ainda hoje é: por que os judeus, principalmente os fariseus e os escribas, não toleravam Jesus, apesar de terem testemunhado tantos feitos? Poderíamos mencionar vários motivos para a perseguição, prisão e morte do Cristo. Em primeiro lugar, os judeus encontravam-se sob domínio romano, e isso os incomodava demais, e, à semelhança de outros profetas, esperavam que o Messias Prometido surgisse na figura de um líder destemido capaz de conduzir o povo judeu a uma luta que os libertasse do jugo de Roma. Era esta a expectativa, um líder guerreiro. Ao ver que Jesus pregava a paz, a concórdia, o amor e o perdão, sentiram-se frustrados. Não compreenderam o legado de libertação das trevas da ignorância. Poderíamos dizer ainda que sentiram-se enciumados, com inveja, principalmente os fariseus e os escribas, diante dos feitos de Jesus, e não aceitaram que aquele homem

---

152. João (11:46-53).

sereno e bondoso, que falava com tanta sabedoria, fosse o Messias Prometido. Além do mais, Jesus criticava frontalmente a hipocrisia farisaica apegada à letra, e não ao espírito, buscando a Lei quando lhes era favorável. Gostavam da bajulação e quando, ao observar que não havia procurado os sacerdotes para lhes render tributos, se enfureceram. Desejavam um líder submisso aos seus caprichos, e todas as atitudes de Jesus foram contrárias ao que pretendiam, pois o Mestre falava abertamente da hipocrisia e do desejo de poder predominantes no Sinédrio. Também contrariou alguns princípios e algumas tradições, como o descanso absoluto no sábado, o dia sagrado. Livrou a adúltera do apedrejamento, permitiu aos discípulos comer sem lavar as mãos, sentou à mesa e ceou com pessoas de má vida, perdoou os pecados da prostituta, enfim, uma série de atitudes que acabaram convertidas em uma dimensão de absoluta rejeição contra o Divino Amigo. Na verdade, a postura firme e corajosa de Jesus foi considerada um desafio e uma afronta, pois quebrava conceitos arraigados na cultura judaica por milênios sem-fim. Isso eles jamais perdoariam.

Consciente de todos os perigos, o Mestre prosseguia em sua tarefa redentora para salvar a humanidade, trazendo a palavra, a verdade que ilumina e liberta.

Apesar de todos os obstáculos, a fama de Jesus corria por toda Galileia, de forma que, por onde passava, logo se formava uma multidão para vê-Lo. Uns porque desejavam conhecer o Mestre, outros porque desejavam alcançar curas e outros por curiosidade.

Naquele dia, ao adentrar a cidade de Jericó, a multidão o acompanhava, enquanto algumas crianças corriam na dianteira espalhando a notícia:

— Jesus de Nazaré está vindo!

As pessoas, então, se postaram à margem da rua para observar o despojamento de Jesus, o Divino Rabi da Galileia, o seu porte simples, porém nobre, e sua fisionomia serena, que irradiava paz a quem pudesse receber.

Ora, havia naquela cidade um publicano chamado Zaqueu, considerado o maioral entre eles, alcançando grande destaque por sua riqueza. Ele também já ouvira referências a respeito de Jesus e, ao saber que o Mestre estava na cidade, foi tomado por um sentimento que jamais experimentara antes: desejava ardentemente ver Jesus de perto. Todavia, olhando a distância, observou que a multidão era muito grande e, sendo ele de baixa estatura, resolveu subir em uma árvore, ficando em cima dela, aguardando Jesus passar.

Quando o Mestre passou por baixo da árvore, olhou para cima e, vendo aquele homem aboletado em um dos galhos, chamou-o pelo nome dizendo:

— Ó Zaqueu, desce depressa, porque hoje me convém cear em sua casa!

Ao ser chamado pelo nome, Zaqueu sentiu-se tomado por intensa emoção e quase caiu da árvore. Desceu imediatamente e, chegando a casa, tomou as providências necessárias para que os servos preparassem a ceia daquela noite.

Quando o Mestre chegou em companhia dos apóstolos, foi recebido com alegria incontida. Receber Jesus em sua casa era uma honra que Zaqueu não julgava merecer, e quase não acreditava que estava acontecendo.

Sentaram-se à mesa, e o jantar foi servido. Zaqueu reservou a cabeceira da mesa a Jesus, sentando-se ao seu lado. Havia muitos curiosos murmurando:

— Será que Jesus não sabe que este homem é odiado, um pecador? Que já roubou muitas pessoas e prejudicou até viúvas indefesas? Que é um mau-caráter?

Enquanto ceavam, notando o interesse do dono da casa, o Mestre aproveitou para transmitir a mensagem da Boa-Nova. Falou do Reino de Deus, da caridade, do perdão das ofensas, da humildade e do amor verdadeiro. Zaqueu ouvia o Mestre e bebia suas palavras com entusiasmo, enquanto seus olhos brilhavam de alegria. Em determinado momento, não se conteve e falou em voz alta para que todos ouvissem:

— Senhor, desejo confessar do fundo de meu coração que até hoje tenho levado uma vida de egoísmo e ambição. Também reconheço que prejudiquei muitas pessoas, porém, sinto-me profundamente arrependido de todo o mal praticado e desejo reparar tudo de errado que tenha feito. Assim, a partir de hoje, repartirei com os pobres e necessitados metade de meus bens, e àqueles a quem de alguma forma tenha prejudicado haverei de restituir quatro vezes mais!

Jesus observou que as palavras e o sentimento de Zaqueu eram sinceros. Satisfeito, levantou-se dizendo:

— Bem-aventurado seja você, Zaqueu, porque hoje, nesta casa, entrou a salvação. Você também é filho de Abraão. O Filho do Homem veio para salvar o que estava perdido![153]

Terminado o jantar, Jesus afastou-se para meditar e orar, como era costume, quando observou que Pedro O acompanhava. Percebendo o olhar de preocupação do apóstolo, o Mestre perguntou:

---

153. Lucas (19:1-10).

– O que te aflige, Pedro?

– Senhor, apenas desejo que esclareça algo, para que eu possa compreender melhor. Sabemos que Tu observa e identifica nas criaturas o que elas têm de bom. Mas, no caso de Zaqueu, as murmurações foram muitas. As pessoas não se conformam por sentarmos à mesma mesa de uma pessoa de má vida! Se procedemos com tanta brandura com essas pessoas, qual procedimento deveremos adotar com os bons?

Jesus abraçou o apóstolo tão esforçado e zeloso e disse:

– Pedro, já disse antes, e vou repetir: quem tem boa saúde não necessita de médico. Em verdade vos digo que o Filho do Homem veio para curar quem está doente da alma.

O Mestre aquietou-se em oração, enquanto o zeloso apóstolo se afastou pensativo. Em pensamento, Pedro meditou que precisaria abrandar muito a alma para melhor entender as atitudes e os ensinamentos do Divino Amigo.

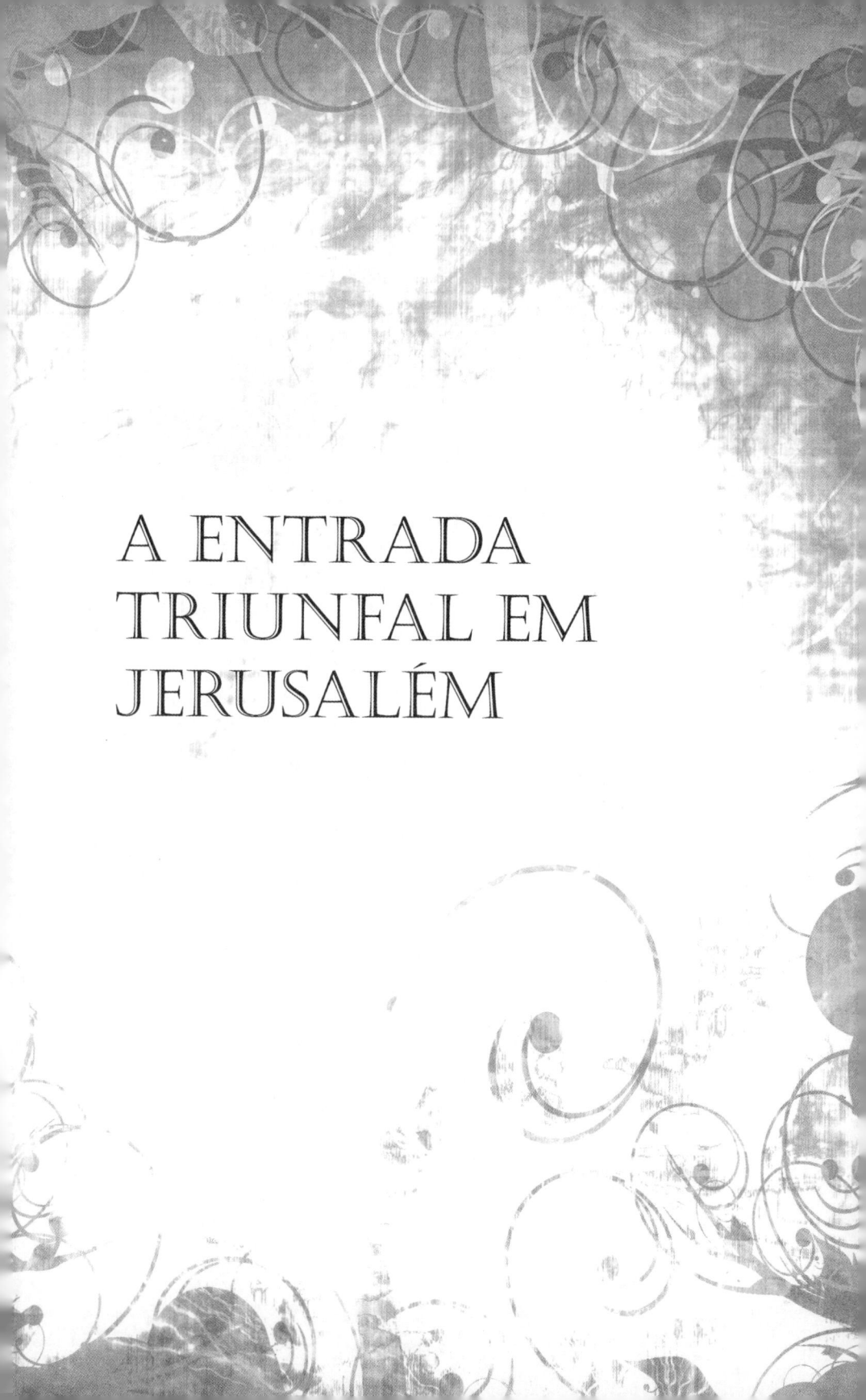

A ENTRADA TRIUNFAL EM JERUSALÉM

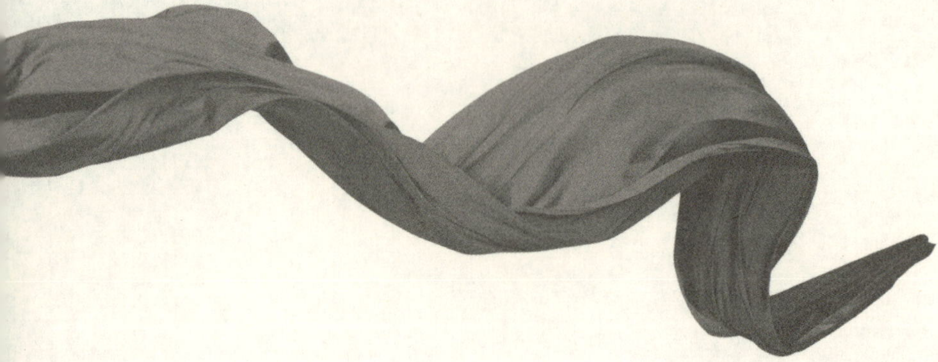

Sabendo que agora a trama contra sua vida havia adquirido caráter muito mais sério, o Mestre, por cautela, passou a evitar regiões mais arriscadas, pois necessitava ainda de tempo para espalhar a Boa-Nova. Por esse motivo retirou-se para uma cidade chamada Efraim, próxima ao deserto, onde permaneceu por alguns dias com os apóstolos, pregando a Boa-Nova e anunciando o Reino de Deus.

Em razão da proximidade da Páscoa, muitas pessoas daquela região se deslocaram à Jerusalém antes das festividades, para se purificar. E na cidade a grande dúvida era: Jesus viria para as comemorações?

Os principais sacerdotes e fariseus aguardavam ansiosamente sua presença para concretizar seus planos sinistros. Tudo estava arquitetado nos mínimos detalhes.

Faltava ainda uma semana para a Páscoa, e Jesus decidiu ir até Betânia para visitar a amigo Lázaro, que Ele ressuscitara dentre os mortos. Lá chegando, a alegria foi intensa. Houve muitas lágrimas de contentamento pela presença do Divino Amigo.

A ceia foi servida, e Lázaro se sentou ao lado do Mestre, enquanto suas irmãs serviam à mesa. Lázaro e suas irmãs não cabiam em si de contentamento, de forma que Maria apanhou um jarro de essência de nardo puro, muito precioso, e ungiu os pés de Jesus. Em seguida, enxugou com os cabelos. A essência do perfume rescendeu, enchendo a casa com agradável aroma.

Judas Iscariotes, presenciando a cena, não se conteve, lançando críticas à irmã de Lázaro:

— Este bálsamo é extremamente valioso. Por que não o vendeu, fazendo melhor uso do dinheiro que coseguiria com a venda? No mínimo, arrecadaria mais de trezentos denários que daria para cuidar de muitas pessoas pobres.

Naquele momento, Jesus sentiu piedade daquele discípulo, que ainda não entendera a grandiosidade de sua Divina Missão. Anteriormente, Judas havia cuidado de pessoas pobres, mas, sempre que era possível, usava valores destinados aos necessitados em seu próprio benefício.

Mas Judas Iscariotes testemunhara inúmeros feitos e, no fundo de seu coração, admirava muito o Mestre. Analisara atentamente e não tinha dúvidas de que Jesus era ungido de Deus, tinha poder. Tinha visto tantas curas, a libertação de perturbados, a multiplicação de pães e peixes, a levitação sobre as águas. Ele parecia fascinado pelos fenômenos, mas não compreendera a essência divina dos ensinamentos, a mensagem redentora. Em seus pensamentos mais íntimos, imaginava que no momento em que o Mestre fosse submetido a uma situação de maior gravidade, revelaria Sua divindade, e, certamente, um exército de anjos desceria dos Céus para libertá-Lo e proclamar aos quatro cantos do mundo Sua condição Filho de Deus.

Apesar do convívio fraterno com Jesus e os demais apóstolos, permanecia prisioneiro de ideias voltadas para o lado material da vida. Isso representava um empecilho para o próprio discípulo, que depois se arrependeria amargamente desse equívoco, pagando com a própria vida o peso do remorso.

Jesus se voltou para o apóstolo distraído do caminho e, tomado de compaixão, apenas disse:

– Por que se incomoda com isso, Judas? Nem sempre o dinheiro é a solução para todos os problemas. Maria se alegra em servir ao Filho do Homem! Deixe. Esse ato de generosidade é muito agradável aos meus olhos. Estarei convosco por pouco tempo. No dia em que embalsamarem o meu corpo, também haverá necessidade do bálsamo, mas será apenas meu corpo, porque não mais estarei por aqui, enquanto os pobres estarão sempre convosco.[154]

Inconformado, o discípulo calou-se enquanto a ceia prosseguiu em suave conversação de paz, pois o Mestre não perdia nenhuma oportunidade para esclarecer e exemplificar àqueles que sintonizavam suas lições de luz.

Nos bastidores do Sinédrio, entretanto, tramava-se também a morte de Lázaro. Temiam eles, pois Lázaro era um exemplo vivo do poder de Jesus, que, diante do povo, o ressuscitara dentre os mortos. Por esse motivo, muitos judeus haviam se convertido à doutrina do Cristo.

No dia seguinte, Jesus e os apóstolos se dirigiram para Jericó e, ao chegarem nas portas da cidade, já havia uma multidão à espera. Naquela cidade existia um mendigo cego chamado Bartimeu, filho de Timeu, que se encontrava aguardando Jesus à beira do caminho. Quando o Mestre se aproximou, o mendigo começou a clamar a altos brados:

---

154. João (12:1-8).

— Jesus! Filho de Davi! Tenha compaixão de mim!

As pessoas repreenderam o cego, tentando fazer que se calasse, mas o mendigo não se conteve, pondo-se a gritar cada vez mais alto:

— Jesus, filho de Davi, tenha misericórdia de mim!

Ao ouvir o clamor daquele homem, o Mestre parou e ordenou:

— Tragam-no à minha presença!

Algumas pessoas imediatamente obedeceram à ordem do Mestre, dizendo a Bartimeu:

— Tenha bom ânimo e levante, pois o Mestre te chama!

O cego então lançou de si a capa e, levantando-se rápido, foi conduzido à frente de Jesus, que perguntou:

— O que quer que Eu faça?

Jesus sabia qual era o problema daquele homem. Por que perguntava? Ele desejava que todos pudessem observar que é preciso ter consciência de nossos problemas e a atitude de humildade de pedir a Deus o que necessitamos.

O cego respondeu:

— Desejo, Senhor, com todo o meu ser, que restitua minha visão.

O Mestre estendeu a mão direita sobre a fronte daquele homem dizendo:

— Vá. A tua fé te salvou!

Imediatamente, Bartimeu teve a visão restaurada, voltando a ver. Em gritos de satisfação e contentamento, deu testemunho de mais um feito do Mestre.[155]

---

155. Marcos (10:46-52).

No dia seguinte, continuaram a andar em direção a Jerusalém. Estavam próximos de uma aldeia conhecida como Betfagé, localizada próxima ao Monte das Oliveiras.

Jesus interrompeu a caminhada e chamou Felipe e Bartolomeu, dando as seguintes instruções:

– Vocês devem ir à aldeia mais próxima. Logo na entrada, encontrarão preso um jumentinho que jamais foi montado por homem algum. Soltem e tragam ele pra mim. Se alguém questionar por que estão libertando o jumentinho e levando embora, respondam assim: "Porque o Senhor precisa dele".

Seguiram os dois discípulos e encontraram o animal preso, conforme Jesus havia predito. Quando soltavam o jumentinho, foram interpelados pelo dono do animal:

– Por que o soltam?

– Porque nosso Senhor precisa dele!

O proprietário concordou dizendo:

– Que Ele faça bom uso, pois este animal jamais foi montado antes.

Então, eles trouxeram o animal, forrando seu dorso com as vestes, e Jesus o montou. O que impressionou a todos foi a surpreendente docilidade do animal, que permitiu que Jesus o montasse como se já fosse perfeitamente acostumado à sela.

Cumpria-se naquele instante a profecia que afirmava: "Dizei à filha de Sião: eis que aí vem o teu Rei na humildade de sua grandiosa majestade, montando um simples jumentinho, que é cria de um animal de carga."[156]

---

156. Isaías (62:11)

Formou-se um longo cortejo, com pessoas que seguiam adiante de Jesus e pessoas que o precediam. Algumas estendiam sobre o caminho vestes e outras estendiam ramos apanhados nas palmeiras da região, entoando cânticos de louvor:

– Hosana! Hosana! Bendito seja Aquele que vem em nome do Senhor!

Outros ainda cantavam:

– Bendito o reino que vem, o reino de nosso pai Davi! Hosana nas alturas!

Ainda havia quem clamasse:

– Glória Àquele que vem em nome do Senhor! Paz na Terra e glória nas maiores alturas!

Alguns fariseus acompanhavam a procissão, sentindo-se incomodados com a manifestação do povo. Reclamaram a Jesus:

– Mestre, não podemos concordar com esta manifestação. Repreende, pois, os discípulos e o povo, e diga que se calem.

Então, Jesus respondeu:

– Por que se inquietam diante da vontade do Pai? Em verdade vos asseguro que, se eles calarem, as próprias pedras clamarão por eles.

Durante o caminho a Jerusalém, teve fome. Quando passaram diante de uma figueira à beira da estrada, parou para verificar se havia algum fruto na árvore. Tendo procurado, entretanto, nada encontrou. As pessoas ao redor estavam atentas e observaram a atitude do Mestre, que não perdeu a oportunidade para ensinar mais uma vez, dizendo para que todos ouvissem:

– Que nunca mais nasça fruto de ti, pois a árvore que não der frutos não serve para nada, a não ser para ser cortada e lançada ao fogo.

Todos se admiraram pelas fortes palavras de Jesus, pois imediatamente a figueira secou, e o Mestre concluiu:

– Tenham sempre fé e que essa fé possa dar bons frutos, pois, caso contrário, também não servirá para nada. Tudo quanto pedirem em oração, crendo, receberão![157]

Como as pessoas continuavam atentas, prosseguiu:

– E quando estiver em oração, se tiver alguma coisa contra alguém, perdoe, porque dessa forma o Pai que está nos Céus também te perdoará! Mas se não perdoar, também o Pai celestial não perdoará suas ofensas.

Seguiram em frente. Quando, a distância, era possível vislumbrar a cidade de Jerusalém, Jesus interrompeu a marcha e, diante da multidão que o seguia, chorou, clamando:

– Ah! Jerusalém! Se conhecesse por ti mesma ainda hoje a mensagem de paz. Porém, fecha os olhos e, por essa razão, está oculta a ti! Pois sobre ti virão dias em que teus inimigos te cercarão de trincheiras por todos os lados, apertando o cerco. E finalmente te arrasarão juntamente com teus filhos, não deixando sobre ti pedra sobre pedra, porque não reconhece a oportunidade desta visita.[158]

Até os apóstolos se admiraram com aquele modo de dizer tão triste e contundente.

Entrou enfim na cidade, com o povo que o seguia entoando cânticos e tremulando nas mãos os ramos de palmeira apanhados na região.

---

157. Lucas (19:41-44).
158. Jesus prevê a destruição de Jerusalém, que ocorreu no ano 70 da Era Cristã, quando Roma sitiou e destruiu a cidade, não deixando, como predisse Jesus, pedra sobre pedra. (N.M)

Muitos perguntavam:

– Quem é este?

E a multidão clamava:

– Este é o profeta, Jesus de Nazaré, da Galileia!

Quando chegou a Jerusalém, dirigiu-se ao Templo para orar, porém surpreendeu-se, pois aquele local que deveria ser reservado para pregação e oração fora invadido por pessoas que se aproveitavam do aglomerado para comercializar suas mercadorias.

Naquele dia, acredita-se que Ele se aborreceu com o descaso e a falta de respeito dos mercadores e, tomado por enérgica autoridade, expulsou todos do templo, derrubando as mesas dos cambistas e vendedores de pombas e animais, clamando em voz alta:

– Está escrito: esta é Minha casa e será chamada de casa de oração. Fora daqui! Esta é a casa de oração de Meu Pai, e vocês a transformaram em covil de salteadores.

Depois desse episódio, passou a pregar no templo. O verbo inflamado do Mestre fluía com intenso amor no esclarecimento da verdade, atraindo muitas pessoas. Vieram de várias partes pessoas sedentas da palavra, outros doentes, cegos, mudos, perturbados, coxos e mancos. A cada um o Mestre atendia com incansável carinho. Mas primeiro vinha a pregação. Após a palavra da Boa-Nova, aplicava passes e efetuava as curas. As pessoas manifestavam-se gratas e felizes, aumentando a admiração que sentiam pelo Divino Mestre.[159]

Escribas e fariseus, à espreita, sentiam-se extremamente preocupados com a autoridade de Jesus! Por esse motivo, julga-

---

159. Lucas (19:45-48).

vam que era necessário apressar o plano para prendê-Lo, pois andavam receosos. No entanto, consideravam que era preciso ter cautela, porque temiam a reação do povo caso a prisão não fosse bem arquitetada. Assim, embora bastante ansiosos, precisavam ter paciência para que o plano fosse executado no momento certo, para que nada desse errado.

Mas não perdiam tempo para, de qualquer forma, questionar o Mestre e manifestar indignação.

Estando Ele ensinando no Templo naquela manhã, apareceram de súbito os principais sacerdotes, juntamente com os escribas e anciões, que adentraram o recinto com a fisionomia amarrada. Ao vê-los, Jesus interrompeu a palavra e aguardou que falassem. Imediatamente, questionaram-no com veemência:

– Com que autoridade fala de Deus e faz todas estas coisas? Quem te confiou esta autoridade?

Jesus conhecia a artimanha da hipocrisia farisaica e respondeu imediatamente:

– Também farei uma pergunta: o batismo de João era dos Céus ou dos homens?

Aquela pergunta os deixou atônitos, pois o Mestre, em sua sabedoria, colocava-os em uma situação difícil. Ficaram discutindo entre si para saber o que responder. Se dissessem: "dos Céus", Jesus diria: por que então não acreditam nele? E se dissessem: "dos homens", o povo os apedrejaria, pois João Batista fora muito respeitado e querido como verdadeiro profeta.

Por fim, depois de muita murmuração, responderam extremamente constrangidos:

– Não sabemos!

Então, o Mestre respondeu:

— Se vocês são os maiorais da Lei e não sabem me responder, tampouco eu digo com que autoridade faço estas coisas.[160]

Sem mais dar atenção àquele grupo, Jesus continuou a pregar, contando uma parábola:

— Um homem muito bom e sábio plantou uma vinha, adubou a terra, cercou-a de cuidados, construiu um lagar[161], edificou uma torre e várias benfeitorias. Em seguida, tendo compromissos que o levariam a se ausentar por longo período, arrendou a plantação a alguns lavradores e saiu do país. Quando, porém, chegou o tempo da colheita, enviou um mensageiro para receber a parte que lhe cabia como proprietário das terras e da vinha. Os lavradores, entretanto, amarraram o mensageiro e o espancaram, mandando-o de volta sem nada. O senhor, ainda compassivo, enviou outro mensageiro, mas os lavradores novamente o insultaram e o espancaram violentamente. Mandou ainda mais um mensageiro e desta vez os lavradores o mataram, e assim aconteceu com outros que foram enviados pelo senhor. Por fim, aquele senhor resolveu mandar seu filho que era muito amado, pensando: com certeza, meu filho eles haverão de respeitar. Quando os lavradores souberam que aquele mensageiro era o filho do senhor, tramaram entre si: se é o filho do senhor, então é o herdeiro! Vamos matá-lo e tomar as terras e a vinha para nós. Assim o fizeram: mataram o filho do senhor e o jogaram para fora da vinha.

---

160. Lucas (20:1-8).
161. Tanque em que se espremem frutos, como uvas e azeitonas. (N.E.)

As pessoas presentes ao templo ouviram atentamente aquela parábola. Poucos se davam conta que o Mestre estava contando uma parábola a respeito dele próprio e do que previa aconteceria nos momentos seguintes. Depois de pequeno intervalo, prosseguiu:

– O que fará então o senhor da vinha quando souber o que aconteceu? Virá certamente cheio de fúria e exterminará aqueles lavradores maus passando a vinha a outros que sejam merecedores! Está nas Escrituras: "A pedra que os construtores rejeitaram essa veio a ser a principal pedra angular."[162] Isso procede do Senhor, e é maravilhoso aos nossos olhos![163]

Nesse instante a multidão entendeu que Jesus havia respondido à pergunta dos fariseus. Desnecessário é dizer que todos aqueles reveses sofridos aconteciam publicamente e provocavam verdadeira revolta e fúria entre os fariseus, escribas, sacerdotes e agora também os anciões, que se retiravam muitíssimo contrariados. Ficaram abismados ao perceber que, na parábola, Jesus fazia referência a eles na condição de lavradores maus.

Mas as artimanhas não cessavam. Estavam dispostos a qualquer coisa para colocar o povo ou os romanos contra Jesus.

Se havia uma coisa que afligia mais os judeus do que a dominação romana era a obrigatoriedade do pagamento dos tributos. Esse quesito incomodava qualquer cidadão judaico, desde os mais simples até os mais abastados. Era com sentimento de revolta que cumpriam as obrigações impostas pelo domínio romano.

---

162. Salmos (118:22).
163. Lucas (20:9-20).

Aquela era uma questão de suma importância para testar a sabedoria de Jesus: questioná-Lo a respeito dos impostos. Seria uma armadilha perfeita, de forma que todos se regozijaram antevendo o terrível embaraço em que seria colocado. Qualquer resposta que desse significava sua perda.

Esperaram o momento adequado e este momento chegou. Naquela tarde, Jesus fazia a pregação ao povo, que se aglomerava para ouvi-Lo. Como se aproximavam as festividades, a guarda foi reforçada, de forma que havia também a presença de alguns soldados romanos, que, atraídos pela curiosidade, se aproximaram para ouvir as palavras do Mestre.

Naquele instante, vieram algumas pessoas enviadas pelos sacerdotes e fariseus, juntamente com os herodianos, que, interrompendo as palavras de Jesus, perguntando em altos brados, para que fossem ouvidos também pelos soldados romanos:

– Mestre, sabemos que é honesto e que ensina o caminho de Deus, de acordo com a verdade, sem se importar com quem quer que seja, porque não se importa com a aparência das pessoas nem com a autoridade humana. Apenas se preocupa em trazer a verdade! Então queremos que nos dê Seu parecer: é justo o pagamento de tributos a César, ou não?

Profundo silêncio se fez na praça. Os próprios soldados romanos ficaram atentos, pois identificaram imediatamente, na malícia daquela pergunta, a segunda intenção daqueles homens.

Jesus mais uma vez suspirou fundo. Fechou os olhos e orou. Naquele instante, silenciava a alma aos homens e abria o coração ao Pai Celestial. Em seguida, respondeu com voz suave, mas cheia de autoridade, que foi ouvida por todos:

— Hipócritas! Por que me tentam? Mostre a moeda com que pagam o tributo.

Imediatamente, trouxeram uma moeda de um denário. Então Jesus perguntou mostrando uma das faces da moeda:

— De quem é esta figura e a inscrição?

— De César! – responderam.

— Então, deem a César o que é de César e a Deus o que é de Deus.[164]

Ao ouvir a resposta, os soldados deram boas risadas e se admiraram com a sabedoria daquele homem, enquanto os mensageiros dos fariseus e os herodianos se retiraram enfurecidos.

Logo em seguida, aproximaram-se alguns saduceus que quiseram também colocar em prova o conhecimento de Jesus, trazendo a seguinte questão:

— Mestre, Moisés disse que se alguém morrer sem deixar filhos, seu irmão deverá se casar com a viúva para ter filhos. Ocorre que conhecemos uma família onde havia sete irmãos, cujo marido morreu deixando-a sem filhos. O segundo irmão a desposou e também morreu sem deixar filhos. Assim sucedeu até o sétimo, que também morreu juntamente com a viúva. Então perguntamos: no dia da ressurreição, de qual dos sete ela será considerada esposa? Porque todos a desposaram!

— Estão equivocados e me admiro que não conheçam as Escrituras e o poder de Deus. Porque, na ressurreição, nem se casam nem se dão em casamento, pois serão como os anjos do Céu. E quanto à ressurreição dos mortos, não têm ouvido o que

---

164. Lucas (20:19-25).

Deus disse? Eu sou o Deus de Abraão, o Deus de Isaque, o Deus de Jacó? Ele não é Deus dos mortos e sim dos vivos.[165]

Os saduceus se calaram, e a multidão se maravilhou com as palavras do Mestre, que transmitiam profunda sabedoria.

Entretanto, os fariseus ao saber que Ele calara os saduceus, manifestaram-se inconformados, e reuniram-se em conselho. Queriam de todas as formas possíveis testar o conhecimento de Jesus e, por esta razão, apesar das derrotas sofridas, não davam trégua.

Após a reunião, um dos maiorais, grande conhecedor e intérprete da Lei, resolveu questioná-Lo publicamente:

– Oh, Mestre, pode nos dizer qual é o maior mandamento da Lei?

Jesus respondeu:

– O maior mandamento da Lei é: amarás o Senhor teu Deus de todo seu coração, de toda sua alma, de todo seu entendimento. Este é o grande e primeiro mandamento! Em seguida, concluiu: O segundo, tão importante e semelhante a este, é: amarás teu próximo como a ti mesmo.

Fez-se profundo silêncio e, após breve intervalo, o Mestre complementou:

– Estes dois ensinamentos resumem toda Lei e os profetas!

Aproveitando a presença dos fariseus, Jesus indagou:

– O que pensam do Cristo? De quem Ele é Filho?

Surpresos diante da multidão, os fariseus responderam constrangidos:

– De Davi!

---

165. Lucas (20:27-38).

Então o Mestre perguntou:

– Como podem dizer que Cristo é filho de Davi, se o próprio Davi, pelo espírito, chama-O de Senhor dizendo: "Disse o Senhor ao meu Senhor: assenta-te à Minha direita, até que Eu ponha os Teus inimigos embaixo dos Teus pés?". Se Davi o chama de Senhor, como pode Cristo ser Seu Filho?[166]

Os fariseus se encontravam embasbacados e sem resposta. O povo se divertia com as trapalhadas em que os próprios fariseus se envolviam toda vez que interrogavam Jesus. A partir daquele dia, resolveram ser mais cautelosos e não mais questioná-Lo em público, para não enfraquecer a imagem diante da opinião pública e evitar novas situações embaraçosas.

Enquanto os fariseus e o intérprete da Lei se afastavam, Jesus prosseguiu em Suas advertências:

– Na cadeira de Moisés se assentaram os escribas e os fariseus. Atentem para tudo que eles dizem, porém não devem imitá-los, pois são hipócritas: dizem e não fazem. Atam pesados fardos e difíceis de carregar sobre os ombros dos homens, no entanto, eles mesmos não movem sequer um dedo para fazê-lo. Praticam obras para serem vistas pelos homens, pois alargam seus pergaminhos e alongam suas franjas. Gostam de ser notados, amam os primeiros lugares nos banquetes e as primeiras cadeiras nas sinagogas. Sentem-se seduzidos pelas saudações públicas e se envaidecem quando são chamados de mestres pelos homens. Vocês, porém, não aceitem ser chamados de mestre indevidamente, porque um só é Mestre e todos vocês são irmãos. A ninguém na

---

166. Marcos (12:28-37).

terra chamem de Pai, porque só um é o Pai, é aquele que está nos Céus. Nenhum de vocês deve ser chamado de guia, porque um só é o Guia: o Cristo. O maior entre vocês terá de ser o menor em humildade. Quem a si mesmo exaltar será humilhado e, quem a si mesmo se humilhar diante do Pai será exaltado![167]

Breve silêncio se fez enquanto a voz vibrante do Mestre ressoava no espaço. Ao observar que, entre a multidão, ainda havia alguns escribas e fariseus que tentavam permanecer ocultos diante de seus olhos, Ele prosseguiu em tom veemente:

– Ai de vocês, escribas e fariseus, porque são hipócritas! Porque fecham o Reino dos Céus diante dos homens. Vocês não entram no Reino dos Céus e também não deixam entrar aqueles que desejam. Ai de vocês, escribas e fariseus, porque rodeiam a terra e o mar para fazer seguidores, e uma vez que conseguem se deleitam com a louvação. Ai de vocês, escribas, fariseus e guias cegos que induzem as pessoas a não jurar pelo santuário, mas pelo ouro do santuário, criando obrigações a quem jurou. Insensatos, cegos! O que é mais importante, o santuário ou o ouro do santuário? Ainda dizem: quem jurar pelo altar não é nada! Quem, porém, jurar pela oferta que está sobre o altar fica obrigado pelo que jurou. Cegos, o que é maior, a oferta efetuada ou o altar que santifica a oferta? Quem, portanto, jurar pelo altar, jura por ele e por tudo o que nele está. Quem jurar pelo santuário, jura por ele e por aquele que nele habita. E quem jurar pelo Céu, jura pelo trono de Deus e por aquele que no trono está sentado.

As palavras de Jesus eram firmes e duras e tinham o endereço certo.

---

167. Mateus (23:1-12).

— Ai de vocês, escribas, fariseus e guias cegos, porque se preocupam com a doação do dízimo, mas negligenciam os preceitos mais belos e importantes da justiça divina, se esquecem da caridade, da misericórdia e da fé! Estão preocupados em coar o mosquito, mas engolem o camelo. Hipócritas, estão preocupados com a aparência exterior, mas se esquecem do interior. São semelhantes aos sepulcros caiados: por fora, exibem brancura, mas por dentro escondem roubos e podridão! Assim também na aparência querem se mostrar justos aos olhos dos homens, mas em vosso íntimo estão cheios de hipocrisia e maldade. São hipócritas porque edificam os túmulos dos profetas e adornam os túmulos dos justos dizendo: se tivéssemos vivido nos dias de nossos pais, não teríamos sido seus cúmplices no sangue derramado dos profetas. Assim, contra vocês mesmos testemunham que são filhos daqueles que mataram os profetas. São um bando de serpentes e víboras. Ainda esperam com atitudes como esta escapar ilesos da cobrança da Lei? Por fim, digo que por essa razão foram enviados mensageiros. A uns vocês matam, a outro crucificam, a outros açoitam em sinagogas perseguindo de cidade em cidade. Caia sobre vocês o sangue justo derramado sobre a terra, desde o sangue de Abel até o sangue de Zacarias, filho de Baraquias, a quem mataram entre o santuário e o altar! Em verdade vos digo que todas estas coisas hão de vir sobre a presente geração.[168]

Todos ouviam atentos e calados. A palavra de Jesus soava com tanta veemência que ninguém ousava pronunciar qualquer comentário. O Mestre estava emocionado! Fechou os olhos e

---

168. Mateus (23:13-36).

levantou a cabeça aos Céus, possivelmente tendo visões que apenas ele poderia compreender. Em seguida, com os olhos cheios de lágrimas e com a voz embargada, finalizou:

– Jerusalém! Jerusalém! Que mata seus profetas e apedreja aqueles que te foram enviados. Quantas vezes quis eu reunir seus filhos, como a galinha que junta seus pintinhos na segurança de suas asas, e não quiseram! Eis que esta casa um dia ficará deserta, e por isso declaro, desde agora, não irão me ver, até que digam: "Bendito seja aquele que vem em nome do Senhor!".[169]

Concluída a palestra, afastou-se do burburinho, seguindo em direção ao campo, e os apóstolos o seguiram preocupados. Desejava orar e os apóstolos respeitaram, pois conheciam o desejo do Mestre e, assim, permaneceram a pequena distância, para não importuná-lo em sua comunhão com o Criador.

No dia seguinte, dirigiram-se ao templo, onde se encontrava o gazofilácio, local onde o povo fazia suas ofertas financeiras, ficando com os discípulos por perto, onde pudesse observar sem incomodar ou ser incomodado. Como se aproximavam as festividades da Páscoa, aumentava significativamente a presença de doadores. Os apóstolos estavam atentos, pois sabiam que o Mestre sempre tinha uma lição para cada ocasião. Certamente, aquela era uma oportunidade para bons e proveitosos ensinamentos.

Apareceu um homem muito rico, chamado Ibrahim, conhecido pela ostentação. Exibiu uma bolsa repleta de moedas jogando-as sobre o gazofilácio com barulho estridente. O povo aplaudiu, e o homem se afastou satisfeito. Em seguida, veio

---

169. Mateus (23:37-39).

Abdias, um rico comerciante. Colocou três bolsas repletas de moedas, sob os aplausos do público, que vibrou com o gesto do orgulhoso vendedor. Saiu satisfeito, com a cabeça levantada, sem olhar para os lados. Assim prosseguiram as doações, em um desfile de vaidades e ostentação, e cada qual procurava fazer mais barulho do que o anterior em sua oferta. Aquilo era um espetáculo aplaudido e comentado. No fim do dia, poucas eram as pessoas que ainda compareciam para apresentar ofertas, de forma que o povo também rareou. Foi naquele momento que uma pobre viúva se aproximou, timidamente, da urna onde se depositavam as doações. Sem que o povo desse a menor atenção, deixou duas moedas de pouco valor. De cabeça baixa, humilde, retirou-se do ambiente. Ninguém notou seu gesto, ninguém aplaudiu, ninguém comentou, mesmo porque ninguém notou sua presença, e ela se afastou em seu anonimato, e assim permaneceu.

Jesus chamou seus discípulos e perguntou:

– De todos que fizeram sua oferta, quem vocês acham que, aos olhos de Deus, mais contribuiu?

Os apóstolos se entreolharam antes de responder, mas Judas Iscariotes, sem muito raciocinar sobre a pergunta, respondeu apressado:

– Penso que Efraim doou uma grande fortuna, que Ibrahim contribuiu com grande valor, mas, em minha opinião, quem mais contribuiu, e o povo mais aplaudiu, sem dúvida nenhuma, foi Abdias, o comerciante.

Os demais permaneceram em silêncio, e Judas sentiu-se importante ao perceber que fora o único a responder o questionamento. O Mestre olhou fundo nos olhos de cada discípulo e, voltando-se para Judas, disse:

– Em verdade vos digo que todos contribuíram, e as doações são importantes. Porém, quem ofereceu a doação de maior valor, aos olhos de Deus, foi aquela viúva.

Judas questionou:

– Como, Senhor? Todos doaram quantias significativas, sendo algumas bem volumosas. A viúva depositou apenas duas moedas, que, somados os valores, equivale a um quadrante. Como pode sua doação ser mais significativa do que aquelas efetuadas pelos demais? Não entendi.

Movido por intenso sentimento de compaixão e paciência, o Mestre respondeu de forma que aquele apóstolo distraído pudesse compreender o valor das coisas espirituais, aquelas que são realmente importantes aos olhos de Deus.

– Em verdade vos digo que, aos olhos de Deus, a doação daquela pobre mulher teve infinitamente maior valor, porque ela doou daquilo que irá lhe fazer falta ainda hoje, para a própria refeição, enquanto os demais doaram daquilo que jamais irá lhes fazer a mínima falta. Em verdade ainda afirmo que eles buscavam o reconhecimento das pessoas e já tiveram sua recompensa, enquanto aquela pobre mulher estava preocupada apenas com sua consciência e com a aprovação de Deus![170]

Judas calou-se, tentando entender o alcance das palavras do Mestre. Em sua concepção, era difícil entender que, aos olhos de Deus, mais valia a pureza dos sentimentos e a sinceridade das pessoas do que atos exteriores.

---

170. Lucas (21:1-4).

O PRINCÍPIO DAS DORES – A GRANDE TRIBULAÇÃO

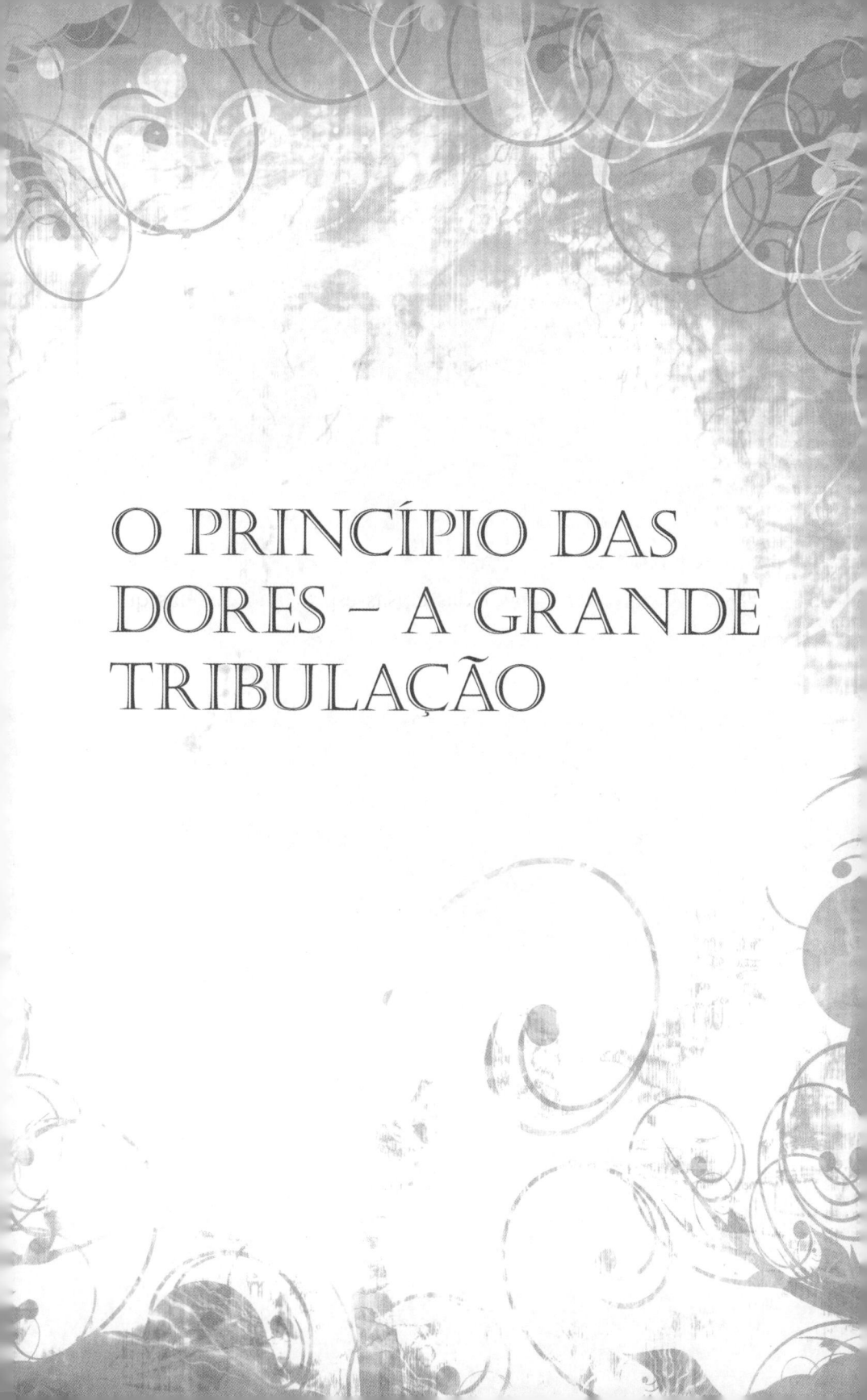

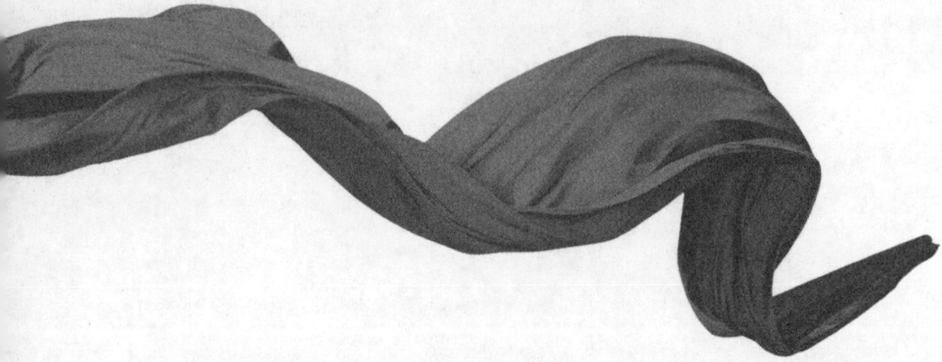

Aquela foi uma semana intensa para o Divino Amigo. Jerusalém estava repleta de pessoas vindas de várias localidades para as festividades da Páscoa. O calor era intenso obrigando as pessoas a procurar abrigo em lugares mais frescos e à sombra, principalmente nos momentos de Sol a pino.

Entretanto, nada impedia Jesus de caminhar pela cidade, procurando sempre levar esclarecimentos valiosos aos necessitados da palavra libertadora da Boa-Nova. O Mestre não descansava.

Os apóstolos o seguiam, admirados da incansável disposição de Jesus. No fim do dia, todos se sentiam extenuados enquanto Ele parecia estar ainda na plenitude de sua vitalidade.

Na verdade, o Divino Amigo tinha pressa, pois sabia que seu tempo aqui na Terra terminava.

Aquele dia não era diferente. O Sol no auge derramava luz e calor, iluminando o espaço e enchendo de vida a natureza, enquanto os pássaros voavam alegres pelo infinito, como se saudassem o Divino Amigo em seus últimos dias entre os homens.

Ao passarem diante do templo, Jesus aproveitou para entrar e lá, mais uma vez, anunciar a Boa-Nova. Ao saírem, João, o mais jovem dos apóstolos, e por esse motivo se mantinha sempre calado, observando, exclamou admirado com a imponência e a suntuosidade do templo.

— Mestre, Mestre, observou que construção magnífica? Que pedras! Quantas colunas!

Jesus sorriu diante da admiração daquele discípulo tão amado. João era um dos apóstolos mais queridos pelo Mestre. Era ainda muito jovem, calado, porém atento, ativo e sensível e, quando sentia que o Mestre parecia triste, seus olhos buscavam o de Jesus, e Ele sabia que o discípulo ainda jovem e discreto era um dos poucos que compreendiam seus sentimentos mais íntimos. O Divino Amigo nutria pelo valoroso apóstolo profundo sentimento de afeição paternal.

Então, fechou os olhos e com a cabeça levantada para o céu, descortinou visões tristes de um futuro próximo, e também de um futuro mais distante. Respondeu:

— Não devem se preocupar com templos de pedras, nem com a suntuosidade das edificações. Edifiquem o Reino de Deus, porque o Reino de Deus está em vocês. As pedras e as edificações ruirão com o tempo. Em verdade vos digo que estas pedras e colunas suntuosas que hoje vemos, afirmo, em breve tudo será destruído e não restará pedra sobre pedra. Tudo será derrubado!

Os discípulos se admiraram e se calaram, meditando naquelas palavras. Como o calor se fazia muito intenso, Jesus retirou-se com eles para o Monte das Oliveiras, que não era muito distante dali. Quando lá chegaram, aproximaram-se Pedro, Tiago, André e João, pedindo maiores esclarecimentos, pois Jesus já fizera referências a respeito da destruição de Jerusalém, e agora falava sobre a destruição do Templo.

O Mestre confirmou as visões a respeito do final dos tempos, dizendo:

– Estejam atentos para que ninguém engane vocês, porque, quando os dias chegarem, muitos virão em meu nome dizendo: "sou eu!". Fiquem atentos e vigilantes, porque surgirão falsos cristos e falsos profetas e farão prodígios e enganarão a muitos. Naqueles dias, ouvirão falar de guerras e rumores de guerras. Olhem e não se assustem, porque é necessário que assim seja. Porém ainda não é o fim, mas o principio das dores. Porque se levantará nação contra nação, povo contra povo. Haverá terremotos em muitas partes do mundo, e fome como nunca se viu antes. Quando isso acontecer, será esse tempo que eu digo: o princípio das dores. Estejam atentos! – repetiu o Mestre – porque devem entregá-los aos tribunais e às sinagogas. Serão feito prisioneiros e açoitados, perseguidos pelo meu Nome, e devem sofrer para testemunhar pelo Filho do Homem.

"Nestes dias, a Boa-Nova será pregada em todas as nações e aos quatro ventos, para advertir a criatura humana que procure o caminho do Senhor. Portanto, quando forem perseguidos, feitos prisioneiros e tiverem de testemunhar, não se preocupem com o que dizer, pois a boca de vocês não falará por vocês, mas pelo Espírito Santo. Serão odiados por todos por causa de meu Nome. Porém, aquele que perseverar até o fim será salvo.

Quando virem coisas abomináveis da desolação presentes onde não deveriam estar, então vos digo: o que estiver na Judeia fuja para os montes. Quem estiver sobre o terraço, não desça nem entre sequer para tirar qualquer coisa de casa. Quem estiver no campo não retorne para buscar a capa. Sinto pena das grávidas e daquelas que amamentarão naqueles dias, porque haverá tamanha tribulação como nunca houve desde o princípio da criação do mundo até os dias de hoje.

Então se alguém disser: 'eis aqui o Cristo!' ou: 'eis que está ali ou mais adiante', não acreditem, pois reafirmo: surgirão falsos cristos e falsos profetas operando sinais e prodígios, para enganar, se possível, até os escolhidos do Senhor! Mas por misericórdia o Pai haverá de ponderar sobre aqueles dias. Se isso não acontecesse, nem os escolhidos se salvariam. Assim, por causa dos eleitos do Senhor, aqueles dias serão abreviados. Por esta razão estão de sobreaviso.

Naqueles dias em que ocorrerem estas tribulações, o Sol escurecerá e a Lua não dará sua claridade. As estrelas cairão, e as forças do céu serão abaladas. Então verão o Filho do Homem vir nas nuvens, radiante de poder e glória. E Ele enviará Seus anjos para reunir escolhidos aos quatro ventos, da extremidade da Terra até a extremidade do Céu.

E para que não tenham dúvidas quanto aos sinais dos tempos, aprendam com a parábola da figueira, isto é, quando seus ramos se renovam e as folhas começam a brotar, sabeis que a primavera finda e está próximo o verão. Assim também precisa observar, quando ocorrerem todos estes sinais, significa que está próximo o Reino de Deus. Em verdade vos digo que passará o Céu e a Terra, mas minhas palavras não passarão. Entretanto, Eu asseguro que, a respeito daquele dia ou da hora exata, ninguém sabe, nem os anjos do céu, nem o próprio Filho, apenas o Pai! Fiquem, portanto, de sobreaviso: vigiem e orem porque não sabem quando será o tempo. É como um homem que, ausente do país, deixa sua casa sob autoridade dos servos, cada um com sua obrigação e determinando ao porteiro que vigie. Vigiem, pois não sabem que dia e hora retornará o Senhor, se de dia ou de noite, se de manhã ou à tarde ou ao cantar do galo, para que, chegando Ele, não se encontrem desatentos ou dormindo. Por isso, digo a todos: Vigiem e orem.[171]

Pensando ser o momento propício, Jesus resolveu contar uma parábola, com o objetivo de valorizar o esforço, o trabalho e a dedicação de cada um no serviço da mensagem da Boa-Nova. Assim, disse:

— Havia um homem que, precisando se ausentar do país, chamou seus servos confiando-lhes seus bens. Ao primeiro, deu cinco talentos, ao segundo dois e ao terceiro um, de acordo com a própria capacidade de cada um, e então partiu. Ora, o que recebeu os cinco talentos pensou consigo mesmo: O senhor me confiou estes talentos e sei que, quando retornar, espera que eu tenha feito bom uso, e que tenham dado bons rendimentos. Então, aplicou-os da melhor forma que pôde. Saiu a negociar e logo duplicou os talentos recebidos. O segundo pensou da mesma forma e também aplicou do melhor modo que pôde os dois talentos que lhe foram confiados, e logo eles também renderam mais dois. Todavia, o que recebera um talento apenas, ficou receoso de fazer mal negócio e perder o talento confiado. Dessa forma, abriu um buraco e enterrou o dinheiro. Logo que retornou da viagem, o Senhor chamou os servos para o devido ajuste de contas. Então aproximou-se o primeiro servo e feliz disse: o Senhor confiou-me

---

171. Marcos (13:1-37).

cinco talentos. Eis aqui os cinco talentos, mais cinco talentos que ganhei e que lhe pertencem. O Senhor então respondeu: servo bom e fiel. Foi digno no pouco, sobre ti muito colocarei, entra na alegria do teu senhor! Aproximou-se o segundo que também prestou contas dizendo: Senhor, dois talentos me confiou, eis aqui os dois de volta e mais dois que ganhei. Satisfeito, o senhor lhe disse: servo bom e fiel. Foi digno e fiel no pouco, então será merecedor de muito. Entra na alegria do seu senhor. Por fim, aproximou-se o terceiro servo, que havia recebido apenas um talento, e disse: senhor, sei que é severo e ceifa onde não semeou e ajunta onde não espalhou. Por essa razão, senti medo, escondi o talento na terra e agora o devolvo. Eis aqui seu talento de volta. Aborrecido, o senhor disse: servo mau e negligente, sabendo que ceifo onde não semeei, que ajunto onde não espalhei, deveria, portanto, ter sido mais aplicado. Pelo menos, deveria ter aplicado meu dinheiro com os banqueiros, e, quando voltasse, eu veria que o talento não ficou inútil. Receberia pelo menos os rendimentos devidos. Ficará então sem o único talento, e o darei àquele que tem mais, porque ao que tem, mais se dará e terá em abundância, e ao que não tem nem se esforça para ter, até mesmo o que tem será tirado. Quanto ao servo inútil, este será lançado para fora, nas trevas, onde haverá choro e ranger de dentes.[172]

    O Mestre pretendia deixar claro em suas parábolas a importância do esforço para que os talentos de cada um sejam multiplicados por meio da dedicação e do aprimoramento espiritual.

---

172. Mateus (25:14-30).

Prosseguiu ainda, para lhes dar bom ânimo e orientação, dizendo:

– Sejam amorosos, humildes, semeiem a palavra que leva paz e liberta as criaturas. Não se esqueçam da prática da caridade aos necessitados, aos humildes, pois chegará o dia em que o Filho do Homem, em toda Sua glória, na presença dos anjos do céu, se assentará no trono do Pai, e todas as nações testemunharão sua glória. Haverá então a separação dos cabritos e das ovelhas. Colocará as ovelhas à Sua direita e os cabritos à Sua esquerda. E dirá àqueles que se encontram à Sua direita: "venham benditos do meu Pai! Entrem na alegria e na posse do reino que está preparado desde o princípio dos tempos. Porque tive fome e me deram de comer, tive sede e me deram de beber, estive desamparado e me hospedaram, estive com frio e me vestiram, estive enfermo e foram me visitar, estive prisioneiro e foram me ver". Então, os escolhidos perguntarão: "Senhor, quando foi que Te vimos com fome e Te demos de comer, com sede e Te demos de beber? Quando Te vimos com frio e O vestimos; desamparado, e Te acolhemos; enfermo e O visitamos; prisioneiro, e fomos Te ver?". Com satisfação o Rei dirá: "Em verdade vos digo que sempre que fizerem isso a um destes meus irmãos pequeninos, foi a Mim que O fizeram!" Então o Rei se voltará aos que se encontram à Sua esquerda e dirá: "Afastem-se de mim, malditos e hipócritas! Sejam banidos para o fogo do Inferno preparado pelo diabo e seus anjos das trevas, porque tive fome e não Me deram de comer, tive sede e não Me deram de beber, estive com frio e não Me vestiram, estive desamparado e não Me acolheram, achava-Me enfermo e não Me visitaram, estive preso e não foram Me ver". E eles exclamarão: "Senhor, quando foi que Te vimos nestas situações e não Te assistimos?" E o senhor responderá: "Em verdade vos digo que sempre que deixaram de fazer qualquer destas coisas a um destes mais humildes e pequeninos, foi a Mim que deixaram de fazer. E estes irão para o devido castigo, enquanto os justos, para a alegria da vida eterna.[173]

Em seguida, Jesus afirmou aos discípulos: Sabem que a Páscoa se aproxima, e o Filho do Homem será entregue ao suplício, para finalmente morrer crucificado!

Depois daquelas palavras, Jesus se afastou dos apóstolos entregando-se à oração, enquanto o Sol declinava no horizonte.

Tomados pela tenebrosa ideia da prisão e morte de Jesus, os principais sacerdotes, juntamente com os mais eminentes fariseus e escribas, reuniram-se mais uma vez em conselho no palácio de Caifás, o sumo sacerdote. As providências não poderiam passar daquele fim de semana e foram postas em prática com todo cuidado, sem alarde, para não provocar tumulto. Precisariam encontrar uma alternativa de prisão em um momento quando o Mestre estivesse distante de todos. Temiam a reação do povo.

Estavam desesperados, pois o tempo corria contra eles. Faltava apenas dois dias para a Páscoa e o Conselho, reunido sob a orientação de Caifás, que, inspirado por mentes espirituais diabólicas, elaborou com astúcia um documento em forma de denúncia contra Jesus, para entregar aos romanos. Essa denúncia esclarecia que aquele era um homem extremamente perigoso e

---

173. Mateus (25:31-46).

revolucionário, com suas ideias incitava o povo a uma revolução contra o domínio romano. Que eles, judeus, não apoiavam as pregações daquele falso Messias, mas temiam que os romanos os considerassem cúmplices. Portanto, pediam medidas enérgicas e imediatas para a prisão e morte daquele perigoso homem.

Porém, ainda existia outro problema: mesmo depois de conseguir o decreto da prisão, os soldados romanos nem sempre davam muita importância quando percebiam ser diferenças entre os próprios judeus e, costumeiramente demoravam para cumprir o mandado. Por esse motivo, ainda permaneciam três grandes obstáculos a vencer: convencer as autoridades romanas e decretar a prisão; convencer os soldados romanos de que aquela prisão deveria ser imediata e precisaria acontecer em momento e local isolados, para não provocar tumultos.

As forças das trevas fervilhavam, tramando em estreita sintonia com os judeus. Por fim, acabaram encontrando aberta uma janela mental em um dos doze que acompanhavam Jesus. Era Judas Iscariotes, que, embora sentisse estima por Jesus, não compreendia porque Ele ainda não havia manifestado seu poder divino diante dos judeus e romanos.

Seus pensamentos eram desconexos, oferecendo aos espíritos trevosos oportunidade de confundi-lo ainda mais. Seus pensamentos eram excitados pela atuação de mentes inteligentíssimas a serviço do mal, que o convenciam de que Jesus era realmente o Messias Prometido. Sua essência era Divina e, quando fosse realmente necessário, Jesus invocaria seu poder e destruiria os inimigos. Ele seria um herói, e graças à sua atuação se revelaria ao mundo.

Convencido disso, Judas se afastou do grupo procurando o Conselho dirigido por Caifás. Ora, quando Judas se apresentou, os Judeus exultaram, dizendo:

– Finalmente bons ventos começam a soprar a nosso favor, pois agora temos ao nosso lado um dos que seguem a Jesus.

E o receberam com deferência e o cobriram de gentilezas. Judas sentiu-se importante e satisfeito com as atenções que lhe dedicavam e se propôs a indicar o momento certo em que Jesus, afastado do povo e em local ermo, pudesse ser preso, sem provocar nenhum alarde.

Satisfeitos, os judeus prometeram certa quantia em dinheiro, e Judas sentiu que, finalmente, estava no caminho certo: contribuiria para que Jesus, na iminência da morte, manifestasse o poder divino, e ainda ganharia algum dinheiro com isso. Estava muito satisfeito.

No primeiro dia em que, pela tradição judaica, comiam pães asmos[174] e faziam o sacrifício do cordeiro da Páscoa, os apóstolos propuseram ao Mestre:

– Senhor, que lugar deseja que procuremos para preparar a ceia da Páscoa?

Por ter conhecimento de tudo o que ocorria no plano invisível, Jesus transparecia tristeza em seu semblante. Sentia-se triste com o próprio ser humano, por sua ignorância, e seu pesar se manifestava ainda mais ao ver que um de seus apóstolos se deixava conduzir como instrumento. Embora sentisse intensa

---

174. Asmo é o mesmo que ázimo, ou seja, não fermentado. Fonte: Dicionário Houaiss Eletrônico. (N.E.)

compaixão e piedade por Judas, nada podia fazer contra o livre-arbítrio do apóstolo desviado do caminho.

Pedro, ao verificar que o Mestre encontrava-se pensativo e não respondera a pergunta, insistiu:

– Senhor, onde desejaria passar a festividade da Páscoa? Diga, e iremos preparar o lugar!

Ao ouvir o questionamento de Pedro, como se voltasse à dura realidade do momento, o Mestre sorriu diante do carinho manifestado pelos demais seguidores. Sabia que ainda estaria com eles, por poucas horas, mas seriam horas de exemplos que ficariam marcados para sempre na memória daqueles homens, que souberam dar exemplos dignificantes, de grandeza e renúncia, exemplos que ficaram registrados para a eternidade. Compassivo, respondeu:

– Quando entrarem na cidade, encontrarão um homem com um cântaro de água. Sigam esse homem para verificar a casa onde entrar. Ao identificar a casa, digam ao seu dono: nosso Mestre manda perguntar onde é o aposento no qual ele haverá de comer com seus discípulos. Ele mostrará um espaçoso cenáculo mobiliado. É lá que passaremos a Páscoa. Podem fazer os preparativos.

Para lá se dirigiram os discípulos e se admiraram ao verificar que tudo o que Jesus dissera se confirmara. O aposento era muito confortável, espaçoso, agradável e mobiliado. Parecia que já estava devidamente preparado para aquele fim, esperando o Mestre em sua última ceia com os seus.

Com muita satisfação e alegria, tomaram todas as providências no preparo da ceia, deixando tudo em ordem para a chegada de Jesus.

No fim da tarde, quando Jesus chegou, tudo já estava devidamente preparado. Então assentou-se à mesa juntamente com os doze e orou como costumeiramente fazia antes das refeições, agradecendo ao Pai Celeste por todas as dádivas recebidas. Seus olhos estavam cheios de lágrimas.

Aquele era um momento divino e único, que jamais seria esquecido: a última ceia de Jesus com Seus amados discípulos. Então disse a eles:

— Tenho desejado ansiosamente cear convosco esta Páscoa, antes do meu sofrimento. Pois vos digo que nunca mais devem comê-la até que se cumpra no Reino de Deus! Entretanto, o que me entristece ainda mais é saber que um dentre vocês irá me trair.

Os apóstolos sentiram-se surpresos e, sem se dar conta da profundidade daquelas palavras a respeito da última ceia, começaram a questionar:

— Por acaso sou eu, Senhor?

Respondeu Jesus:

— É um dos doze, é aquele que divide o prato comigo na ceia. Pois o Filho do Homem irá como está escrito a Seu respeito, mas ai daquele que servirá como instrumento, por quem o Filho do Homem está sendo traído. Melhor seria não ter nascido.

De todos, apenas Judas ainda não havia perguntado. Sentindo-se acuado, indagou:

— Por acaso sou eu, Mestre?

Jesus olhou fundo nos olhos do discípulo, sem sentimento de condenação, sem mágoa, sem ressentimento, apenas respondeu:

— É você quem diz.

Todos ficaram boquiabertos e admirados, mas Jesus propositadamente não deu tempo para que tirassem conclusões, repetindo mais uma vez:

— Esta é nossa última ceia. Não mais estarei convosco neste corpo em que agora me veem e, por esta razão, desejo que seja inesquecível para mim como também para vocês. Vamos cear — finalizou Jesus.

Enquanto comiam, o Mestre se levantou, apanhou um pão e o partiu abençoando-o e distribuindo aos discípulos. Em seguida, tomou um cálice e, tendo dado graças a Deus, deu-o aos discípulos. Havia momentos em que os apóstolos pareciam confusos ou desatentos. Terminada a refeição, discutiam outra vez qual dentre eles seria o maior.

Jesus se entristeceu. Parecia que nenhum havia prestado atenção em suas palavras. Ainda assim, desculpou os amigos distraídos e disse:

— Aquele que é o maior deve se tornar o menor e servir, não ser servido. Em verdade vos digo que o Filho do Homem veio para servir e não para ser servido. Vocês têm permanecido comigo nas minhas lutas e tentações. Assim como meu Pai Me confiou um reino, eu também confio um reino para que estejam comigo, comam e bebam à minha mesa.

Em seguida, dirigiu-se a Pedro. De todos, era o discípulo mais ponderado, mas necessitava ainda de alguns aperfeiçoamentos. Jesus se preocupava, pois notava, de vez em quando, vacilações do apóstolo. Porém, era o mais firme em suas questões, tinha a personalidade dura, mas maleável.

— Pedro, tenho orado ao Pai por ti. Rogo por ti para que tua fé não desfaleça, pois passará por tentações e duras provações.

As forças do mal procurarão enfraquecer tua fé. Quando finalmente se converter em sua própria fé, fortalece seus irmãos, pois eles necessitarão de ti.

Com o semblante surpreso, Pedro respondeu:

– Senhor, estou pronto para ir Contigo aonde fores, seja para a prisão ou para a morte.

Jesus então lhe disse:

– Sei que realmente um dia dará a vida por mim. Confio em ti. Mas afirmo que ainda hoje, antes que o galo cante, irá me negar três vezes.

Quando acabou a ceia, estando ainda os apóstolos à mesa em animada conversação, levantou-se tirando a vestimenta de cima e tomando uma toalha, envolveu-se com ela. Depois, colocou água em uma bacia, passando a lavar os pés dos discípulos e enxugá-los com a toalha que se encontrava em sua cintura.

Ao se aproximar de Pedro, este disse:

– Senhor, eu que deveria lavar os Seus pés e vem lavar os meus?

Na verdade, aquela era a exemplificação que Jesus queria transmitir aos discípulos: o maior de todos é aquele que serve os demais. Então, disse a Pedro:

– As coisas que faço, não compreende agora, Pedro. Mas asseguro que compreenderá depois!

– Senhor, não posso permitir que lave meus pés – insistiu Pedro.

– Se não aceitar que Eu lave seus pés, não terá parte Comigo – esclareceu o Mestre.

Confuso, o discípulo exagerou:

— Senhor, então não somente aos meus pés, mas também as mãos e a cabeça!

Munido de infinita paciência, Jesus respondeu:

— Quem já se banhou não necessita lavar senão os pés. Quanto ao mais, está tudo limpo. Não consegue compreender estas coisas, Pedro?

Após lavar os pés de todos os discípulos e enxugá-los, retornou à mesa dizendo:

— Compreenderam o que fiz convosco esta noite?

Diante do silêncio, continuou a ensinar.

— Todos me chamam de Mestre e de Senhor e dizem certo, porque Eu sou. Ora, sendo Eu o Mestre e Senhor, lavei os pés de vocês, e também devem ter a humildade de lavar os pés uns dos outros. Isto é, servir ao próximo sem orgulho, vaidade ou ostentação. Em verdade vos digo que o servo não é maior do que seu senhor, e o enviado não é maior do que aquele que o enviou. Se compreenderem este ensinamento, serão bem-aventurados se o praticarem.

Os discípulos sabiam que o Mestre exemplificava os ensinamentos. Há pouco ainda discutiam quem era o maior, e a resposta estava ali. O Mestre prosseguiu:

— Desde já Eu digo que, aconteça o que acontecer, estarei sempre convosco. Quem recebe aquele que Eu enviar, a Mim o recebe, e quem Me recebe, recebe Aquele que Me enviou.

Depois, dirigiu-se a Judas Iscariotes e disse:

— O que tiver que fazer, faça sem demora!

Os discípulos não compreenderam o que Jesus dizia. Imaginaram que talvez fosse alguma providência quanto às solenidades da Páscoa, ou algo em favor dos pobres. Perceberam que a bolsa de Judas, encarregado da coleta das doações destinadas àqueles a quem o Nazareno amparava, estava carregada de moedas.

Sem dizer qualquer palavra, Judas se retirou rapidamente. Passava das oito horas da noite.

Então o Mestre disse aos demais:

— Meus filhos, ainda por pouco tempo estarei convosco, mas breve não mais estarei. O que repito disse aos judeus, repito agora: para onde Eu vou, ainda não podem ir. Mas um novo mandamento Eu dou: que amem uns aos outros como eu amei. Nisto reconhecerão todos que são Meus discípulos, se tiverem amor uns pelos outros.

Pedro parecia atordoado e perguntou, confuso:

— Senhor, para onde vai?

— Para onde vou não poderá me seguir agora. Entretanto, mais tarde me seguirá. Porém vos digo: que não abalem os seus corações. Creiam em Deus, creiam também em Mim, pois na casa de Meu Pai há muitas moradas. Se assim não fosse, Eu não teria dito. Vou primeiro, para preparar o lugar, voltarei e irei recebê-los, para que onde Eu esteja, estejam também. Vocês saberão o caminho para onde vou.

Alguns não compreenderam, mas foi Tomé quem perguntou:

— Senhor, não sabemos para onde vai. Como poderemos saber o caminho?

— Eu sou o Caminho, a Verdade e a Vida. Ninguém vai ao Pai senão por mim. Se Me tivessem conhecido antes, conheceriam também Meu Pai. Porém, agora O conhecem, porque Me conheceram e O viram através de mim.

Felipe indagou:

– Senhor, mostra-nos o Pai, e isso nos bastará.

– Felipe, há quanto tempo estou convosco e ainda não me conhece? Quem me vê, também vê meu Pai. E você me pede: mostra o Pai? Não crê que estou no Pai e que o Pai está em Mim? As palavras que Eu digo não as digo por mim, mas pelo Meu Pai, que permanece em Mim e faz as Suas obras. Creiam em Mim, pelo menos por terem sido testemunhas destas obras.

Os discípulos ouviam em silêncio. O Mestre prosseguiu:

– Creiam, tenham fé, confiem em Mim e no Pai que em Mim habita! Pois, em verdade vos digo que aquele que em mim crer fará as obras que faço e ainda mais. Tudo quanto pedirem em Meu nome, isto eu farei, para que o Pai seja glorificado no Filho! Se Me amarem verdadeiramente, guardarão Meus ensinamentos.[175]

Diante do silêncio dos apóstolos, o Mestre abaixou a cabeça e chorou. Em sua visão, descortinou o futuro e temeu ao verificar que Suas palavras poderiam ser mudadas ao longo do tempo, atendendo a interesses mesquinhos. Que deturpariam o uso de Seu nome e que o sangue dos santos e dos justos seria derramado. Sua doutrina de paz, Suas palavras de luz, Seu Evangelho de amor precisariam ser resgatados na simplicidade e na pureza do dia a dia de Suas pregações. Na verdade, o Mestre desejava deixar ensinamentos ainda mais profundos aos Seus discípulos, porém eles ainda não tinham condição de entendê-los.

---

175. Mateus (26:17-35)
　　 Marcos (14:17-30)
　　 João (13:1-38) e (14:1-15).

O CONSOLADOR PROMETIDO

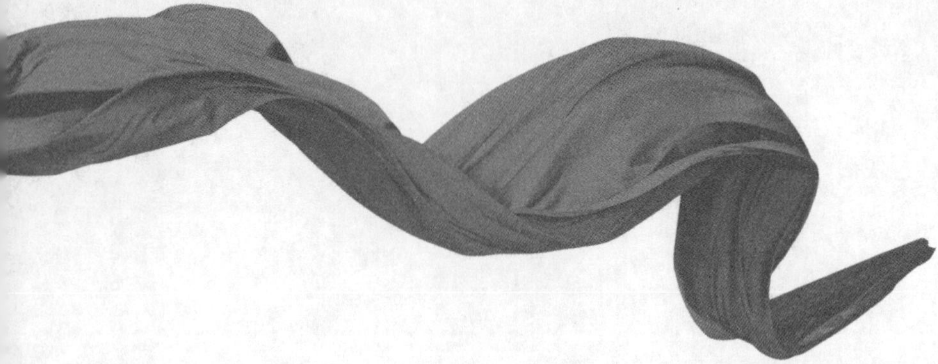

Jesus verificou que os discípulos foram tomados por um sentimento de profunda tristeza. Observou neles o temor de que Sua partida os deixaria desamparados, sem rumo, fracos e desanimados. O Mestre, compassivo, prosseguiu sua explicação tentando animá-los:

– Não desanimem, confiem em Mim e Naquele que Me enviou! Não os deixarei desamparados, pois estarei sempre convosco. Tenho muito mais para dizer, mas não poderiam suportar agora, e por esta razão rogarei ao Pai, e Ele enviará o Consolador, a fim de que esteja convosco para sempre, até a consumação dos dias. É o Espírito da Verdade, que o mundo ainda não pode receber, porque não vê, nem conhece. Entretanto, vocês o conhecerão porque habitará em vocês e estará sempre convosco. Não os deixarei órfãos. Este Consolador é o Espírito Santo que Meu Pai enviará em Meu nome, que irá recordar tudo que Eu tenho dito com simplicidade e pureza e dirá outras coisas que não posso dizer ainda. Por isso afirmo: não se turbem os corações de vocês, pois deixo minha paz, minha paz eu dou. Não a paz que o mundo conhece, mas a paz que habita em Mim.[176]

---

176. João (14:16-27).

Os discípulos estavam emocionados, juntamente com o Jesus. O que Ele dizia calava fundo na alma daquele punhado de homens rústicos, mas de sentimentos puros, que, embora ainda não compreendessem tudo, acreditavam no Divino Amigo. Cada qual, no momento certo, daria os testemunhos necessários e a própria vida para que os ensinamentos do Cristo pudessem ser levados adiante e eternizados na memória do ser humano.

– Eu sou a videira verdadeira – disse o Mestre – e meu Pai é o agricultor. Ele efetua a poda de todo ramo que estando em Mim não dê fruto, e todo ramo que dá fruto Ele limpa com amor e carinho, para que produza ainda mais. Vocês já estão limpos pela palavra que tenho falado. Permaneçam em Mim e Eu permanecerei em vocês. O ramo não pode produzir frutos por si só, se não permanecer na videira. Já não chamo vocês de servos, porque o servo não sabe o que o senhor faz, mas de amigos e filhinhos, porque tudo quanto tenho ouvido de meu Pai, tenho feito que saibam. O Consolador que enviarei por parte de Meu Pai, o Espírito da Verdade, esse dará testemunho de Mim e vocês também testemunharam, porque estão comigo desde o princípio.[177]

O Mestre fez solene pausa para que eles assimilassem. Em seguida, continuou:

– Preparem-se, porque também serão perseguidos, apedrejados, expulsos das sinagogas, incompreendidos, feitos prisioneiros e até mortos em meu nome. Isso farão contra vocês porque não conhecem a Deus nem a Mim, e também não desejaram conhecer. Mas não temam, porque onde estiverem, velarei por

---

177. João (15:1-27).

todos. No tanto, eis que vem a hora em que ficarei sozinho, mas não estarei só, porque o Pai estará Comigo. Estas coisas tenho dito para que tenham paz em Mim. No mundo terão aflições, mas tenham bom ânimo, porque venci o mundo.[178]

Assim, levantou os olhos aos Céus e orou:

– Pai, é chegada a hora. Glorifica teu Filho, para que o Filho glorifique a Ti. A vida eterna é esta: que conheçam o único Deus verdadeiro e a Jesus Cristo, a quem enviou para redimir os homens. Agora, glorifica-Me, ó Pai, Contigo mesmo e com a glória que tive junto de Ti antes mesmo que houvesse o mundo! Manifestei Seu Nome a todos aqueles neste mundo. Eram Teus e a Mim confiou, e eles têm guardado Sua palavra. Agora que eles conhecem todas as coisas que tem Me dado, que provém de Ti, porque tenho transmitido o que Me deu, e eles O recebem de bom grado e verdadeiramente acreditam que vim de Ti e fui enviado. É por eles que rogo, por aqueles que Me deu porque são Seus. Todas as minhas coisas são Suas, e todas Suas coisas são Minhas, e neles sou glorificado. Já não estarei no mundo, porém eles continuarão, ao passo que irei para Ti, por isso rogo, Pai, guarda-os em Teu Santo Nome, fortaleça-os e proteja-os. Eu tenho dado Sua palavra, e o mundo os odiou, porque eles também não são do mundo, como também Eu não sou. Não peço que os tire do mundo, mas que os guarde de todo mal. Santifica-os na verdade: a Tua palavra é a verdade. Não rogo apenas por eles, mas por todos aqueles que vierem a crer em Mim por intermédio de Sua palavra. Pai, justo e misericordioso, o mundo

---

178. João (16:1-7).

não Te conheceu. Eu, porém, Te conheci e também estes compreenderam que Me enviou. Eu dei a conhecer o Seu Nome e ainda O farei conhecer, a fim de que Teu amor por Mim esteja neles, e Eu neles esteja.[179]

Tendo concluído a oração, Jesus saiu, e seus discípulos O seguiram atravessando um riacho chamado Cedrom, em direção a um bosque, ao lado do Monte das Oliveiras, onde também havia um jardim chamado Getsêmani.

– Meus amigos, orem por Mim e para que não entrem em tentação!

E se afastou, pondo-se a orar de joelhos. As lágrimas desciam por Sua face molhando seu rosto. A emoção daquele momento era muito intensa. De seus braços, estendidos sobre uma pedra e de sua cabeça curvada em prece, o suor pingava em forma de gotas que caíam sobre a terra. Ele se elevou em oração. Teria de suportar ainda um pouco mais, até concluir sua grandiosa missão com o sacrifício final da cruz. Fisicamente, sentia-se extenuado.

Em seguida, retornou para junto dos discípulos e os encontrou dormindo. Na verdade, estavam cansados, pois aquele fora um dia muito intenso. De qualquer forma, entristeceu-se e os chamou dizendo:

– Pedro Simão, por que dorme? Não pode vigiar sequer uma hora? Vigie e ore para que não entre em tentação. O espírito é forte, mas a carne é fraca.

Dizendo isso, voltou a rezar. Seu coração estava angustiado, então disse:

---

179. João (17:1-26).

– Senhor, faça tudo quanto é possível. Afasta de Mim este cálice. Contudo, Eu peço, Pai, que não se faça a Minha vontade, mas a Sua. Que Eu possa, Senhor, dar em Seu testemunho e glória o último sacrifício.

Jesus era envolvido em bálsamos espirituais, e os espíritos o confortavam, porém sabia que, apesar de todo carinho, precisaria dar o passo final e, naquele momento, estaria sozinho.

Voltando pela segunda vez aos discípulos, novamente os encontrou dormindo, com os olhos pesados. Surpreendidos mais uma vez em desatenção, não souberam o que dizer.

O Mestre olhou para eles entristecido e retornou à prece. Após orar um pouco mais e sentir-se fortalecido, retornou pela terceira vez aos discípulos e com pesar verificou que continuavam a dormir. Então disse:

– Por mim basta! Aproxima-se a hora em que serei entregue aos meus carrascos. Estes são os últimos momentos em que estamos juntos e ainda dormem! Levantem-se, vamos, pois em alguns instantes virá o traidor com aqueles que me levarão para o sacrifício final.[180]

---

180. Mateus (26:38-46)
    Marcos (14:32-42)
    Lucas (22:39-46).

A PRISÃO E A CONDENAÇÃO DE JESUS

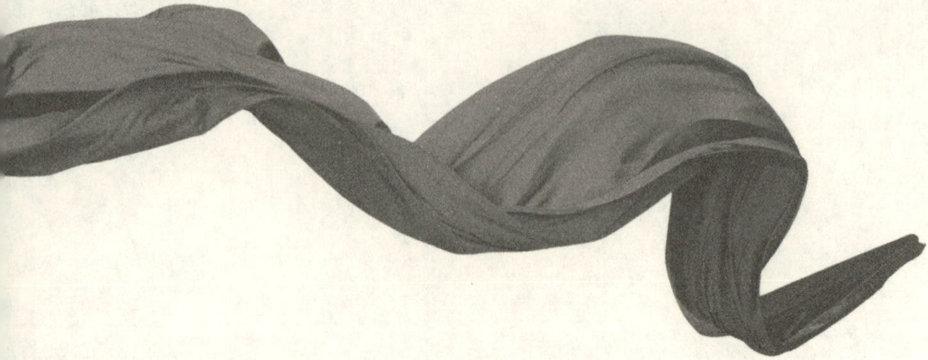

Ora, Judas Iscariotes conhecia aquele lugar onde Jesus se encontrava com os outros. Tendo concluído seus acertos com os sacerdotes e fariseus, conduziu-os ao local.

Aquele era o espaço e a hora propícia para os fins que tinham em mente. Poderiam efetuar a prisão conforme arquitetaram: sem alarde ou tumultos. Havia ainda combinado Judas, para que não houvesse dúvidas, que o Mestre era aquele a quem beijaria o rosto, era aquele que deveria ser feito prisioneiro.

Assim aconteceu.

Jesus estava com os apóstolos, quando observaram um grupo de homens que se aproximaram munidos de lanternas, tochas, espadas e armas. Ele sabia que aquele era o momento e se preparava para isso, de forma que os aguardou com o semblante sereno.

Entristeceu-se mais uma vez ao ver à frente daquela legião um de seus próprios companheiros: Judas. Conforme havia combinado, adiantou-se. Sem conseguir olhar nos olhos de Jesus, com a cabeça baixa, como se estivesse fazendo uma reverência, disse:

– Salve, Mestre!

Este olhou com compaixão para aquele discípulo perturbado e disse com pesar:

— Amigo, a que veio?

Judas se aproximou, sem conseguir olhar os olhos do Mestre, e beijou sua face. Jesus afirmou:

— Com um beijo trai o Filho do Homem.

Aquele era o sinal, e assim os guardas imediatamente se aproximaram tentando prendê-Lo. Pedro, ao verificar o que acontecia, empunhou uma espada e com um golpe decepou a orelha de Malco, o servo do sumo sacerdote. Jesus, porém, disse:

— Basta, Pedro. Não sabe que aquele que com espada fere com espada será ferido? Sabe que beberei do cálice que Meu Pai Me deu. Portanto, guarda tua espada na bainha.

Dizendo isso, colocou de volta a orelha no servo, e ela ficou curada.

Voltando-se à multidão, identificou entre eles sacerdotes, capitães do templo e anciãos que bem conhecia, pois sempre os encontrava. E disse:

— Saíram com espadas e armas para prender um perigoso salteador? Estive convosco diariamente no templo e não puseram as mãos sobre mim. Fazem isso agora, na calada da noite? Em verdade vos afirmo que assim o fazem porque essa é a hora em que comungam com o poder das trevas.

A legião ouviu calada e parecia não ter mais coragem para prosseguir naquela empreitada sorrateira. Então, Jesus completou:

— Façam logo o que deve feito.

Disse isso e estendeu os braços, sereno como cordeiro que sabe que irá ao sacrifício. O comandante da escolta o prendeu, e os demais membros sentiram-se encorajados.[181]

---

181. João (18:1-12).

Enquanto Jesus era conduzido prisioneiro, os apóstolos, assustados e sem saber o que fazer, fugiram, dispersando-se cada qual para um lado. Embora também assustado, Pedro os seguiu a distância, protegido pela escuridão da noite, enquanto Jesus era conduzido a Caifás o sumo sacerdote, e a seu sogro, Anás. No momento em que Jesus era interrogado em conselho dos anciões pelos sacerdotes, Simão Pedro assistia a tudo do lado de fora. Um dos judeus, chamado José de Arimateia, que admirava Jesus, ao reconhecer Pedro, auxiliou-o a entrar no pátio, onde tinham acendido uma fogueira. E ficou a distância, observando. Uma das criadas, notando a presença do discípulo, reconheceu-o e perguntou:

– Por acaso não é um dos seguidores de Jesus?

Amedrontado, Pedro negou, dizendo:

– Mulher, não sabe o que diz, porque não o conheço.[182]

Anás e os principais sacerdotes do Sinédrio, neste instante, pareciam preocupados. Jesus já fora preso, mas precisavam de algum testemunho forte para incriminá-Lo perante as autoridades romanas. Vários depoimentos foram efetuados, porém eram fracos e incoerentes. Alguns se levantaram dizendo:

– Ouvimos quando disse que destruiria o templo e o santuário construído por mãos humanas e que em três dias o reconstruiria, mas não por mãos humanas.

Anás olhou para eles, aborrecido, e respondeu com desprezo:

– Bobagem! Tolice! Nunca vi tanta incoerência. Do que vamos acusá-Lo realmente? Precisamos de ter provas e testemunhos.

---

182. João (18:13-17).

Caifás então se aproximou e questionou Jesus:

— Afinal de contas, dizem por aí que é o Cristo, Filho de Deus! Confirma isso diante deste Conselho?

Jesus respondeu:

— Sabem que sou e verão o Filho do Homem assentado à direita do Todo-Poderoso, vindo com as nuvens do céu.

Tomado por intensa ira, Caifás rasgou as vestes de Jesus gritando em um estrondo:

— Não mais temos necessidade de testemunhas. Ouviram o que Ele disse? É blasfêmia! Qual é o veredicto?

A sentença foi unânime:

— A morte!

Começaram então a agredi-Lo com violência, esbofeteando seu rosto, cuspindo em sua face.

Enquanto o Mestre era humilhado, Pedro via a cena, penalizado e assustado, sem saber o que fazer, quando mais alguém comentou:

— Você é um dos amigos Dele, não é mesmo? Também é um dos tais.

— De jeito nenhum, não o conheço – retrucou Pedro.

As agressões continuavam, quando outro dos presentes voltou a questionar:

— Acho que o conheço e também vi que estava com ele, além do mais também é Galileu!

— Homem, não compreendo o que diz. Não conheço este homem.

Ao terminar a frase, ouviu-se um galo que cantou a distância, de forma melancólica, ecoando estranha cantiga pelo espaço, mais parecendo um grito de dor, um lamento, naquela noite de formas sombrias e trevas medonhas. Pedro, que parecia envolto em uma dolorosa hipnose, acordou para a dura realidade. Sentiu o sangue gelar em suas veias e o coração disparar em seu peito. Recordou a advertência que Jesus fizera há poucas horas: "hoje ainda, antes que o galo cante, me negará três vezes". Voltando os olhos, verificou que o Mestre olhava para ele naquele instante, como se dissesse: recorda?

Pedro não mais conseguiu conter a emoção: abaixou a cabeça e soluçou baixinho. Saiu imediatamente daquele local chorando amargamente, caminhando ao acaso pela noite triste e tenebrosa.

Jesus continuava a ser humilhado. Colocaram uma venda em seus olhos e o esbofetearam dando pancadas em rosto e cabeça e dizendo:

– Profetiza, Senhor! Diga quem é que Te bateu!

E davam gargalhadas e proferiam blasfêmias contra o Mestre, que permanecia em silêncio e oração para suportar tanta violência.

Quando amanheceu o dia, os sacerdotes, fariseus e escribas, liderados por Caifás, conduziram-no ao Sinédrio, aos maiorais reunidos especialmente para aquele evento: a condenação e morte de Jesus.

Qualquer criatura que visse a figura Dele àquela hora, certamente sentiria profunda compaixão e piedade. Mas não seus carrascos. O Mestre apresentava horríveis ferimentos no rosto castigado pelos socos e tapas recebidos. Da testa, corria pequeno filete de sangue, que descia por sua face, tingindo de púrpura sua barba. Parecia cansado, seu corpo se arqueava, mas seus olhos exibiam um brilho diferente: neles existia uma luz que ninguém seria capaz de entender.

Mais uma vez, perguntaram se confirmava perante a autoridade do Sinédrio que era Ele o Filho de Deus, e Jesus confirmou dizendo:

– Eu já disse, mas não acreditam. O que digo agora já disse a todos, porém continuam sem entender, e assim será mesmo quando virem o Filho do Homem assentado à direita do Todo-Poderoso.

A voz do Mestre soava cansada, mas o brilho de seus olhos irradiava energia. Na verdade, os maiorais do Sinédrio precisavam cumprir o ritual. O próximo passo seria apresentá-Lo a Pilatos como inimigo comum, de modo que o Governador selasse sua morte.

Pilatos era governador da Judeia, representante nomeado pelo próprio imperador, portanto a autoridade máxima daquela província Romana. Em termos jurídicos, nada poderia ser feito sem sua autorização.

Pilatos se encontrava naquela região contrariado, pois não gostava do clima, nem do povo, de seus problemas, de suas rusgas, de suas questões religiosas e de seus próprios desentendimentos. Era um povo complicado, e, constantemente, o governador se irritava com suas disputas, mas precisava manter as aparências, pois era norma dar liberdade religiosa aos povos das províncias sob domínio romano. Era uma atitude inteligente do Império, pois, ao dar liberdade da prática religiosa, permitia que os povos dessem vazão aos descontentamentos por meio da religião, o que facilitava subjugá-los.

Apesar do desprezo pelos problemas daquele povo, Pilatos procurava munir-se de paciência e frequentemente tomava decisões rápidas, para não aturar as conversas infindáveis dos sacerdotes do Sinédrio.

Ora, naquele dia, o governador descansava, quando o soldado da guarda veio informar que os sacerdotes estavam às portas do palácio para uma reunião urgente. Pilatos se irritou, pois sabia que eram sempre questões religiosas que o aborreciam.

— Mas este povo não tem outra coisa para fazer a não ser ficar toda hora me trazendo assuntos corriqueiros, como se fosse a coisa mais importante do mundo?

O soldado insistiu:

— Senhor, desta vez o assunto deve ser realmente muito importante. Estão aqui com um prisioneiro, que dizem ser um homem extremamente perigoso. Alegam ser um líder revolucionário que está pregando ideias de reação contra o Império Romano.

— Mais esta agora. Se é um homem tão perigoso, por que não me avisaram antes? — exclamou Pilatos, irritado, enquanto se levantava da rede.

Ora, ainda era de manhã, e os acusadores de Jesus não entraram no salão do Pretório[183] para não se contaminar e poder comer à Páscoa. Conhecedor de suas tradições, Pilatos se dirigiu até lá. Quando chegou, olhou para eles com profundo desprezo.

Lá estavam as mesmas figuras de sempre: fisionomias rancorosas, narizes curvos, muito conhecidas pelo governador e pelas

---

183. Na antiga Roma, a tenda de um general em campanha ou o local que serviria de tribunal. (N.E.)

quais não nutria nenhuma simpatia. À frente do grupo, o governador notou um homem de aspecto singular: tinha as mãos amarradas e apenas uma veste o cobria da cintura para baixo. Apresentava o rosto macerado proveniente das torturas sofridas, o corpo arqueado em função do cansaço, mas quando os olhos de Pilatos cruzaram com os olhos Dele, sentiu-se estremecer de forma inexplicável. Era como se aquele olhar penetrasse fundo em sua alma e, no íntimo de sua consciência, pudesse devassar todos os seus segredos mais ocultos.

Com o impacto daquela sua impressão, o Governador serenou seus instintos, sentindo imensa piedade por aquele homem. "O que os judeus inventaram desta vez?", pensou consigo mesmo.

– Que acusação fazem contra este homem? – perguntou.

Imediatamente, Caifás se manifestou parecendo extremamente odioso:

– Senhor Governador, trazemos à sua presença este homem extremamente perigoso. É um revolucionário, um subversivo que prega ser rei dos judeus. Como rei dos judeus, pretende rebelar-se contra o Império, incitando o povo a deixar de pagar tributos a César, pervertendo as pessoas e a nação.

Pilatos era um homem vivido e, depois de tantas experiências com o povo judeu, imediatamente verificou que aquela era mais uma questão absurda provocada por desentendimentos religiosos entre eles mesmos. Aquele homem possivelmente deveria ter afrontado a autoridade dos sacerdotes e por esta razão desejavam eliminá-Lo, mas não via Nele nenhum perigo, nem identificava um revolucionário que pudesse colocar em risco o domínio do Império naquela região. Isso o irritava: "por que não resolviam as próprias questões entre eles mesmos?". Então questionou:

— Não vejo neste homem crime algum para julgá-Lo. Por que não resolvem suas questões entre vocês mesmos? Julguem este homem segundo suas tradições.

Então responderam:

— Podemos até julgar, e isto já fizemos. Mas a nós não é permitido matar ninguém, e somente você pode condená-Lo à morte.

Imediatamente Pilatos percebeu as intenções perversas daqueles homens. Desejavam matar, mas não queriam fazer o serviço sujo. Se pudesse, sua vontade seria mandar dar boas bastonadas naqueles sacerdotes, mas não podia. Precisava respeitar as determinações romanas e dar prosseguimento à questão da melhor forma possível.

Os sacerdotes continuavam em suas artimanhas e, alvoroçados, pressionavam Pilatos:

— Não se engane com sua aparência de humildade. Na verdade, esta aparência de homem indefeso esconde um subversivo que incita e agita o povo por toda Judeia desde a Galileia, onde começou sua revolução.

Pilatos se sentia diante de um impasse. Não queria condenar Jesus por não ver nenhum tipo de culpa nele. Ao mesmo tempo, também não podia contrariar os sacerdotes do Sinédrio. Ao saber que Jesus era da Galileia, alegrou-se: havia encontrado uma saída.

Se era da Galileia, a jurisdição era de Herodes, e este poderia perfeitamente dar uma solução para o caso. Mas existia um problema: Pilatos e Herodes tiveram algumas rusgas e não se davam bem. Era a oportunidade que Pilatos esperava, pois estaria, com seu gesto, prestigiando Herodes e, dessa forma, recuperaria sua amizade.

O momento era oportuno, pois Herodes encontrava-se em Jerusalém para comemoração da Páscoa. Dessa forma, encaminhou Jesus com uma carta, na qual solicitava seus bons ofícios para julgamento da questão, afirmando que apenas um homem com bom-senso como Herodes poderia fazê-lo.

Ao receber o condenado juntamente com a missiva, Herodes sentiu-se prestigiado e satisfeito. Por outro lado, aquela missão lhe dava um prazer pessoal: há muito ouvira falar de Jesus e tinha muita curiosidade em conhecê-Lo. Ouvira falar dos milagres, das curas e tantas outras coisas. Desejava que em sua frente realizasse algum sinal miraculoso para seu deleite pessoal.

Ao vê-Lo naquela situação, decepcionou-se com a figura cansada e rosto desfigurado pelos maus-tratos recebidos.

Mesmo assim, Herodes queria ouvir o que o Mestre tinha a dizer, e por isso lhe dirigiu inúmeras perguntas enquanto os sacerdotes presentes temiam pela sua decisão. Por esse motivo, com grande alvoroço, acusavam Jesus de impostor e blasfemador, com muita veemência.

Se Jesus quisesse, teria conseguido simpatia para Sua causa por conta de Herodes, mas sabia também que este ainda estava distante de compreender a grandeza de sua divina missão e, por isso, preferiu manter silêncio.

Profundamente irritado com aquele silêncio, Herodes passou a escarnecer e humilhar Jesus, vestindo-o com um manto vermelho e devolvendo-o a Pilatos.

Junto encaminhou uma carta em resposta, agradecendo a confiança, mas dizendo que não condenaria aquele homem, pois nada tinha contra Ele. Ao receber Jesus de volta junto com a missiva, Pilatos e Herodes se reconciliaram.

Mas Pilatos sentiu o peso da responsabilidade. Os sacerdotes tumultuavam a entrada do Pretório, incitando o povo contra, o prisioneiro. O governador pediu licença. Precisava pensar na melhor decisão a tomar. Dizendo isso, pediu que conduzissem Jesus para dentro do salão. Os sacerdotes aguardavam do lado de fora, extremamente enfurecidos. Sabiam que era necessário pressionar muito o governador, pois temiam que Pilatos libertasse o cativo por considerá-Lo inocente das acusações.

Enquanto Pilatos pensava sobre o assunto, os sacerdotes, escribas e fariseus infiltravam simpatizantes no meio da multidão, com objetivo de incitar o povo para conseguir a condenação de Jesus.

A multidão não raciocinava. Como uma manada enfurecida, não temia nem pesava as consequências. Os gritos de: "morte ao difamador!", "crucifiquem-no!", começaram a ser ouvidos, e logo se tornou um espetáculo deprimente em que repetiam as mesmas palavras de ordem.

Pilatos, neste instante, resolvia interrogar Jesus novamente.

— Sabe que tenho autoridade para soltá-Lo ou para mandar matá-Lo?

— Tua autoridade é sobre a morte, porque sobre a vida apenas Meu Pai tem.

Pilatos se admirou da pronta resposta, altiva e inteligente para um homem que sofrera tantas torturas e humilhações. Insistiu:

— Dizem por aí que é o rei dos judeus, é verdade?

— Vem de ti esta pergunta ou te disseram os outros a meu respeito?

– Então, qual é o seu reino?

– Meu reino não é deste mundo, porque se fosse, meus ministros e meus soldados se empenhariam para que Eu não fosse entregue aos judeus, e não estaria aqui. Eu vim para dar testemunho da verdade! – respondeu Jesus, com a voz já cansada.

– Então, diga-me o que é a verdade!

Jesus nada respondeu. Sua boca se calou e de seus olhos duas grossas lágrimas rolaram.

Pilatos sentiu profunda piedade daquele homem. Em sua opinião, era inocente, mas em seu entendimento era, no mínimo, um lunático. Naquele momento, entrou na sala a esposa do governador, que o chamou dizendo:

– Não se envolva com este assunto. Encontre uma forma de libertá-Lo, pois este homem é justo. Recebi algumas visitas de pessoas boas e influentes que pediram que intercedesse em favor dele. Inclusive, esta noite, tive um sonho e muito sofri a esse respeito. Liberte-O – concluiu retirando-se pouco tempo depois.

As palavras da esposa deixaram Pilatos pensativo. De sua sala ouvia o clamor da multidão. Todavia, aquilo não o intimidava, e estava disposto a libertar Jesus. Não era costume judaico, por ocasião da Páscoa, libertar um prisioneiro? Seria liberado em nome da tradição judaica. Começou a recear, pois não era conveniente provocar a ira do Sinédrio. Poderiam reclamar a Roma, e isso não era conveniente. Precisava encontrar uma saída em que o próprio povo confirmasse a sua decisão. Chamou os integrantes da guarda e perguntou:

– Há algum ladrão ou assassino que o povo deteste?

— Sim — respondeu um dos soldados da guarda — odeiam Barrabás. Foi feito prisioneiro há alguns dias. É um assassino e ladrão detestado.

"Já tenho a solução", pensou Pilatos, "coloco os dois diante da multidão para que escolham quem deve ser libertado, e certamente o povo escolherá Jesus. Então, ordeno sua libertação, Barrabás volta para a prisão e tudo fica resolvido".

Lá, sob a regência dos sacerdotes, o povo delirava, aos gritos:

— Crucifica-o! Crucifica-o!

Pilatos mandou trazer Barrabás e caminhou com Jesus até a multidão. Ora, ao ver o que pretendia o governador, os sacerdotes se alegraram, pois previram a manobra naquele sentido e se antecipado, pois já havia surtido efeito a infiltração de agitadores no meio das pessoas. Antes mesmo que Pilatos oferecesse a alternativa, já clamavam pelo nome de Barrabás.

O governador pediu silêncio. Os soldados distribuíram algumas batidas nos mais exaltados, e, depois de alguns minutos, o povo se calou. Então, Pilatos se dirigiu a eles dizendo:

— Trouxeram-me este homem para ser julgado, mas não encontrei Nele nenhum motivo ou crime que justifique Sua condenação. Segundo a tradição de Páscoa, devo conceder liberdade a um prisioneiro. Ofereço estes dois para que decidam a quem devo libertar? Jesus de Nazaré ou Barrabás?

Ele ainda esperava que a multidão decidisse pela libertação de Jesus. Contudo, incitados pelos comparsas dos sacerdotes, o povo vociferou com voz assustadora, que ainda ecoa no espaço:

— Barrabás!

Surpreso com o que ouvia, não teve alternativa. Libertou Barrabás. Os sacerdotes se sentiram fortalecidos diante da vontade popular e, dessa forma, resolveram aproveitar o momento. Cercaram o governador para acuá-lo exigindo uma decisão definitiva:

– Não faça o que está pensando. Se soltar este aí, não é amigo de César, pois todo aquele que se proclama rei é inimigo de César, e o imperador não gostará de saber disso – concluiu Caifás, em tom ameaçador.

O governador sentiu o impacto da ameaça. Tinha plena convicção de que Jesus era uma inocente vítima da armação dos sacerdotes do Sinédrio. Sabia também que, se quisesse, poderia afrontar aquela turba desvairada, ordenando aos soldados que usassem a força para dispersar a multidão, mas isso causaria enorme confusão. Muito lhe agradaria, também, contrariar a vontade daqueles judeus dizendo: "estou libertando Cristo!". Entretanto, tudo isso causaria tumulto, e essa afronta poderia custar, pois não tinha dúvidas que tentaria criar problemas com César, como deixara claro em suas ameaças. Voltando-se para Caifás e demais sacerdotes, inquiriu:

– Querem que eu o condene à morte crucificando vosso rei?

– Nós não temos nenhum rei, a não ser César! – responderam.

Enquanto isso, o público urrava:

– Crucifica-o! Crucifica-o!

Pilatos olhou mais uma vez para a figura de Jesus e lamentou. Precisaria tomar uma decisão naquele momento. E chegou a conclusão que não valeria a pena correr um risco tão grande. Dessa forma, ordenou que trouxessem um vasilhame com água e, diante do público delirante, lavou as mãos, naquele gesto simbólico que ficaria gravado para sempre na memória da humanidade. Depois, gritou para que todos pudessem ouvi-lo:

– Lavo minhas mãos pelo sangue que correrá deste homem. Que caia sobre vocês a culpa e o sangue deste inocente.

A multidão delirou, acatando as palavras de Pilatos:

– Que caia sobre nós o seu sangue e sobre nossos filhos.

"Insanos", pensou Pilatos ao dar ordens para que Jesus fosse entregue aos soldados. Em seguida, afastou-se. Seu coração estava angustiado, pois sabia que aquele homem não merecia o tipo de morte que lhe fora reservado.

Os sacerdotes retornaram ao Sinédrio, comemorando ruidosamente com gritos de satisfação e gargalhadas o sucesso da empreitada.

As legiões de espíritos trevosos também comemoravam. O sucesso fora absoluto, pois os inimigos encarnados de Jesus cumpriram fielmente as infelizes propostas das ordens malignas.

Jamais poderiam imaginar que exatamente a morte humilhante que impuseram a Jesus marcaria para sempre Seus ensinamentos e Sua passagem pela Terra.

Comemoravam ruidosamente a morte de Jesus, quando surgiu no Sinédrio a figura de Judas. No fundo, sentiam desprezo por ele, porém era hora de celebrar, então autorizaram que entrasse.

Judas fora tomado por profundo remorso ao verificar que o Mestre fora condenado à morte pela crucificação, e não mais suportava o peso da própria culpa, por esse motivo procurou os sacerdotes. Sentia a necessidade de desabafar, falar a verdade, extravasar o sentimento e, enfim, devolver aquele dinheiro sujo.

— Que deseja mais? — questionou um deles.

— Vim devolver as trinta moedas que me pagaram — respondeu Judas.

Todos silenciaram diante de Judas, que parecia transtornado. Seu semblante era o de um louco, e seus olhos pareciam exageradamente abertos, quase fora das órbitas. Enfim, ele exclamou revoltado:

— Estou devolvendo este dinheiro sujo, porque sinto no fundo do meu coração que pequei, traindo um amigo. Sinto-me culpado pelo sangue que será derramado, pois Jesus é inocente.

— Que nos importa, homem? Isso é contigo, e este problema é seu — responderam com sarcasmo, às gargalhadas.

Judas pegou o saco onde estavam as trinta moedas de prata e, com raiva incontida, atirou-o em direção ao santuário. O saco ainda caía no chão espalhando as moedas, e Judas retirou-se daquele lugar, gritando como um louco e seguindo a esmo pelos campos. Extremamente perturbado e sob o peso do remorso, colocou um fim à própria vida, enforcando-se em uma árvore, à margem da estrada. Enquanto seu corpo balançava nos limiares da morte ao sabor do vento, os outros discutiam o que fazer com a pequena fortuna que havia retornado a eles.

— Não acho que seja de bom tom destinar este dinheiro ao cofre das ofertas, pois é dinheiro de sangue — alegou um deles.

Os demais concordaram. Então, em Conselho, decidiram comprar um terreno propício, que chamariam de Campo do Oleiro, destinado a ser um cemitério às pessoas de fora, que não eram judeus. Aquele local passou a ser conhecido como "O Campo do Sangue", cumprindo-se a profecia de Jeremias: "Tomaram as trinta moedas de prata, preço que foi estimado àquele a quem os filhos de Israel avaliaram, e as deram pelo campo do oleiro, assim como me ordenou o Senhor."

Neste instante, o suplício de Jesus continuava de forma cada vez mais humilhante. Após a determinação de Pilatos, fora entregue às mãos dos soldados romanos, que o levaram até o pátio do Pretório, onde despojaram suas vestes, colocando sobre ele um manto vermelho e um caniço em sua mão direita. Em seguida, improvisaram uma coroa de espinhos, colocando sobre sua cabeça enquanto zombavam, ajoelhando diante dele e fazendo reverências irônicas:

– Salve, Salve, ó rei dos judeus!

Aquele era um momento crucial. As forças do corpo abandonavam o Mestre. Exausto, Ele se concentrava na oração, procurando dissipar a atenção que Lhe cobravam as terríveis dores a torturá-Lo. Uma coroa de espinhos Lhe perfurara a fronte e as têmporas. O sangue escorria em filetes que banhavam seu rosto sofrido.

Sentia dificuldades para se manter em prece, em virtude dos açoites e dos constantes tapas no rosto. Sua mente parecia obscurecida e, em determinado momento, achou que desfaleceria. Cambaleou, e um dos soldados o amparou para que não caísse. De repente, sentiu que suas energias físicas retornavam, como se tivesse momentaneamente recebido uma recarga espiritual de energias. Naquele tumulto, não conseguia ter qualquer visão espiritual. Sabia desde o princípio que, embora o Pai estivesse com Ele, precisaria dar o testemunho doloroso, então estaria só. Seu corpo doía horrivelmente, os espinhos feriam muito sua cabeça, que latejava. Recebia o peso do cansaço, da humilhação, mas de sua boca não saía nenhum lamento. O Mestre sofria aquilo tudo em silêncio.

Era uma atitude que os soldados jamais viram. Era comum os supliciados pedirem clemência e implorarem por suas vidas, mas daquele homem não ouviram sequer um gemido, um lamento. E isso os deixava mais irritados, intensificando o suplício de tal forma que Jesus finalmente caiu de joelhos. Então, o comandante dos soldados, talvez tomado por súbita compaixão, gritou:

– Basta! Se continuarmos dessa forma, não terá forças para carregar a cruz. Certamente morrerá antes da crucificação.

Então, interromperam os castigos. Deram ao prisioneiro um pouco de água e, apesar de ter sido tão maltratado, ainda teve forças para novamente ficar em pé. Colocaram sobre ele as próprias vestes e o conduziram para fora, onde pesada cruz de cedro o aguardava.

Jesus se abraçou à cruz e, curvado sobre o peso do madeiro, seguiu trôpego, sob o açoite dos soldados e a vaia da multidão delirante. O destino era um local chamado Gólgota, que em hebraico significa: lugar da caveira, também conhecido como Calvário.

Aquele era um castigo impiedoso, um suplício destinado a malfeitores e a bandidos perigosos, que os romanos puniam da pior forma: a crucificação que levava o condenado a morrer por esgotamento, porque não atingia órgãos vitais. A morte era muito lenta e extremamente dolorosa, acompanhada de um tormento inimaginável.

Logo no início da jornada, sem suportar o peso da cruz e o próprio cansaço, sentindo as forças físicas se esgotarem, Jesus caiu. Seus joelhos sangraram, adicionando mais dor à imensa carga de sofrimento. Temerosos que não mais tivesse forças para suportar a dura caminhada até o Gólgota, os soldados convocaram um homem que passava pela estrada para que auxiliasse Jesus em sua caminhada, ajudando-O a carregar a cruz.

Aquele homem era Simão Cireneu, que, constrangido pelos soldados, tomou a cruz de Jesus e o auxiliou naquela humilhante jornada. Uma multidão seguia o cortejo. A maioria gritava, maldizia, proferia palavrões e insultos. Outros, entretanto, lamentavam e choravam vendo a dolorosa agonia a que Jesus fora submetido.

Algumas mulheres se aproximaram e, em prantos, lamentavam por tudo aquilo. Jesus, porém, quase sem forças para caminhar, ainda encontrou energia para dizer:

– Filhas de Jerusalém, não chorem por Mim! Chorem antes por vocês mesmas e por seus filhos!

Cambaleante, caiu mais uma vez. Uma mulher piedosa aproximou-se e tentou oferecer um pouco de água, porém foi fustigada pelos soldados. Outra se aproximou rapidamente e, com uma toalha, conseguiu enxugar seu rosto, que estava molhado de suor e sangue.

Finalmente, chegaram ao Gólgota, onde dois salteadores já estavam na cruz. Por ordem de Pilatos, fizeram uma inscrição que deveria ser colocado no alto da cruz de Jesus, sobre sua cabeça: JESUS NAZARENO, O REI DOS JUDEUS. Os sacerdotes foram reclamar a Pilatos. Este, porém, assim disse:

– Escreveram o que mandei escrever!

Os soldados, então, prepararam a cruz e, antes de deitarem o prisioneiro sobre ela, ofereceram-lhe vinho com mirra. Era uma bebida que fazia o supliciado perder um pouco da consciência e da sensibilidade, mas o Mestre recusou. Em seguida, tomaram suas vestes, dividindo-a em quatro partes. À túnica, como era sem costura, combinaram não rasgar, mas fizeram um sorteio para ver quem ficaria com ela. Nisto se cumpriam as Escrituras que diziam: "Repartiram entre si minhas vestes e sobre minha túnica lançaram sorte".

Ao lado de tanta insensibilidade e dor, acompanhando o sofrimento de Jesus, encontrava-se Maria, sua mãe; Maria, mulher de Clopas; Maria Madalena e o único discípulo presente naquele triste episódio: João, o mais querido do Mestre, que amparava sua mãezinha, quase desfalecida por tanta amargura e incompreensão, ao ver o que acontecia com seu filho muito amado.

Finalmente, deitaram Jesus sobre a cruz. O cansaço dominava o corpo físico do Mestre, e as dores eram tantas que, ao receber as marteladas pregando seus pés e seus braços e a dor dos cravos perfurando sua carne, tudo o que sentiu se uniu à aflição da alma. Era a terceira hora[184] quando o crucificaram.

Sabia que longas horas de tortura ainda o aguardavam. Fechou os olhos e buscou no amparo espiritual as forças que faltavam.[185]

---

184. Nove horas da manhã. (N.E.)
185. Toda a parte do julgamento de Jesus, a *via crucis* e a crucificação, podem ser conferidas em João (18:20-40) e (19:1-25). (N.E.)

MORTE E RESSURREIÇÃO

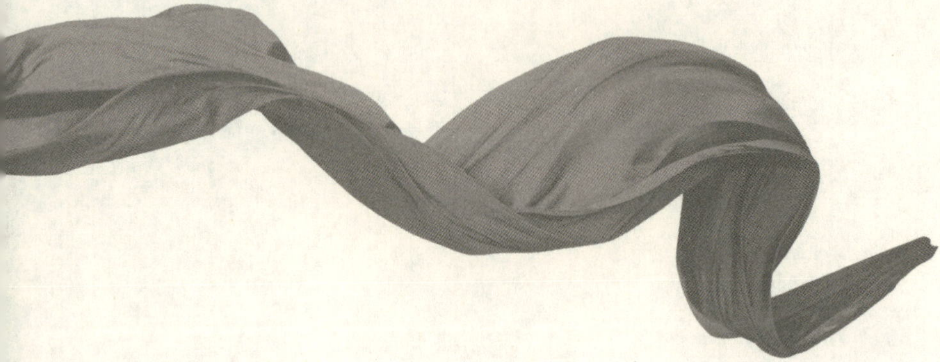

No alto da cruz, ao lado de dois criminosos, Jesus olhou a multidão, sentindo imensa tristeza. Na verdade, a dor espiritual era maior do que a dor física, ao verificar que aquele mesmo povo que o recebera com ramos e louvores há apenas uma semana, quando chegara em Jerusalém, agora proferia insultos e ofensas.

O sofrimento era insuportável. Os minutos eram longos e penosos, e sua cabeça doía muito quando encostava um pouco no crucifixo. Já não sentia mais as mãos, mas os pés que suportavam o peso do corpo doíam horrivelmente. A respiração tornava-se pesada e difícil. A tortura da sede se fazia insuportável.

Desnorteado, olhou para os lados, esperando encontrar um olhar amigo, e teve saudade dos apóstolos. Cada um com seu defeito, cada um com sua dificuldade, ainda fracos na vontade, mas o Mestre sabia que eram valorosos e que chegaria o momento em que dariam o testemunho sem medo, sem temor da morte. Lembrou-se de Judas e apiedou-Se daquele discípulo distraído do caminho. Uma lágrima derramou de Seus olhos quase inertes. Em pensamento, envolveu Judas com intensa compaixão.

O povo, entretanto, zombava. E alguns gritavam:

– Salvou a tantos, então salve a Si mesmo, se realmente é o Filho de Deus.

Um dos ladrões crucificados blasfemava revoltado:

– Não é o Cristo, o Filho de Deus? Não disse que destruiria o templo e o reergueria em três dias por mãos não humanas? Então, salve a Si mesmo e a nós também.

O outro ladrão, chamado Dimas, repreendeu seu companheiro:

– Por que blasfema? Nós, pelo menos, fomos condenados pelos crimes que cometemos, mas Ele é inocente, nenhum mal cometeu.

Voltando-se para Jesus, pediu:

– Senhor, eu creio que realmente é o Filho de Deus! Peço-Te que Se lembre de mim quando estiver em Teu reino de glória.

Jesus respondeu:

– Em verdade vos digo que um dia estará comigo no Reino dos Céus.

Longas horas se passaram desde o início daquele desgosto. Os companheiros de Jesus pareciam já inconscientes, mas, apesar das dores extremas e do cansaço, o Mestre permanecia lúcido. Mesmo com a enorme pressão no peito e a respiração cada vez mais difícil, porque as costas se apoiavam sobre a dura cruz, e, aos poucos, eram entorpecidas, comprometendo a capacidade do diafragma.

Mais uma hora transcorreu daquela lenta agonia, e Jesus quase desfaleceu, mas vez ou outra percebia claridades ao seu redor, e isto O despertava. Uma plêiade de espíritos de luz O envolveu em bálsamos reconfortantes, sem, no entanto, interferir no testemunho doloroso que apenas ao Mestre competia. Amparado na essência divina, firme no propósito de exemplificar o perdão aos homens e a fé em Deus, resistia à infame tortura.

Olhou mais uma vez ao redor e identificou a presença de João, o amado apóstolo, e de Maria, sua mãe, e seus olhares se cruzaram. Ainda assim, Ele encontrou forças para endereçar uma palavra de bom ânimo:

– Mulher, não chore por mim, eis aí o teu filho – disse indicando a figura do discípulo.

E voltando-se para João disse:

– Filho, eis aí tua mãe. Cuide dela por mim.

Diante daquelas palavras, João cuidou de Maria até o fim de seus dias.

Já era a quinta hora[186], e Jesus sentia que não resistiria por muito mais tempo. Sentia o corpo torturado por dores insuportáveis.

De repente, percebeu que, do meio da multidão, um espírito se levantou e se aproximou, zombeteiro. Era uma figura já conhecida de Jesus! Era o tentador de sempre, que agora aparecia a sua frente, postando-se como o grande vencedor.

Nenhum dos presentes jamais perceberia o que estava acontecendo, porque essa ocorrência se dava no plano espiritual.

– Não disse que isso iria acontecer? Mas preferiu não me ouvir. Esse povo é ignorante e ingrato. Não merece e jamais compreenderá a dimensão do sacrifício que faz por eles. Vê? São os mesmos que, ainda há alguns dias, O receberam com festas e

---

186. Onze horas da manhã. (N.E.)

alegria. Foram os mesmos que pediram a libertação de Barrabás e sua morte! Está vendo? Compreende agora? Digo ainda mais: no futuro, suas palavras serão deturpadas, em Seu nome crimes e barbaridades terríveis serão cometidos, tudo em Seu nome. O ser humano é fraco, ingrato e não merece o Seu sacrifício.

O espírito fez breve pausa, esperando o efeito de suas palavras, mas vendo que Jesus nada respondia, continuou:

— Confia em mim e Te darei o que quiser, porque ainda não é tarde. Eu tenho poder para Te descer desta cruz, e então o povo Te aclamará. Eu O conduzirei vitorioso entre as nações, se prometer que irá me adorar. Esqueça Seu Pai, blasfeme, manifeste Sua revolta, porque Ele Te abandonou. Vamos, Jesus, prometa! Este povo não Te merece! Clame em voz alta, tem todo direito! Maldiga este povo ignorante!

O Mestre ouvia em silêncio as propostas do espírito maligno. Seus olhos cansados se voltaram para a multidão enlouquecida, observando que, apesar de tudo, no meio dos agitadores havia criaturas que realmente O amavam e sofriam por Ele. Ouvia ainda as ofensas e as palavras indignas, mas sentiu imensa piedade daqueles homens. Olhou os soldados e também se sentiu penalizado por seus carrascos.

Diante do silêncio de Jesus, o espírito insistia:

— Vamos! Maldiga este povo, blasfeme contra eles, pois ninguém merece Sua consideração nem Seu respeito.

Tomado por intenso sentimento de compaixão, Jesus levantou os olhos, e sua voz enfraquecida soou como um lamento dolorido:

— Senhor! Perdoa-os, porque eles não sabem o que fazem!

Inconformado ao ouvir aquilo, o espírito deu um grito medonho, desaparecendo na escuridão que começava a descer, cobrindo Jerusalém.

Era chegada a sexta hora[187], e Jesus não mais resistia. Sentiu muita sede. Com voz sumida, pediu um pouco de água. Um dos soldados embebeu vinagre em um pano e o atou a um caniço, colocando-o em sua boca.

Algumas pessoas diziam:

— Deixai-O sem beber, para ver se Elias vem tirá-Lo.

Isso porque havia clamado: "Eli! Eli!", isto é: "Senhor, Senhor".

Naquele instante, Jesus clamou:

— Senhor, está tudo consumado. Em Tuas mãos entrego Meu espírito.[188]

Em seguida, sua cabeça pendeu, e o Mestre deu o último suspiro.

Era a sexta hora e o céu de Jerusalém escureceu, permaneceu assim até a nona hora, enquanto ocorria um assustador tremor de terra na região.

Um dos soldados, assustado, exclamou:

— Verdadeiramente, Este homem era um santo!

Naquele instante, em espírito, Jesus libertou-Se envolvido em intensa luminosidade, deixando Seu corpo físico na cruz.

Espíritos de luz O receberam em abundante energia balsâmica, mas o Mestre ainda precisava cumprir o final de sua missão sobre a Terra.

---

187. Meio-dia. (N.E.)
188. Toda a parte da agonia na cruz pode ser conferida em João (19:23-30) e Mateus (27:37-51). (N.E.)

Mesmo após a condenação, os fariseus continuaram preocupados com Ele. Procuraram Pilatos, pedindo que autorizasse quebrar as pernas dos crucificados, certificando-se, assim, de sua morte.

Ora, os sacerdotes temiam o fato de Jesus ter prometido ressuscitar no terceiro dia. Queriam ter a certeza de que não ocorreria nenhum fato novo.

Os soldados quebraram as pernas dos dois salteadores, porém, quando chegaram ao lado do corpo de Jesus, ainda preso, respeitaram-no e não quebraram Suas pernas. Contudo, tinham que provar a sua morte, por isso Longinus, um deles, estendeu a lança, perfurando o corpo inerte do Mestre, do qual verteu sangue e água.

Aquele que presenciou isso, deu testemunho às autoridades. E tudo aconteceu para que se cumprissem as escrituras: "Nenhum de seus ossos será quebrado. Eles verão aquele a quem transpassaram."

Acompanhando a agonia de Jesus, para no final poder cuidar de seu corpo, encontravam-se várias mulheres, que Ele muito amava, com sentimentos de amor puro e verdadeiro. Além da Sua mãe, estavam Maria Madalena; Maria, mãe de José e de Tiago, chamado o menor, e Salomé, a mulher de Zebedeu.

Havia em Jerusalém um homem muito influente, chamado José de Arimateia, que, embora fizesse parte do Sinédrio, era, em segredo, um grande admirador do Cristo. Não concordara com o que fizeram ao Mestre, mas não pudera impedir. Porém, ouvira as pregações e acreditara, por isso tinha esperança no Reino de Deus.

José de Arimateia procurou Pilatos, rogando que concedesse a ele a guarda do corpo, a fim de preparar o túmulo. O governador, chamou os soldados e, ao testemunhar que Jesus já estava morto, concedeu-lhe o pedido.

Acompanhado por Nicodemos, o mesmo que procurara Jesus durante a noite pedindo esclarecimentos da Lei, e de outras pessoas que esperavam, José tirou o corpo da cruz, e eles o envolveram em lençóis e bálsamo, como era costume dos judeus nos preparativos para o sepultamento. Ora, no local onde Jesus fora crucificado, havia um jardim com um sepulcro novo, no qual ninguém ainda fora sepultado.

Depositaram lá o corpo e depois se retiraram. Ora, ainda insatisfeitos, os principais sacerdotes, fariseus e escribas foram novamente ter com Pilatos, dizendo:

— Senhor Governador, queremos lembrá-lo que aquele impostor prometeu ressuscitar três dias após sua morte. É necessário que tome providências para que o sepulcro seja guardado com rígida segurança até o terceiro dia, para não suceder que, vindo os seus discípulos, roubem o corpo, e depois digam ao povo: ressuscitou dos mortos. Ou haverá um impostor maior ainda que o primeiro.

— Ordenarei imediatamente uma guarda. Podem ir com eles e façam o que julgarem melhor – respondeu Pilatos.

Acompanharam a escolta até a entrada do túmulo, certificando que havia uma pedra sobre a entrada, e a selaram, retirando-se em seguida.

Ora, tanto José de Arimateia quanto Nicodemos conheciam bastante as artimanhas daqueles homens e, por esta razão, temiam pela integridade do corpo. Sabiam que pediram a Pilatos para quebrar suas pernas e receavam que o profanassem por temer a ressurreição prometida. Assim, tomaram uma decisão: iriam retirar Jesus daquele local e o levariam, ainda naquela noite, a um local onde apenas eles saberiam encontrá-Lo.

Dirigiram-se até a sepultura. Nicodemos levara consigo uma bolsa com cerca de cem libras, além de mirra e vinho.

Os soldados conheciam os dois judeus e sabiam que Pilatos havia liberado o corpo para eles. Após tomarem vinho e experimentarem mirra, aceitaram de bom grado a bolsa contendo o dinheiro, com a promessa de que, se necessário fosse, jurariam perante o governador que guardaram o corpo o tempo todo, e que nada de estranho havia acontecido e ninguém se aproximara do túmulo.

Assim fizeram. Retiraram o corpo e o levaram a um local sabido apenas por ambos. Lá o sepultaram.

As mulheres haviam se retirado para preparar os óleos e bálsamos. No dia seguinte, sábado, descansaram, segundo o mandamento. Na madrugada que antecedia o domingo, ocorreu naquele lugar um forte tremor de terra, e algumas pedras rolaram. Os soldados ficaram receosos ao notar que a pedra que obstruía a entrada do sepulcro fora desalojada, achando prudente permanecer a distância, observando para assegurar que nenhum outro fato estranho ocorreria.

Os sacerdotes, por sua vez, ainda não satisfeitos e preocupados com futuros boatos, foram autorizados pelo conselho de anciões a procurar os soldados romanos, levando grande soma em dinheiro. E disseram:

— Se alguém vier dizer a respeito da ressurreição de Jesus, digam que não foi nada disso! Que alguns, durante a noite, vieram escondidos e roubaram o corpo sem que notassem.

Os soldados replicaram:

— Seremos castigados, porque fomos incumbidos de montar guarda!

— Nada temam, pois nós diremos a Pilatos que foi melhor assim e os colocaremos em segurança.

Dizendo isso, foram embora, enquanto os soldados riam dizendo:

— Não é que recebemos duas vezes pela mesma coisa, e os próprios judeus nos pagaram para o melhor álibi que poderíamos ter até hoje?

E comemoraram bebendo vinho.

Quando chegou o domingo, o primeiro dia da semana, Maria Madalena e as demais mulheres seguiram depressa, à primeira hora, em direção ao sepulcro. Quando chegaram lá, encontraram os soldados assustados, dizendo que a pedra havia se movido sozinha.

Também assustadas e seguidas por Maria Madalena, as mulheres foram à entrada do sepulcro, quando tiveram uma visão: dois espíritos em forma de anjos, de vestes alvas e resplandecentes, apresentaram-se a elas:

— *Não temam, pois sabemos que procuram por Jesus, mas asseguramos que Jesus não está mais aqui. Ele está vivo, como havia prometido. Devem ir depressa e dizer aos apóstolos e a Pedro que Ele irá antes de vocês para a Galileia, pois lá o encontrarão! Creiam, pois, é conforme dizemos!*

Dizendo isso, desapareceram em uma névoa esbranquiçada, que se confundiu com os luminosos raios de sol daquela manhã.

Então, Maria Madalena; Joana; Maria, mãe de Tiago, e as demais mulheres adentraram o sepulcro e lá o encontraram vazio. Saíram imediatamente para contar aos apóstolos o que havia ocorrido.

Quando estavam a caminho, sentiram-se tomadas por um misto de medo e alegria. Estavam bastante confusas, mas uma alegria intensa invadia seus corações. Corriam para anunciar o acontecimento aos apóstolos, quando viram a figura de Jesus, que veio ao encontro delas e as saudou dizendo:

– Salve!

Quando elas o reconheceram, gritaram de contentamento e correram para abraçá-Lo, porém Ele afirmou:

– *Não temam. Avisem meus irmãos que devem se dirigir à Galileia e lá me verão.*

Desapareceu, sem que desse tempo para que pudessem tocá-Lo.

Maria Madalena era uma mulher muito grata e amava verdadeiramente a Jesus, com devoção e respeito, pois, ao se encontrar pela primeira vez com o Mestre, era atormentada, e ele expulsou sete espíritos que a dominavam. A partir daquela dia, tornou-se outra pessoa, com uma alegria que iluminava seus caminhos. Compreendeu os ensinamentos e passou a segui-los.

Ao chegar onde os apóstolos estavam reunidos, deram a notícia, mas foram recebidas com desconfiança. Pedro e os demais consideravam que todos ainda estavam sob o impacto da forte emoção vivenciada nas últimas horas, após todos aqueles acontecimentos dolorosos que culminaram com a morte do Mestre. Realmente, foi muito sofrido, e todos sinceramente se sentiam confusos e perturbados. Julgavam que tanto Maria Madalena como as demais mulheres provavelmente tinham delirado ou tido visões.

Mas Pedro sentiu vontade de verificar o túmulo onde Jesus foi sepultado. Saiu com pressa, porém Felipe foi mais rápido e, ao chegar à entrada do túmulo, encontrou apenas os lençóis de linho nos quais o corpo do Mestre fora envolto, porém não entrou. Em seguida, chegou Pedro. Juntos entraram no sepulcro e verificaram que apenas os lençóis lá estavam, juntamente com o lenço que envolveu a cabeça de Jesus e se encontrava à parte. Finalmente acreditaram que Ele estava vivo e saíram correndo para contar aos demais.

Ora, ainda naquele dia, Maria Madalena chorava no jardim ao lado do túmulo. Estava inconsolável e doía de saudades do Divino Amigo, quando ouviu uma voz que dizia:

– *Mulher, por que chora? A quem procura?*

Ela mantinha a cabeça baixa e percebeu que, ao seu lado, havia um homem em pé. Era Jesus, mas estava muito perturbada e, supondo ser o jardineiro, não O reconheceu.

– Porque gostaria muito de ver novamente o Meu Mestre – exclamou com os olhos úmidos.

– *Maria!*

Naquele instante, Maria Madalena sentiu seu coração bater descompassado. "Aquela voz! Meu Deus", pensou, "aquela voz era inconfundível! Era Ele!". Voltou-se e o reconheceu, dando um grito de emoção incontida:

– Mestre!

Ajoelhou-se, mas, em seguida, levantou-se para abraçá-Lo, porém Ele disse:

– *Não me toque, pois ainda não subi ao Pai! Antes, vá e esteja com meus irmãos, pois em breve estarei com eles na Galileia.*

Naquela tarde, quando Bartolomeu e Cleópas seguiam para o campo em direção a Emaús, conversavam sobre todos os acontecimentos. Para eles, tudo aquilo era de difícil compreensão. Pareciam perturbados, sem saber o que seria deles e o que fariam daí por diante, quando um homem se aproximou, caminhando ao seu lado. Era o próprio Jesus que se manifestava, porém eles não o reconheceram. Então, Jesus perguntou:

– *O que é isso que tanto os preocupa e de que falam enquanto caminham?*

Bartolomeu ficou surpreso com a pergunta, mas foi Cleópas quem o questionou:

– Sua pergunta é muito estranha, amigo. Será que é o único que, estando em Jerusalém, ignora os acontecimentos destes últimos dias?

– *E quais foram estes acontecimentos?*

Cleópas respondeu:

– O que aconteceu? Ora, Jesus, o Nazareno, que era um homem digno e profeta, que fez tantas obras poderosas e deu palavras de esclarecimento como testemunho de Deus ao povo, foi perseguido pelos sacerdotes e entregue às autoridades, sendo condenado à morte e crucificado. Nós esperávamos que fosse Ele o Messias, aquele que libertaria Israel, porém, infelizmente, tudo isso aconteceu. Desde então, estamos confusos e perturbados. Não sabemos mais o que fazer.

– Então, vocês perderam a confiança Naquele em quem confiavam?

– Sim, perdemos a confiança. Não sabemos o que fazer, embora algumas mulheres terem afirmado que o viram. Dizem que estava vivo e conversaram com ele, mas acho que elas estavam, assim como nós, perturbadas. Pedro esteve no túmulo e disse que não encontrou seu corpo, mas nós não sabemos o que pensar de tudo isso.

O Mestre lhes disse:

– Como são incrédulos! Por que ficam perturbados? Por acaso se esqueceram de tudo o que Eu disse? Que seria necessário que o Cristo padecesse para entrar na glória? Não sabiam que desde Moisés e os profetas tudo fora previsto e isso aconteceria?

Nesta hora, os discípulos O reconheceram, mas sentiram medo. Quando chegavam à aldeia, Jesus fez menção de passar adiante deles, e eles sentiram grande alegria e o convidaram:

– Senhor, fica conosco, porque já é tarde e o Sol já declina.

Jesus entrou, e, felizes, eles imediatamente prepararam a mesa para a ceia. Como se fosse uma visão divina, eles enxergaram o Mestre, que repartiu o pão e lhes deu, porém, como se despertassem de um sonho, abriram os olhos e Ele não mais estava lá. Os discípulos se abraçaram emocionados e choraram, pois compreenderam que estivera com eles para mostrar que estava vivo. Então acreditaram. Tomados por intenso entusiasmo, comentavam:

– Por acaso não ardia seu coração quando Ele nos falava das Escrituras?

– Sim – respondeu Bartolomeu – sentia que meu coração ardia com tanta alegria, como nos dias de glória em que nos falava das verdades do seu Reino!

E correram para avisar os demais, em Jerusalém, sobre aquele grandioso acontecimento.

Os apóstolos, junto com outros seguidores, encontravam-se em um casarão, discutindo a respeito de todos os fatos. Afinal de contas, Jesus havia sido crucificado, e sua morte perturbara a todos, que ficaram em um misto de medo e confusão. Agora, temiam as possíveis perseguições que os sacerdotes moveriam contra eles. As notícias de que o Mestre estava vivo os animava, mas, até aquele instante, apenas as mulheres o tinham visto. Pedro e Felipe apenas verificaram que o túmulo estava vazio, mas os demais discípulos e seguidores estavam confusos. Pensavam que ainda era pouco para acreditar ser algo verdadeiro e consistente, quando chegaram Cleópas e Bartolomeu, trazendo a grandiosa notícia.

A maioria se entusiasmou, mas ainda havia descrentes. Não duvidavam dos companheiros, porém consideravam que era efeito do cansaço da viagem. Tinham ido e voltado sem descanso, além de perturbados por tudo o que se passara. Pedro acreditava. Felipe e João também, porém muitos duvidavam.

Ora, discutiam acaloradamente quando ouviram uma voz que soou no ambiente, com aquela suave autoridade que todos conheciam:

– A *paz esteja convosco!*

O silêncio foi completo, pois os apóstolos verificaram que Jesus surgia na frente de todos como nos dias de glória quando estavam juntos. Então o Mestre repetiu:

– A *paz esteja convosco!*

Ele se manifestava materializado entre eles, e ficaram contentes, mas ainda receosos. E o Mestre repetiu:

— *Por que temem e deixam que entrem dúvidas nos corações de vocês? Olhem para mim* — disse, mostrando as marcas dos pregos nas mãos e nos pés.

Jesus se manifestava materializado por não ter ainda se elevado às dimensões espirituais de luz.

Admirados, viam que a presença de Jesus entre eles era verdadeira.

Ora, entre eles não estava um dos apóstolos, Tomé, também chamado de Dídimo. Quando retornou e disseram do acontecido, duvidou:

— Eu não acredito! Estão delirando e tendo visões! Ora, eu só acreditarei se Jesus aparecer novamente em minha frente, para que eu possa ver em suas mãos os sinais dos cravos, e ali colocar os meus dedos. Quero ver também o sinal da lança ao lado de seu corpo.

E finalizou seu discurso repetindo:

— Só depois de tocar suas chagas com minhas mãos, eu acreditarei.

Transcorrera mais de uma semana após a primeira aparição e, estando novamente reunidos e Tomé com eles, Jesus apareceu outra vez e os saudou:

— *A paz esteja convosco!*

Todos se alegraram, e o Mestre voltou-se para Tomé e disse:

— *Venha até mim Tomé, veja minhas mãos e meus pés, toque com seus dedos. Não seja um incrédulo, mas alguém que realmente crê.*

Tomé, tomado por intensa emoção, curvou a cabeça e disse:

— *Senhor meu, e Deus meu, eu creio.*

— *Porque me viram, acreditam? Em verdade vos digo: bem-aventurados aqueles que não viram e acreditaram.*

Dizendo isso, soprou sobre eles dizendo:

— *Recebam a luz do Espírito Santo. Preguem a Boa-Nova para que todos aqueles que acreditarem em Mim recebam a salvação.*

E uma luz intensa se fez sobre todos eles, e o temor, a incredulidade e as dúvidas desapareceram.

Alguns dias depois, sob a orientação de Pedro, os discípulos se organizaram fazendo planos para dar prosseguimento à pregação da Palavra. Em uma tarde em Tiberíades, quando Simão Pedro recordava aquela tarde gloriosa em que foram chamados por Cristo, recebendo antes uma rede carregada de peixes, sentiu-se saudoso do Mestre e convidou alguns dos companheiros para pescar. Já era noite.

Junto com Pedro estava Tomé; também Natanael, que era de Caná, na Galileia; os dois filhos de Zebedeu, Tiago e João; e os outros discípulos que se juntaram ao grupo.

Lançaram-se ao mar, mas não estavam preocupados com a pescaria. Apenas desejavam conversar, fazer planos e recordar Jesus, de forma que passaram a noite conversando. Lançaram a rede, mas não pegaram peixes.

Quando a primeira luz da manhã anunciou a chegada de um novo dia, retornaram à praia e viram um homem que se aproximou dizendo:

— *Filhos, por acaso têm alguma coisa que eu possa comer?*

Talvez porque ainda estivessem muito emocionados pelo impacto de tantos acontecimentos, talvez porque ainda estivesse escuro, não prestaram muita atenção.

— Não, nada temos porque nada pescamos — respondeu Pedro.

Então Ele disse:

— *Não temam, irei convosco. Lancem novamente a rede ao lado direito do barco, pois grande será a quantidade de peixe.*

E foram. Sem entender por quê, na presença daquele homem retornaram ao mar. A quantidade de peixe foi tão grande que pareciam reviver o dia da pescaria maravilhosa. João, o discípulo muito amado do Mestre, disse a Pedro:

— Não está reconhecendo? É o Senhor.

Pedro, muito espantado e cheio admiração por não ter reconhecido o Mestre, não ousava perguntar para confirmar. Retornaram à praia, onde acenderam uma fogueira e assaram os peixes.

Ainda havia penumbra, e todos se reuniram em torno da fogueira, porém nenhum dos discípulos se atrevia a perguntar se era Ele mesmo. Seu semblante irradiava uma aparência ainda mais bela e suave. Sabiam que era Ele, mas tinham receio de perguntar.

Enquanto todos comiam, observaram que Jesus não comia, mas não questionaram. Analisando os apóstolos, Jesus perguntou:

— *Simão Pedro, filho de João, você me ama mais que estes outros?*

— Sim, Senhor, eu O amo!

— *Então pastoreie minhas ovelhas.*

Passados alguns instantes, o Mestre insistiu na pergunta:

— *Simão, filho de João, você me ama verdadeiramente?*

— Sim, Senhor, sabe que Te amo.

— *Então, pastoreie meus cordeiros.*

Depois de mais alguns instantes, o Divino Amigo voltou a questionar:

— *Simão Pedro, filho de João, você me ama de todo seu coração e de todo entendimento?*

Pedro não entendia o porquê daquela insistência, então respondeu:

— Senhor, sabe de todas as coisas e também sabe que Te amo.

O Mestre respondeu:

— *Então, jamais se esqueça disso. Cuide do meu rebanho!*

Pedro e os demais discípulos ficaram em profundo silêncio meditativo. Jesus concluiu:

— *Quando era moço, você vivia por si próprio e andava por onde bem desejava. Quando, porém, for mais velho, estenderá suas mãos e será envolvido e levado para onde não deseja ir.*

Voltando-se aos demais, complementou:

— *Vocês terão de cumprir os sagrados mandatos até o fim, dando dolorosos testemunhos em Meu nome, para glorificar a Deus!*

Em seguida, chamou o discípulo que ele mais amava e o abraçou de encontro ao peito. João era o apóstolo mais jovem e o mais observador de todos. Era o que sempre estava calado, mas, no íntimo, parecia compreender as dores e os sentimentos mais profundos do Mestre. Pedro indagou:

— Senhor, e quanto a este?

E Jesus respondeu:

— *Este é da minha vontade que permaneça, porque ainda terá outra missão a cumprir. É o que me importa. Quanto a ti, segue-me.*[189]

---

189. Toda a parte da Ressurreição de Jesus pode ser conferida em João (19:31-42), (20:1-31) e (21:1-26). (N.E.)

Aceitaram, no dia a dia, nas conversas entre eles, a ideia de que todos morreriam pelo testemunho do Mestre, menos João, que não deveria morrer como os demais.

No fim de sua existência, exilado na Ilha de Patmos, por amor e testemunho de Cristo, o apóstolo teria a visão da Glória de Jesus assentado ao trono do Pai, para relatar a grande mensagem do *Apocalipse*.[190]

---

190. O *Apocalipse* é o último livro da Bíblia, e foi escrito por João. Em *O sétimo selo* (São Paulo: Petit Editora), Irmão Virgílio traz um minucioso estudo do Apocalipse e revelações sobre a transição planetária. (N.E.)

EPÍLOGO

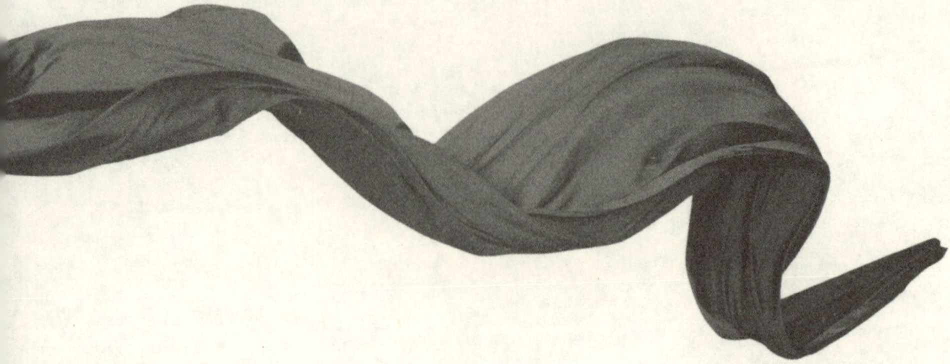

Naquela noite, haveria a última reunião, assim, para lá me dirigi, no mesmo horário de sempre. Sentia-me como um discípulo, ainda distante da compreensão do Mestre, porém gratificado por tamanha responsabilidade, embora estivesse perfeitamente consciente de minhas imperfeições e limitações gritantes.

Quando cheguei, já estavam presentes o instrutor Aurélio e o coordenador Julius, que me receberam com o carinho de sempre. Era o momento em que todos nós nos despediríamos de Irmão Francielo, e o sentimento de saudade fazia que eu sentisse um nó em minha garganta.

Enquanto ainda não chegava o instante da manifestação do generoso amigo das esferas mais elevadas, aproveitei para questionar Irmão Aurélio e o coordenador Julius: ainda tinha algumas dúvidas a respeito da ressurreição de Cristo. Afinal, no Evangelho consta que Jesus efetivamente ressuscitou fisicamente, isto é, ressuscitou com seu corpo físico, e essa tese ainda é debatida ardorosamente pelos cristãos.

– *Por que ainda questionam?*

Irmão Aurélio respondeu com um sorriso:

– Meu querido Virgílio, todos já sabemos que o espírito, quando atinge a perfeição, torna-se a imagem do próprio Criador, isto é: adquire luz, pois já se libertou tanto da forma quanto da matéria! Este é o destino de todos nós, um dia. Ora, apenas para recordar mais uma vez: Jesus é um espírito perfeito, habitante das esferas celestiais, e foi Ele quem deu forma ao nosso mundo e Nos deu a condição de vida que temos hoje. Então, falar de Jesus e situá-Lo na dimensão do tempo, da forma e da matéria é algo inconcebível.

Realmente, a orientação do instrutor Aurélio trazia a lógica do esclarecimento. Quando Jesus Se desprendeu do corpo, após sua morte, manifestou-Se por intermédio do perispírito, o qual ainda manteve enquanto continuou na Terra, em nosso plano existencial. Por esta razão, afirmara que ainda não subira até o Pai. Quando isso de fato ocorresse, retornaria às esferas celestiais, desvinculado dos laços materiais que ainda O ligavam, naquele instante, ao mundo onde se encontrava.

– Então – prossegui em meu questionamento – *por que existe a versão que Jesus ressuscitou seu corpo físico?*

Irmão Aurélio sabia que minha pergunta prendia-se a detalhes necessários à compreensão, para que não pairassem dúvidas a respeito, uma vez que várias teorias têm sido apresentadas a este respeito. Mais uma vez, com boa vontade, respondeu:

– *Na verdade, Virgílio, alguns fatores contribuíram para que isso acontecesse. Havia a necessidade de criar algo miraculoso, e a ressurreição de Cristo em corpo físico era algo que a Igreja entendia como necessário. O fato de não terem encontrado o corpo no túmulo, a aparição de Jesus aos Seus discípulos, por intermédio do seu corpo espiritual, e os testemunhos de várias pessoas, realmente levou-os a crer que Jesus havia ressuscitado com seu corpo físico. Mas nós sabemos o que realmente aconteceu. O que tornou interessante o fato é que os sacerdotes do Sinédrio, ignorando esse conhecimento, inventaram a história de que os apóstolos roubaram o corpo de Jesus, sem suspeitar que era exatamente o que havia acontecido. E isso tem alimentado discussões até os dias atuais, com várias teses e controvérsias.*

Por fim, o instrutor nos orientou para que pudéssemos nos preparar, pois era chegada a hora da manifestação de Irmão Francielo. O coordenador Julius proferiu fervorosa prece e, em instantes, a figura luminosa do mensageiro começou a se manifestar entre nós:

– *A paz esteja convosco!* – cumprimentou-nos, recordando a saudação do Mestre aos Seus discípulos. – *Estamos felizes* – disse com um sorriso amoroso – *pois nosso esforço chega ao fim. Repetimos que não é nossa intenção reeditar o Evangelho ou causar polêmicas. Apenas desejamos, sob o amparo do Divino Amigo, alcançar muitos corações, por meio da narrativa suave, despertando o interesse no ser humano e o desejo de conhecer melhor a Jesus. Quem sabe, após este nosso esforço, busquem o conhecimento mais profundo do Divino Amigo. Os benfeitores do mundo maior encontram-se envolvidos em intenso trabalho no resgate de valores neste período de transição planetária. Dessa forma, apesar da imperfeição que somos portadores, este nosso esforço para recordar Jesus, em sua simplicidade e na pureza de seus sentimentos, sempre é válido, e nossos irmãos mais elevados sentem-se felizes com isso. O tempo urge, e os espíritos trevosos agitam a humanidade distraída, que, envolvida nos problemas do dia a dia, esquece Daquele que foi o Maior Amigo que conheceu! Um Amigo que acreditou no ser humano, apesar de todas nossas imperfeições. Um Amigo que tudo fez por nós, que deu a própria vida em sacrifício, que nos resgatou dos abismos insondáveis em que nos atiramos. Um Amigo que compreendeu nossa ignorância e, com paciência e amor, Nos ensinou contando histórias! Ah, meus irmãos, um Amigo como Este jamais deveríamos esquecer! E, no instante em que mais desejava a presença de um olhar de compreensão na multidão, apenas identificou pessoas enlouquecidas pedindo sua morte! Quando mais confiou, na esperança de ver os frutos do Seu ensinamento, a multidão em delírio escolheu Barrabás. Ah, meus irmãos, Este é o Divino Amigo que esteve entre nós, que Se submeteu a sacrifícios incompreensíveis até os dias de hoje, que Nos amou verdadeiramente, caminhou entre os importantes do mundo, entre os ricos e os miseráveis, mas buscou os humildes de coração; compreendeu as criaturas desesperadas e convidou-as a seguir o caminho do amor, não desprezou os pecadores, como a mulher adúltera, e perdoou a todos! Ainda hoje ouvimos ecoar no espaço a voz do Mestre falando da felicidade eterna e seu lamento diante de Jerusalém, ao notar tantos corações endurecidos!*

As palavras de Irmão Francielo soaram suaves e contagiantes, tocando minha alma. Enquanto falava de Jesus, fazendo menção às passagens do Evangelho, emocionava-me, na sublime visão daquelas cenas. Era como se fosse transportado até lá e ouvisse as doces palavras clamando:

– *Jerusalém, Jerusalém! Que mata seus profetas e apedreja os que te foram enviados! Quantas vezes quis Eu reunir seus filhos, como a galinha junta seus pintinhos embaixo de suas asas, e não o quiseram.*

Irmão Francielo estava no final de sua explanação.

— *Vivemos momentos de grande tribulação, meus amados irmãos. O trabalho de vocês, ao levar a palavra de Cristo, é um esforço louvável na esperança de trazer a muitos a oportunidade de conhecer a figura de um Ser perfeito que habitou entre nós e tudo fez por nós, pois, afinal, era Ele o Divino Amigo! Peço àqueles de boa vontade, recordando as palavras de Jesus em seu último conselho: preguem o Evangelho em todo o mundo, a toda criatura! E Eu vos digo: todo aquele que conhecer Jesus e Nele buscar refúgio será salvo.*

Breve intervalo se estabeleceu. Eram as últimas palavras do mensageiro, que se despediu com a saudação da chegada:

— *Fiquem na paz de Jesus, meus irmãos. Que o Divino Amigo esteja sempre em nossos corações!*

Desfez-se a ligação, e a figura de Irmão Francielo desapareceu em suave círculo de luz.

— Mais uma tarefa concluída, Irmão Virgílio! — disse-me o coordenador Julius. — Com a graça de Deus, e amparo de Jesus, o Divino Amigo, esperamos que o ser humano desperte em sua consciência para a gravidade deste momento da grande transição planetária.

Comovidos, nós nos abraçamos e me despedi daqueles amigos queridos, retirando-me. Desejava meditar em tudo o que aprendera naqueles dias, recordar Jesus em cada momento, em cada passo, como se ainda estivesse diante Dele, lá na antiga Galileia, naquelas tardes ensolaradas, ouvindo Sua palavra de amor incondicional a todos os seres:

— *Um ensinamento, entretanto, vos deixo: amem uns aos outros como Eu vos amei.*

Parecia ainda ouvir as palavras de João Batista naquela inesquecível tarde no Rio Jordão:

– Senhor, eu não sou digno de desatar as correias de Suas sandálias e Tu vens a mim?

Diante do céu estrelado, considerando a grandeza da obra do Criador, observei a Terra que, naquele momento, era envolvida pelas sombras da noite, e solucei, enlevado. O amor incondicional do Divino Amigo certamente haveria de despertar o ser humano para os verdadeiros valores da vida.

O Divino Amigo continua acreditando em cada um de nós!

Ao terminar a leitura deste livro, talvez você tenha ficado com algumas dúvidas e perguntas a fazer, o que é um bom sinal. Sinal de que está em busca de explicações para a vida. Todas as respostas de que você precisa estão nas Obras Básicas de Allan Kardec.

Se você gostou deste livro, o que acha de fazer que outras pessoas venham a conhecê-lo também? Poderia comentá-lo com aquelas do seu relacionamento, dar de presente a alguém que talvez esteja precisando ou até mesmo emprestar àquele que não tem condições de comprá-lo. O importante é a divulgação da boa leitura, principalmente a da literatura espírita. Entre nessa corrente!

A felicidade não é um destino, mas um caminho.

Evoluir é simples, nós é que complicamos
O que você precisa aprender para se tornar uma pessoa melhor
Manolo Quesada

Um verdadeiro convite para estarmos abertos aos momentos oportunos que a vida nos oferece

Apoiado em conhecidos textos bíblicos, significativas passagens das obras básicas de Allan Kardec e pensadores em geral, o autor convida a todos a ter uma postura de reflexão e mudança perante sua existência terrena. O objetivo é um só: progredir, melhorar e evoluir.

Sucesso da Petit Editora!

Livros da Patrícia

Best-seller

Violetas na janela
O livro espírita de maior sucesso dos últimos tempos – mais de 2 milhões de exemplares vendidos! Você também vai se emocionar com este livro incrível. Patrícia – que desencarnou aos 19 anos – escreve do outro lado da vida, desvendando os mistérios do mundo espiritual.

Vivendo no mundo dos espíritos
Depois de nos deslumbrar com *Violetas na janela*, Patrícia nos leva a conhecer um pouco mais do mundo dos espíritos, as colônias, os postos de socorro, o umbral e muito mais informações que descobrimos acompanhando-a nessa incrível viagem.

A Casa do Escritor
Patrícia, neste livro, leva-nos a conhecer uma colônia muito especial: A Casa do Escritor. Nesta colônia estudam espíritos que são preparados para, no futuro, serem médiuns ou escritores. Mostra-nos ainda a grande influência dos espíritos sobre os escritores.

O voo da gaivota
Nesta história, Patrícia nos mostra o triste destino daqueles que se envolvem no trágico mundo das drogas, do suicídio e dos vícios em geral. Retrata também o poder do amor em benefício dos que sofrem.

Leia e divulgue!
À venda nas boas livrarias espíritas e não espíritas

Psicografados por Vera Lúcia Marinzeck de Carvalho